温和瑞 邱鑫 著

Theory and Practice:
Innovation and Entrepreneurship
Education

创新创业教育
理论与实践

清华大学出版社
北京

内 容 简 介

创新创业教育是高校人才培养的重要内容。本书聚焦高校的创新创业教育,从创新创业教育的理念、文化、方法、内容、路径、评价等方面研究创新创业教育的理论和实践。本书基于创新创业教育的规律,注重理论与实践相结合,提出如何构建分层分类的创新创业教育新体系、建立基于实践的创新创业教育新模式、新方法、新路径和评价方式。本书对于当下高校的创新创业教育具有重要的借鉴意义及参考价值。

本书封面贴有清华大学出版社防伪标签,无标签者不得销售。
版权所有,侵权必究。举报:010-62782989,beiqinquan@tup.tsinghua.edu.cn。

图书在版编目(CIP)数据

创新创业教育理论与实践 / 温和瑞,邱鑫著. —北京:清华大学出版社,2023.9
ISBN 978-7-302-64563-4

Ⅰ.①创… Ⅱ.①温… ②邱… Ⅲ.①大学生—创业—研究 Ⅳ.① G647.38

中国国家版本馆 CIP 数据核字 (2023) 第 169603 号

责任编辑:施 猛 张 敏
封面设计:常雪影
版式设计:孔祥峰
责任校对:马遥遥
责任印制:丛怀宇

出版发行:清华大学出版社
网　　址:https://www.tup.com.cn,https://www.wqxuetang.com
地　　址:北京清华大学学研大厦 A 座　　邮　　编:100084
社　总　机:010-83470000　　邮　　购:010-62786544
投稿与读者服务:010-62776969,c-service@tup.tsinghua.edu.cn
质　量　反　馈:010-62772015,zhiliang@tup.tsinghua.edu.cn
印 装 者:三河市东方印刷有限公司
经　　销:全国新华书店
开　　本:170mm×240mm　　印　张:16.25　　字　数:219 千字
版　　次:2023 年 11 月第 1 版　　印　次:2023 年 11 月第 1 次印刷
定　　价:78.00 元

产品编号:099120-01

前　言

创新创业教育的根本任务是培养创新创业人才，说得更直白就是培养具有创新精神、创造思维和创业意识的人，或者说是培养未来的事业创造者，因此创新创业教育的本质是激发学生的潜能，在他们的血脉里植入大胆尝试、敢于创造和坚持不懈的创新精神和创业意识。从长远来说，大学要构建良好的创新创业生态系统，在学生进入学校后，学校旨在唤醒他们的创新意识，并把那些有创业潜质学生的创业热情激发出来，通过创业孵化体系，将他们培养成为优秀的创业者。只有大学毕业生具有创新的思维与创业的意识，具备创新创业的能力，才能有机会成为伟大的创业者。

本书涵盖十章内容。第一章导言，主要阐述创新创业教育的发展历程和价值意义、研究边界、主要内容等；第二章创新创业教育的认知，主要阐述创新创业教育的基本规律；第三章创新创业文化，主要阐述创新创业教育文化的内涵及建议；第四章创新创业教育教学方法，主要阐述创新创业教育教学的主要方法及模式；第五章创新创业竞赛，主要阐述国内外创新创业大赛，重点介绍了"互联网+"创新创业大赛；第六章创新创业教育实践，主要阐述学科竞赛、创新创业训练计划、课外科技创新、创新创业社团等创新创业实践平台；第七章创新创业孵化，主要阐述了大学创业孵化体系，以及创业苗圃、孵化器、加速器等孵化平台；第八章数字时代的创新创业教育，主要阐述数字经济、数字时代的创新创业教育等；第九章创新创业教育评价，主要从高校、学生、社会和政府等角度如何评价创新创业教育的成效；第十章创新创业教育案例分析，着重主要介绍了美国、德国、新加坡高校的创新创业教育案例。

本书基于江西理工大学持续推进的创新创业教育改革与实践，结合创新创业教育发展历程回顾，面对数字经济背景下的创新创业教育改革，以及高校创新创业教育人才模式改革的思考而成，是学校创新创业教育改革实践的总结。学校持续开展的创新创业教育改革，前后有许许多多老师参与改革方案的设计和教学改革的组织实施，无论是现在还坚持在人才培养一线的，还是已经离开相应岗位的，虽然他们很多人的名字没有在本书中出现，但是，他们为创新创业教育改革和人才培养所做出的贡献是永远值得铭记的。希望通过本书的出版，既总结学校创新创业教育的成果，也为构建创新创业教育理论与实践体系提供一些思考，并以此引领和推动高校的创新创业教育改革。

本书研究内容获得高等教育学会"创新创业教育高质量发展研究"专项重点课题(21CXD04)、教育部新文科建设项目(2021120026)的资助。在写作过程中，作者参阅了许多专家学者的论著和观点，限于篇幅没有在书中一一注释说明，在此一并表示衷心的感谢。本书完成于国家全面实施数字经济发展战略和进一步推进高校创新创业教育改革之际，它的出版若能为高校的创新创业教育和数字创业人才培养贡献一点力量，也算是实现了本书的价值。本书由温和瑞拟定论著写作提纲，分别由温和瑞、邱鑫、刘磊、许礼刚、张庆晓、傅俊祥、张星明等协作完成，最后由温和瑞审定和统稿。本书写作过程中得到学校许多老师提供的思想和资料，正是有他们的理解、支持和帮助，我们才能完成此项工作，在此表示诚挚的感谢！

作者

2023年6月于赣州

目录 CONTENTS

第一章 导 言 / 001
一、创新创业教育的内涵 / 001
二、创新创业教育的发展 / 006
三、创新创业教育的作用 / 018
四、创新创业教育的问题 / 019
五、创新创业教育的内容 / 022

第二章 认知创新创业 / 026
一、为什么要创业 / 027
二、创业是否能教 / 030
三、什么年龄创业更好 / 031
四、大学生是否适合创业 / 034
五、创业是否需要团队 / 036
六、创业者要有什么特质 / 038
七、创新创业并非高大上 / 040
八、创业要做哪些准备 / 044

第三章 创新创业文化 / 049
一、创新创业文化定义 / 049
二、创新创业文化内涵 / 051
三、创新创业文化培育 / 058
四、创新创业文化案例 / 063

第四章 创新创业教育方法 / 071

一、实践教学法 / 072

二、案例教学法 / 075

三、团队教学法 / 080

四、项目教学法 / 088

五、思创融合教学法 / 092

六、体验式教学法 / 096

第五章 创新创业竞赛 / 101

一、创新创业大赛的目的 / 101

二、创新创业大赛的意义 / 102

三、国外创新创业大赛 / 106

四、"互联网+"创新创业大赛 / 110

第六章 创新创业教育实践 / 130

一、构建学科竞赛创新平台 / 130

二、构建工程训练实践平台 / 137

三、实施创新创业训练计划 / 143

四、开设创新创业实验班 / 150

五、组建创新创业社团 / 155

六、建立创新创业实践学分制度 / 162

第七章 创新创业孵化 / 168

一、创业孵化 / 168

二、创业孵化链 / 171

三、创业融资 / 180

第八章 数字时代的创新创业教育 / 189

一、什么是数字经济 / 190

二、数字时代创业新范式 / 193

三、数字时代的创新创业模式 / 198

四、数字时代创新创业教育的特征 / 201

五、数字时代创新创业教育的内容 / 204

第九章 创新创业教育评价 / 208

一、教育评价理论发展 / 208

二、创新创业教育评价的政策导向 / 210

三、创新创业教育评价的内容 / 212

四、创新创业教育评价主体 / 213

五、创新创业教育评价优化路径 / 228

第十章 创新创业教育案例分析 / 230

一、美国创新创业教育案例 / 230

二、德国创新创业教育案例 / 246

三、新加坡创新创业教育案例 / 248

第一章 导　言

创新创业是人类文明进步活动的一种重要形态,从人类早期文明在地球上诞生起就已延续不断地存在,从原始狩猎时代的钻木取火到农耕岁月的刀耕火种,从工业革命时期的机器迭代到信息时代的人工智能,都是不同时期人类创新创业活动的具体表现。创新创业贯穿于人类的文明活动,20世纪中期创新创业作为教育形态出现。1947年,迈尔斯·梅斯教授在哈佛大学商学院开设"创新企业管理"课程,开创了理论研究和实践探索相结合的创新创业教育的先河。经过70多年的发展,世界高等教育的开展和人才培养已经全面深度融入了创新创业教育的内容,积极推动了大学创新创业人才的培养、促进了经济社会的快速发展。1989年,在联合国教科文组织召开的面向21世纪教育国际研讨会上,首次把创新创业、学术、职业三大教育并列一起,把培养学生的创新精神和创业意识作为重要的价值取向[1],创新创业成为人们的"第三本学习护照"。创新创业教育在世界各大高校如火如荼开展,创新创业教育已成为大学人才培养的重要内容,正可谓万山红遍,层林尽染,引得无数青年学子竞折腰。创新创业教育有力推动了当代经济增长、社会发展和人类文明进步。

一、创新创业教育的内涵

创新创业教育的目标是培养学生成为具备创新意识和创业精神的综合型人才,其核心在于将创新教育和创业教育两大关键领域融合,并融入了现代社会和经济背景下的多种因素。"概念明确,是正确思

---

[1] 彭绪梅. 创业型大学的兴起与发展研究[D]. 大连:大连理工大学,2008.

维的首要条件",要明晰创新创业教育的内涵,首先要理解创新教育、创业教育和创新创业教育这三个相互联系的概念。创新创业教育的概念是在创新教育和创业教育的基础上逐渐演进的,但与这两者不同的是,创新创业教育具备着更为丰富的内涵。

1. 创新教育

创新,亦为创造新事物。1912年,美籍奥地利政治经济学家熊彼特在创新理论中提出"创新"这个概念,他认为"创新"就是建立一种新的生产函数,包括开发新产品、引进新的生产方法,开辟新的市场、实现新的工业等,把从未有过的关于生产要素和生产条件的"新组合"引入生产体系[1]。这里的创新已经超越了传统的"创新"概念,不再仅仅意味着"创造新东西",而更强调实现创新和发明所蕴含的潜在经济和社会价值的过程。因此,经济学中创新的内涵相较于发明和创造更加深刻,只有将发明创造运用到社会经济发展中,作用于生产力的科技创新,才能实现真正的创新。后来,学术界在经济学中"创新"的概念基础上,扩展到社会学领域,认为创新不仅包括生产、科技、市场等方面的革新,还包括了软实力领域,如制度、精神、思想和文化等方面的创新,虽然这些领域的创新不同于传统的技术创新,即直接影响科学技术和生产力,但它们有助于优化技术创新的环境,能够激发技术创新的内在动力,提高科技创新的质量和效率,从而间接推动技术创新[2]。

创新教育作为创新与教育的组合,其兴起与演进是历史进程的必然结果,也是时代选择的产物,我国创新教育的概念起源于20世纪90年代。目前学术界对于创新教育的含义界定各有不同,但普遍认为创新教育是培养创新人才,激发学生创新意识,提升创新技能的一种教育活动。国际上,创新教育(innovation education)被广泛定义为培养人的创新素质和提高创新能力的一种教育,不同于传统的灌输和守成式

---

[1] 托马斯·K.麦克劳.创新的先知:熊彼特传[M].上海:东方出版中心,2021.
[2] 苏振芳.创新社会学[M].北京:中国社会出版社,2002.

教育，旨在激发人们实现创新的新型教育活动[1]。

综上所述，我们认为的创新教育强调培育学生的创新思维和创造性能力，通过激发好奇心、培养批判性思维、解决问题的能力以及促进跨学科知识整合来实现。创新教育旨在使学生将理论知识与实际应用相结合，能够在各个领域中提出新的观点，构思新的解决方案，产生新的有价值的成果。

2. 创业教育

创业，是个体或组织主动寻找和识别机会，利用各种资源，创造新价值的过程。这一概念强调了创业行为的积极性和主动性，包括发现新市场、满足未满足需求、引入新产品或服务，或者重新组织现有资源以创造独特的解决方案。创业也可以视为一种风险承担的行为，它涉及不确定性和风险，包括市场风险、技术风险和管理风险等，以追求机会和回报。创业者必须具备决策能力，能够权衡风险和回报，并采取行动来追求自己的目标。此外，创业还可以看作一种个体或组织的能力和素质，包括创造性思维、领导能力、创新能力、决策能力和资源管理能力等。这些能力可以通过教育和培训来培养和发展，以支持个体或组织在创新和竞争激烈的环境中取得成功。

创业教育(entrepreneurship education)的概念首次引入学术讨论可以追溯到20世纪60年代。最初，创业教育主要关注于培养创业家，强调提供创业者所需的专业知识和技能，以便他们能够创建和管理企业。随着时间的推移，创业教育的内容范围逐渐扩大，不仅包括了创业者的培养，还涵盖了更广泛的创新和创业能力的发展。有学者提出，创业教育的核心在于培养学生的创新思维、创造力和创业精神[2]。这包括激发学生的创新潜力，培养他们的独立思考和问题解决能力，以及鼓

---

[1] 郝亚梅. 改革开放以来我国高校创新教育演变历程及其特征分析[D]. 呼和浩特：内蒙古师范大学，2020.

[2] 宗晓华，王立成. 高校创业教育能否提高地区创业水平——内外部创业的双重视角[J]. 高校教育管理，2022，16(5)：73-86+105.

励他们勇于追求新颖的思路和方法。另外，创业教育倡导实践导向的教学方法，包括提供机会参与实际创业项目、商业计划竞赛以及与企业和创业者的合作，通过实际经验和案例研究来培养学生的创新和创业技能[1]。

综上所述，我们认为创业教育的意义在于培养学生的创业意识和创业技能，包括市场分析、商业计划编制、风险管理、资源调配以及创业领导力等方面的知识和技能。

3. 创新创业教育

创新创业教育是指对人的创新思维、创业能力和创造精神进行培养塑造的教育实践活动。从广义上来说，创新创业教育是一种涵盖多样化教育方法和策略的综合性教育体系，其主要目标是激发学生的创新潜力，激发创业精神，以及培养适应变革和不断发展的社会经济环境的素质和能力。这种广义的创新创业教育旨在塑造学生的思维方式，鼓励独立思考、自主学习和解决问题。它强调了学生的综合素养，包括沟通技能、团队协作、领导力和跨学科知识的整合，以应对多样化的职业挑战和社会需求。而狭义上的创新创业教育更为具体，侧重于教授学生在创建和管理企业、创业项目或创新领域中所需的专业知识和实际技能。这包括商业计划编制、市场分析、风险管理、创新技术的应用，以及创业者精神的培养。狭义的创新创业教育旨在为学生提供切实可行的工具和方法，使他们能够成功应对创业挑战和市场竞争。

不管是广义的还是狭义的创新创业教育，都将创新教育与创业教育融合在一起，并且注重跨学科的教育方法，不仅关注创业者的培养，还强调组织内部的创新和变革，将创新精神和方法论渗透到整个组织的文化和运营中，保持竞争力。综合而言，创新创业教育强调知识、能力和态度的综合培养，旨在塑造具备跨学科思维和实践经验

---

[1] KURATKO D F. The Emergence of Entrepreneurship Education: Development, Trends, and Challenges[J]. Marketing Theory, 2005,29(5), 93-108.

的、创新意识和创业精神的综合型人才,这些人才能够在社会可持续发展和经济高质量发展方面创造有价值的贡献。

4. 创新创业教育的核心

高校创新创业教育的关键是培养学生创新创业的核心素养。创新创业的核心主要包括创新精神、创造思维、创新能力、创业意识、创业能力及创业责任态度6个方面的内容。

(1) 创新精神包括质疑精神、创造意志和创新情感。创新往往是从质疑批判开始的,质疑是创新的起点,创新是质疑的目的。质疑的过程是一种好奇和探索的过程,质疑与思辨往往是共存的,一个有质疑精神的人是能独立思考、提出问题、分析问题、解决问题的人。一个人只有怀有质疑精神,才能思考创新之法,才会不断创新。创造意志是指一个人敢于冲破阻力障碍、克服艰难困阻、积极寻求新颖事物的心理特征,是一个人创造创新的精神意志,是一个自然人坚韧性、顽强性和自制性的体现。创新情感是引发和推进创造的心理活动,是推动和激励人们进行创新活动的动力,是创新的催化剂和活化能,只有当一个人具有积极创新的热情时才会不断去创新,进而才有机会取得成功。

(2) 创新思维是指一个人解决问题的新颖独特的思维方法,应用这种思维方法去突破常规思维的界限和模式,以超越常规的视角和方式去考虑问题,提出与众不同的解决方案,最终产生新颖的、独到的、有价值意义的思维成果。创新思维与创新意识不同,创新意识是一种心理特征,创新思维是创新的思考过程和创新意识的具体表现,创新意识是引起创造性思维的前提和条件。

(3) 创新能力是指人们拥有发现或创造新事物、新技术、新文化等,努力创造并理解新事物(包括新思想、新技术、新方法、新产品、新市场、新生产过程或原材料等)的能力,能运用各种方法去开发利用并产生新结果。创新能力主要包括学习与研究、质疑与思辨、演绎与推理、归纳与总结、探索与发现等方面的能力。

(4) 创业意识是指在创业实践活动中对人起推动作用的内心情感

或情感认同，是一种创业心理特征，主要包括人的自我意识、主体意识、商机意识、资源整合意识、战略策划意识、合作意识和风险意识等，表现在创业过程中人的需求、动机、兴趣、思想、信念、价值观以及世界观等方面的心理活动。

(5) 创业能力是指一个人开创新事业的实践能力，这种新事业可以是一个人或群体开创的生产企业、商业公司、社会组织、文化活动等，也可以是相对固定的社会职业。创业能力包括发现新价值、新市场、新结构，以及领导决策、团队协作、经营管理和人际关系等主要能力，是一个人的组织能力、协作能力、判断能力、执行能力和承受挫折能力的综合素养的表现。

(6) 创业责任态度是指创业者对创业本质属性的价值理解，在理解创业社会属性、创业情感认同、创业终极目标、创业文化发展、创业社会意义的基础上，形成的对创业持有的态度及责任感，主要包括对创业的认识、对待创业的科学态度和社会责任感。人们创业最初更多是为了追求财富，但创业的最终目的应该是创造更多的社会价值，做出更大的社会贡献。一个创业者若无创业道义和社会责任感，不遵守市场规则和人类文明法则，把追求利益作为唯一的终极目标，也许会获得一时的成功，但终将不会是真正的成功，甚至会一败涂地。伟大的创业者都是有创业道义和社会责任感的人。

一个具备了创新创业核心素养的人，当他毕业走向社会后，无论是从事哪种类型的创新创业工作，开创怎样的事业，在职业生涯中遇到什么样的困难，都会以积极向上的态度去应对，开创属于自己的，也造福于社会的事业。

二、创新创业教育的发展

1. 美国的创新创业教育

创新创业教育起源于20世纪50年代的美国。美国的创新创业在理论研究和教学实践方面都走在世界前列，其发展经历了教学、研究和创业三个阶段。1947年，哈佛大学商学院开创了高等教育机构创业教育的先河，率先在188名工商管理硕士（MBA）二年级学生的选修课程中设立"新创企业管理"(management of new enterprise)课程，课程从新创企业的管埋出发，教授如何创立企业和管理新的企业。被称为"现代管理学之父"的彼德·德鲁克(Peter Drucker)教授于1953年在纽约大学开设"创业和创新"(entrepreneurship and innovation)课程，系统阐述了创新创业的问题。1954年，斯坦福大学工商管理类课程第一次开设"小型企业创建与管理"。随后麻省理工学院、印第安纳州立大学及南达科他大学等高校的MBA课程中陆续增加了相关的创新创业教育课程。在美国高校开设创新创业教育课程之后，《小企业管理》期刊1963年成功发行，在全球首先致力于刊登创业和小企业研究成果[1]。根据Ireland、Reutzel和Webb三位学者的研究统计，截至1970年，美国已有16所高校开设创业教育课程。同年，全球第一次创业教育研讨会在普渡大学召开。1971年，长期居于世界创新创业教育榜首的美国巴布森学院第一次举办年度创业研究大会(the Entrepreneurship Research Conference)，此后大会每年定期召开，且一直延续至今，在世界创新创业教育和创业实践领域最具国际影响力。同年，南加州大学设立创业学硕士学位。20世纪80年代以来，绝大部分美国高校纷纷创建创新创业教育课程体系。此外，以普通民众为受众群体专业致力于创业实践传播的刊物先后出版发行，如《企业家》(*Entrepreneur*)、《公司》(*Inc.*)、《商业》(*In-Business*)、《初创企业》(*Venture*)等。与此同时，大众逐渐认可并重视创新创业教育学术研究的合理性，诸如学术期刊《小企业管理》(*Journal of Small Business Management*) 1963年创刊、《美国小企业》(*American Journal of Small Business*)1975年创刊和《创业》(*Journal of Business Venturing*)1985年创刊，这些学术期刊的发行大

---

[1] JEROME A K. The Chronology and Intellectual Trajectory of American Entrepreneurship Education: 1876－1999[J]. Journal of Business Venturing, 2003, 18(2): 283-300.

大促进了创新创业教育在世界范围内的推广[1]。

美国高校的创新创业教育在20世纪80年代至90年代期间得到快速发展和普及。据Volkmann调查，截至1985年，有253所美国高校开设创新创业教育或企业管理课程；1997年，超过400所美国商学院和高校至少开设一门创新创业课程；2002年，超过700所美国商学院和高校开设创新创业教育课程[2]。21世纪以来，科技创新成为经济增长、社会发展的核心驱动要素，在美国高校中掀起新一轮的创新创业教育浪潮。到了2007年，美国高校各类创新创业课程超过了5000门。2013年，全美超过450所大学设立了创新创业方向的学士、硕士或博士学位。更多高校通过构建创新创业教育生态系统，融合师生、校友、研究人员、本地企业家和社区组织人员等资源，通过个性化、多样化及广泛的创新创业活动推动地方经济和社会的发展。尤其是研究型大学，创造了以创新创业为导向的校园文化，并致力于把师生的创新成果推向市场，实现商业化。同时，很多大学出台针对教师创新创业的政策，鼓励研究人员和教师把研究成果与社会和市场联系起来，为人类文明和技术进步提供方法，为社会挑战和现实问题提供解决方案。这些政策包括知识专利保护政策、灵活选择工作地点政策、经济奖励政策、教师创新创业种子基金政策等。

美国高度重视创新创业教育，高校与创新创业培训中心、创业者校友联合会、风险投资机构、孵化器和科技园等构成了庞大的外部网络体系，传统的学术研究边界被打破，创业成为高校与社会外界联系的重要纽带。20世纪60年代末，美国经济发展放缓，经济结构开始转型，一方面传统企业的就业岗位不断减少，另一方面硅谷的创业快速发展，中小型创业企业急剧增多，大大增加了创业教育的需求，创业

---

[1] DUANE R, Christopher R R, Justin W W. Entrepreneurship Research in AMJ: What has been Published, and What Might the Future Hold?"[J]. Academy of Management Journal, 2005, 48(4): 556-564.

[2] VOLKMANN C. Entrepreneurship Studies—An Ascending Academic Discipline in the Twenty-First Century[J]. Higher Education in Europe, 2004, 29 (2): 177-185.

教育越来越受到社会重视。20世纪80年代，以微软比尔·盖茨为代表的科技创业者掀起的"创业革命"加快了美国创业教育的发展。1999年，美国考夫曼创业领导中心的报告表明，创业在美国是令人尊敬的工作。在美国高校中，大学生讨论最多的是那些成功的创业者是如何创业的。如今，美国大学生创业比例高达30%，远远高于世界平均水平。

2. 英国的创新创业教育

20世纪70年代以来，一方面，石油危机引发的经济危机，造成英国的经济发展缓慢，失业率在80年代达到顶峰；另一方面，英国大学的教育理念在70年代开始发生变化，从对知识与能力的培养拓展到潜质的培养，特别是政府和企业对高素质人才的需求量逐渐增大。英国政府减少了对大学教育经费的投入，促使高校加强与企业联系，加大合作力度，以争取更多的办学资源。这两方面的背景奠定了英国创新创业教育的发展基调，推动了英国创新创业教育的发展进程。

1982年开始的"大学生创业"项目是英国高校创新创业教育的先导。由于英国在20世纪80年代的失业人口高达300万人，且青年人占其中大部分，为提高就业率，解决大学毕业生就业难的问题，该项目鼓励学生自主创业，创造出新的工作岗位。1982年，大学生创业项目通过苏格兰创业基金的赞助在斯特林大学启动，通过创业教育，为学生开设创业课程，加强创业能力培训力度。

随着社会的发展，越来越多人意识到功利性创业教育难以适应学生个人和时代发展的需要。20世纪80年代末，英国创业教育的目标开始转变为培养创业者的品质和素质，并向学生普及企业发展成长的一般规律。1987年，英国政府发起"高等教育创业"计划，旨在培养大学生的创业能力，强调传授创业知识的同时，融合有关创业素质的培养[1]。

---

[1] 牛长松.英国高校创业教育研究[M].上海：学林出版社，2009：125.

1998年，英国政府启动大学生创业项目，让大学生进入创业课堂，面对面与创业者交流。同时，创业课堂教授学生如何创办公司，全过程体验企业创建，深受学生欢迎。英国科学创业中心(UK-SKC)于1999年成立，负责实施和管理创业教育。20世纪90年代中小企业的活跃为开展创业教育提供了实习的基地。

进入21世纪，英国创业教育在课程建设、资金支持、创业实践和管理方面有了长足的进步，也愈发重视创业文化的建设，如开展创业远见活动(EI)。创业远见活动(EI)以培养青年的创业精神和英国的创业文化为己任。此活动得到一些个人捐助和英国贸工部下属小企业服务部的赞助，参与企业达60万家，还有十几家创业教育组织机构。以创业文化建设为核心内容的创业活动，重点发展以下6个方面："鼓励青年从基础做起，随时创业；展示并学习新的商业战略和公司实践，支持创业型企业；广泛教授创业知识，培养创业技能，促使教育系统和教育机构成为创业经济的驱动力；鼓励创业思想，支持学生去创业；积极激发少数民族、妇女等弱势群体的创业潜能；以创新的方式来推广创业活动，先由青年的学习经验带来变化的行为，以求逐步达成深度的文化变革。"

2004年，英国成立全国性的大学生创业委员会，全面负责创业教育[1]。该委员会促进了企业和高校间的联系，为英国的创业教育提供决策参考。在英国政府的资助下，成立了英国王子基金、新创业奖学金、凤凰基金等各项基金。其中，英国王子基金通过联合社会与企业的力量，为创业者提供创业咨询、资金、技术和网络等支持，是一种青年创业计划，平均每年约有5000名青年可以通过该基金获得创业帮助。众多的政策与举措使得英国高校的创新创业教育日益成熟，也为英国高校的创新创业发展打下了坚实的基础。

综上所述，自20世纪80年代以来，英国的创业教育在观念和具体

---

[1] 郭丽君，刘强，卢向阳. 中外大学生创业教育政策的比较分析[J]. 高教探索，2008(01)：132-135.

实施上发生了很大变化,从开始的功利性教育转变为非功利性的创新创业意识、品质精神教育,再到后来开启和建立了创业文化。我国的创新创业教育发展可以借鉴英国创新创业教育的发展历史和路径,避免走功利性的弯路。

3. 新加坡的创新创业教育

新加坡是个极具创新意识和能力的国家。在瑞士洛桑国际管理发展学院(International Institute for Management Development, IMD)最新发布的《2022年世界竞争力年报》中,亚洲地区排名最高的仍是新加坡,位列全球前三;另据《2022年全球创新指数报告》显示,新加坡全球创新指数位列世界第七。

新加坡政府早在1959年就明确指出"配合工业化和经济发展需要发展实用教育",之后又制定指导原则"教育必须和经济发展配合",反对追求纯粹学术研究或脱离社会实际需求去盲目发展高等教育[1]。1965年新加坡宣布独立,脱离马来西亚联邦,却因工业基础薄弱,缺乏资源,导致国内失业人口激增,经济一蹶不振。当局效仿18世纪英国的管理方式,利用自身的位置优势,将出口贸易作为经济发展的重点,使用各种减税优惠的手段,通过建立贸易站,吸引外资。新加坡政府制定的工业化人才发展战略和经济发展路线,提高了劳动者的就业技能和职业素质,促进了工业园区建设、外资引进和职业教育培训,创造了更多新的就业机会。

20世纪70年代,新加坡经济发展委员会为吸引海外人员,开拓海外渠道,开创了最早的"职业化"教育,即通过对选拔的海外大学生进行职业培训,从而增强从业者的专业性。20世纪90年代初,新加坡政府采取"走出去"的方式,在全球范围内寻找信息、技术、金融等方面的人才,同时吸引大量海外企业在本土建立工业园区,一系列的经济措施极大地推动了经济的发展,掀起了社会的创业浪潮。1997年

---

[1] 李珂. 创新创业教育的国际比较与借鉴[J]. 自然辩证法研究,2017,33(9):73-78.

的亚洲金融危机使得新加坡政府开始了解国内经济发展的首要目标不是与跨国企业合作，创业教育开始得到重视，政府鼓励国民创业，高校开始开展创新创业课程的研究。新加坡-MIT研究联盟体在1998年得到政府的巨额赞助，旨在促进高校社会服务功能的实现[1]。各个高校也逐渐向创业型高校转变，为国家和企业提供决策咨询，转化科技成果，兴办科技型企业，国家经济发展得以带动。

2000年以来，新加坡已形成完整的创业教育体系，并进入成熟完善阶段。高校创新创业实践通过与科技园区平台开展交流合作，面向本科生开设有关创业类的主辅修课程，同时还专门为研究生开设创新创业教育课程。新加坡高校创业教育经过近年来的不断推进，已经形成全面的大学教育系统，并对国内外产生了积极影响。

4. 德国的创新创业教育

德国是经济高度发达的资本主义国家，是世界第四大经济体，汽车及配件工业、电气电子工业等支柱产业具有国际竞争力。政府高度重视技术创新及产业孵化，以保持经济韧性，综合创新能力位居全球第三。

与美国或其他发达国家相比，德国高校完善的创新创业教育体系具有鲜明的特色，德国高校的创新创业教育发展分为4个阶段：一是20世纪50年代到60年代的萌芽阶段。由于职业院校经济类专业出现的教学实践困境，德国学校开始出现"模拟公司"以摆脱困境，这是德国创业教育的萌芽。二是20世纪70年代到80年代的探索阶段。在这个阶段，创业类教育课程最先在一些以手工业培训和商贸为主的非全日制学校开设，较正式的创业类教育课程随后才开始在全日制大学开设。1970年，德国第一个关于创业教育的课程和研究计划在科隆大学设立。三是20世纪90年代中后期到21世纪初的发展壮大阶段。这时德国国内调整经济结构，失业率持续走高，大学生面临较大的就业困

---

[1] 张昊民，郭敏，马君.新加坡创业教育的国际化策略[J].创新与创业教育，2013(4)：87-91.

难，政府为减缓失业状况，迫切希望通过创业使国内就业形势稳定。1999年开始，政府和大学推动社会参与高校学生创业的计划，为学生接受创业训练提供平台和环境。四是21世纪的成熟完善阶段。21世纪以来，德国政府大力支持企业与大学创业教育之间紧密的"产学结合"，高校不断完善创新创业教育体系，不断壮大创新创业教育的师资力量，不断完善创新创业教育制度，德国高校创新创业教育的社会地位由此得到肯定与提升。

5. 我国的创新创业教育

1989年，联合国教科文组织第一次提出"创业教育"概念，至今已过去30多年。创新是民族进步的灵魂，是国家兴旺发达的不竭动力。推动科技进步和技术创新的关键是人才，大学在培养各类专业人才的同时，要努力为优秀创新人才的脱颖而出创造条件，特别是要造就真正站在世界科技前沿的高端人才和学术带头人，进而带动和促进科技创新水平与能力的提高。与发达国家相比，我国的创新创业教育起步相对较晚，其发展历程大致可分为以下4个阶段。

1) 开始探索阶段(1997—2002年)

1997年，清华大学经济管理学院在MBA培养计划中开始非正式开设创新与创业的专业课程；从1999年起，正式在培养计划中为MBA学生开设创新与创业管理方向的课程，包含技术战略、新产品开发、技术创新管理、企业家与创新、创业管理等9门课程，这标志着中国高等教育开启了创新创业教育。

1998年12月，中国共产党第十五次全国代表大会提出了《面向21世纪教育振兴行动计划》，要求"加强对师生的创业教育，鼓励自主创办高新技术企业"。1998年，清华大学首次举办"清华大学创业计划大赛"，此赛事是技术创新与风险投资两者相结合的产物，大赛要求参赛者自行组织优势互补的团队，提出一个具有商业价值的技术产品或服务，进而基于这一产品或服务，以获取风险投资支持为目的，撰写一份商业计划书，最后进行路演参赛。大赛历时5个多月，共有

320名同学参加，这是国内第一次将创业计划大赛引入大学校园，引起了社会的广泛关注。此次大赛由清华科技创业者协会发起，从当时的组织者中走出了一批成功的创业者，如杨锦方、穆荣均、王慧文、王兴。1999年，创业计划大赛升格为由团中央、全国学联、科协联合举办的全国大学生"挑战杯"创业大赛，这标志着创新创业教育理念与实践开始进入我国高等教育。

2000年举办的全国高校技术创新大会提出，要调动高校一切积极力量，推动和加速技术创新与科技成果产业化，进一步加强培养具有创新创业精神和实践能力的高素质人才，增强我国自主创新能力；各高校要支持科技人员兼职从事成果转化活动，允许科技人员离岗创办高新技术企业、中介机构，并可在规定时间内回原高校竞争上岗；允许在校大学生(包括硕士、博士研究生)保留学籍创办高新技术企业，通过创业实践提高学生创业意识和实践能力。

2) 试点开展阶段(2002—2010年)

2002年，教育部确定了清华大学、中国人民大学、北京航空航天大学、武汉大学、上海交通大学、西安交通大学、黑龙江大学、南京经济学院以及西北工业大学9所创业教育试点院校，大学生创业教育在我国正式启动，这标志着中国高校创业教育逐渐从自发探索转向政府引导下的多元化发展。此后，各项政策不断出台，鼓励和支持大学开展创新创业教育和创新创业活动。

2005年8月，共青团中央、中华全国青年联合会与国际劳工组织合作，在全国高校推进KAB创业教育项目。该项目是由国际劳工组织为培养大学生的创业意识和创业能力而开发的课程，通过教授企业及创业的基本知识，激发大学生的创业意识，同时学生可以获得相应的学分，此后KAB课程广泛进入国内高校。

为落实党中央、国务院关于高校教育的战略决策和部署，教育部和财政部于2007年联合实施"高等学校本科教学质量与教学改革工程"。该工程旨在通过项目与课题研究的形式，进行以本科生为主体的创新性实验改革，切实调动广大学生的主动性、积极性和创造性，激发广大学生的创新思维和创新意识，形成浓厚的创新教育氛围，进而提升大学生的创新能力。各省教育主管部门、各大学在此推动下也相继开展大学生创新性实验计划。至此，我国正式拉开了以本科学生为主体的创新性实验改革的帷幕。2010年，教育部成立高等学校创新创业教育指导委员会，这标志着我国高校创新创业教育工作全面铺开。

3) 全面推进阶段(2010—2015年)

2010年，教育部出台《关于大力推进高等学校创新创业教育和大学生自主创业工作的意见》，正式提出"创新创业教育"概念，指出创新创业教育是适应国家发展战略和经济社会需要产生的教学模式与理念。该意见的出台使创新创业教育理念及模式得到确认，教育教学体系得到建立，实施路径得以拓宽。该意见要求在高等学校全面开展创新创业教育，积极鼓励高校学生自主创业。

同年党中央、国务院颁布的《国家中长期教育改革和发展规划纲要(2010—2020年)》是指导我国教育十年改革发展的宏伟纲领和行动指南。该纲要提出，大学生适应就业创业和社会的能力不强，实用型、创新型、复合型人才紧缺，进而明确要求建设人力资源强国，为有效推进创新创业教育奠定了坚实的基础。

2011年，教育部和财政部决定在"十二五"期间继续实施"高等学校本科教学质量与教学改革工程"，特别提出要通过一段时间改革和建设，在大学生创新创业能力和实践能力培养不足等方面，力争获取明显成效[1]；同时指出，要支持大学与科研院所、企业、行业、社会有关部门合作共建国家大学生校外实践教育基地，继续资助大学生开展创新创业训练。

---

[1]　张瑞. 近二十年高校创新创业教育的发展路径及特征分析[J]. 创新与创业教育，2019，10(2).

4) 持续深化阶段(2015—现在)

2015年，国务院办公厅下发《关于深化高等学校创新创业教育改革的实施意见》，意见要求全面深化我国高校创新创业教育改革，高校要完善人才培养质量标准，制定创新人才培养机制，健全创新创业教育课程体系，改革教学方法和考核方式，强化创新创业实践，改革教学和学籍管理制度，加强创新创业师资队伍建设，改进学生创业指导服务，完善创新创业资金支持和政策保障体系。与此同时，各省市自治区也制定了深化高等学校创新创业教育改革的方案，各高校也制定了本校的创新创业教育改革方案。

2015年，由教育部与地方政府联合主办的第一届中国"互联网+"大学生创新创业大赛在吉林大学举行。大赛旨在深化高等教育综合改革，激发大学生的创造力，培养造就"大众创业、万众创新"主力军；推动科技成果转化，促进"互联网+"新业态形成发展，服务经济提质增效升级，以创新引领创业、创业带动就业，推动高校毕业生更高质量创业就业。

2016年，国务院下发《关于建设大众创业、万众创新示范基地的实施意见》，指出要在更高层次、更大范围、更深程度推进"大众创业、万众创新"，培育经济发展新动能、加快发展新经济、打造发展新引擎，扶持一批创新创业支撑平台、建设一批创新创业示范基地、突破一批阻碍创新创业发展的政策障碍、形成一批可复制可推广的典型经验和创新创业模式，围绕创新创业重点改革领域开展重点试点示范。

2017年，为进一步深入推进创新创业教育改革，切实发挥好示范引领作用，教育部分两批确定北京大学等200所大学为深化创新创业教育改革示范高校，要求各省级教育行政部门和各高等学校认真学习借鉴"示范高校"的好做法、好经验，扎实推进本地高校的创新创业教育改革工作，努力增强学生的创新精神、创业意识和创新创业能力，全面提高教育教学水平和人才培养质量。通过修订《普通高等学校学生管理规定》，明确大学生参加创新创业活动可折算成学分，鼓励学生休学创业，最长学习年限可以由各学校单独规定；确定了首批入库的优秀创新创业导师4492名，加强了创新创业导师队伍的建设。

2017年，国务院下发《关于"强化实施创新驱动发展战略，进一步推进大众创业、万众创新深入发展"的意见》，提出了5个领域的政策措施：一是加快科技成果转化；二是拓展企业融资渠道；三是促进实体经济转型升级；四是完善人才流动管理激励机制；五是创新政府管理方式。为深入实施创新驱动发展战略，进一步激发社会创造力和市场活力，推动创新创业高质量发展，进而打造升级版创新创业。2018年，国务院再次下发了《关于推动创新创业高质量发展打造"双创"升级版的意见》。

2020年，国务院下发《关于"提升大众创业、万众创新示范基地带动作用，进一步促改革稳就业强动能"的实施意见》，提出要进一步提升创新创业示范基地对促改革、稳就业、强动能的带动作用，促进创新创业更加蓬勃发展，更大程度激发市场活力和社会创造力。

2021年，为提升大学生创新创业能力、增强创新活力，解决学生在创业方面融资难、经验少、服务不到位等问题，进一步支持大学生创新创业，教育部制定了《普通高等学校本科教育教学审核评估实施方案(2021—2025年)》，指出将创新创业教育作为高校教育教学水平的二级指标纳入评价体系，创新创业教育进入国家对高校考核的体系。

2021年，国务院下发《关于进一步支持大学生创新创业的指导意见》，意见要求持续深化创新创业教育改革，提升大学生创新创业能力。意见指出，要不断优化大学生创新创业环境，降低大学生创业门槛；要加强大学生创新创业服务平台建设，强化大学生创新创业实践；要进一步推动落实大学生创新创业财税扶持政策和金融政策支持；要促进创新创业成果转化，继续办好中国国际"互联网+"大学生创新创业大赛，加强大学生创新创业信息服务。意见进一步指出，教育部要会同有关部门加强协调指导，督促支持大学生创新创业各项政策的落实。地方各级人民政府要加强组织领导，积极研究制定和落实支持大学生创新创业的政策措施，帮助大学生解决实际问题。同时，各省市自治区也结合各地实际，出台了省级政府的《关于进一步支持大学生创新创业的指导意见》，各高校也陆续出台具体的实施细则。至此，我国高校的创新创业教育进入全面规范化发展阶段。

三、创新创业教育的作用

从狭义上看，创新创业教育的作用就是教授学生创新创业的知识和方法，但其实质是面向学生开展的一种价值塑造实践活动，包括知识价值、思想价值、意志价值、能力价值、素质价值等内容。就学生个体而言，创新创业教育就是培养学生面向未来职业发展需要的内在素质和能力；就社会层面而言，创新创业教育就是培养具有创造社会价值和服务国家发展能力的新公民。社会大众的创新创业能力及水平正在成为国际竞争的核心要素，我们国家要想在未来发展中拥有更强的核心竞争力和在国际事务中赢得主动权，就必须要有较强的创新创业能力，而国家的创新创业水平是由大众的创新创业能力所构成的。建设国家创新创业教育体系的重要内容就是高校创新创业人才培养体系的构建，高校创新创业教育是塑造社会强大生产力的必由之路。

随着我国大学生毕业人数激增，以及我国经济增长方式的快速变化和发展质量的更高要求，大学毕业生就业难已经成为不争的事实。要增强经济社会发展的新动能，推动经济社会高质量发展，促进大学生高质量就业创业，大学实施创新创业教育是必然的选择。开展创新创业教育也是深化高等教育改革的迫切要求，是高校内涵式发展的必由之路。人才培养质量是高等教育高质量发展的核心内容，内涵式发展要求以人才培养质量为核心，以学生能力发展为本，衡量高等学校人才培养质量的根本标准在于其培养出来的人才是否具有面向未来职业发展的能力素质，是否满足国家战略及经济社会发展的需求。创新创业教育的全面开展，既能培养大学生面向未来职业发展需要的能力,又能解决毕业生就业创业难的问题,还能提高公民的创新创业素质,带动其他社会群体就业创业,发挥出其对就业创业的倍增效应,更能提高国家人力资源的竞争力,促进经济社会高质量的发展。

高校创新创业教育的本质是培养大学生创新精神、创造思维和创业意识,引导高校不断地进行教育理念的更新、培养模式及教育教学内容和方法的改革,紧密结合知识学习、能力培养、素质养成,以及通过科学研究、文化传承与创新、社会服务、国际合作与交流,实现由单一知识学习向注重知识学习、价值塑造和能力培养的转变,保证人才培养质量的全面提高。世界高等教育的发展趋势是建设创业型大学,而创业型大学的建设必然要求全面开展创新创业教育,这是以塑造和培养学生的创新创业精神和能力、构建创新创业文化、服务区域经济社会发展为己任,使大学真正成为推动区域经济社会发展和人类文明进步的重要引擎。

创新创业教育是促进大学生全面发展的有效途径。大学发展与学生发展是密不可分的,创新创业教育从狭义的角度来看就是激发学生的学习兴趣、增强学生的探索创造能力及创新创业热情,了解创新创业知识、培养创新创业能力,提高创业成功的概率,让学生获得精神和物质的双回报。从广义的素质培养要求出发,创新创业教育就是培养学生的质疑、思辨和创造精神及能力,激发创造潜能,使之勇于探索和善于解决复杂问题。创新创业教育作为一种新的素质教育理念,在塑造学生的价值观,培养健全人格,发展个性和提高综合素质等方面具有重要作用。

四、创新创业教育的问题

目前,我国高校不断加强创新创业教育并且取得积极进展,成效显著,创新创业教育质量得到明显提高,学生得到全面发展,毕业生就业创业得到推动,促进了区域经济社会的发展,发挥了其服务国家现代化建设的重要作用,但创新创业教育仍然存在一些不容忽视的问题，主要有以下几个方面。

一是创新创业教育先进理念缺失，创新创业教育与思想价值塑造两者结合不充分，人才培养与创新创业教育结合不紧密、与专业教育脱节，没有完全融入人才培养的全过程。高校的创新创业教育必须坚持面向所有专业和全体学生，与专业教育全面融合，以培养学生的创新精神和创业意识为目标，以提高学生的创新创业实践能力为关键，以政产学研协同培养为路径。创新创业教育要充分体现课程思政的价值引领作用，要把价值观塑造融入课程教学的全过程，使创新创业课程不只是培养创新创业能力，更要塑造学生正确的思想价值观。在人才培养中，创新创业教育要融入全过程，解决创新教育与创业教育、专业教育与创新创业教育割裂的问题；应建立以创新为基础的创业教育，促进创新与创业实践的融合；要形成基于职业发展的创业教育，营造创新创业教育新模式；要有效解决当下创新创业教育模式单一、教育内容空泛、实践训练虚化、教学方法缺乏创新、学生创新意识不强、创业动力不足等问题。

二是创新创业教育资源不足，实践平台短缺，创新创业教育校地、校企没有充分融合，还没有建立有效的政产学协同培养的机制。创新创业教育需要建立由社会、学校和专业构成的三级联动协同机制，建立通识教育、专业教育、创新创业教育融合的培养模式，构建创新创业通识课程、专业课程、实践课程三阶课程体系，完善从第一课堂到第二课堂、从创新创业基础知识学习、实践训练到创业孵化的教育生态链；建立创新创业学院、创新创业工作坊、创新创业孵化基地三级递进的课程教学实践平台，构建校赛、省赛、国赛三级学科竞赛体系，通过高质量的学科竞赛推动创新教育；为创业者提供包括创业资金(capital)、创业合伙人(co-founders)、创业社区(community)、创业客户(customers)、创业交流(communication)的"5C"创业支持体系，有效解决创新创业教育资源严重不足、实践训练平台短缺的问题。

三是创新创业教育的模式路径和方式方法较单一，针对性和有效性不强，与创新创业实践脱节，忽视学生的实践能力培养。创新创业教育要着力构建校地融合平台，落实创新创业教育实践平台建设；畅通校企融合路径，使创新创业教育实践训练取得成效；构建科教融合模式，提升创新创业教育质量。创新创业教育要建立校地、校企、科教协同培养的创新创业教育体系，着力锻造政产学研一体的创新创业实践教育集群，有效解决创新创业教育无平台资源、实践能力培养无基地、综合素养提升无抓手的问题，打造多元化的创新创业教育新模式和新路径。

四是创新创业文化缺失。中国社会的传统文化是"学而优则仕"，因此每年的公务员考试竞争激烈，而大学毕业选择创业的学生比例非常少，那些少数选择了创业的毕业生，也总会被社会认为是学得不好，找不到工作，只能自谋职业。创新创业制度文化的缺失使得大学创新创业教育开展艰难，若不是因为国家要求推动高校必须开设创新创业教育课程，那么可能绝大多数学校都不会开设这门课程，即便是开设了，很多学校也是应付式的，因为很多高校既没有很好的师资，也没有足够的教学资源，仅仅是为完成一种教学任务。

目前我国还没有真正形成一个高校、政府、社会和产业等相关主体构成的创新创业教育生态体系。各种支持大学生创新创业的政策操作性不强，落地性不够，创新创业支持与服务体系还不完善，创新创业社会资源导入不够顺畅，还存在创新创业教育与社会需求脱节的现象。一些学校仅传授简单的创新创业知识，创新创业实践以及创业孵化的深度与广度还不够。因此，高校要营造浓厚的创新创业文化氛围，要塑造大胆尝试、敢于冒险、宽容失败的创新创业文化，要让创新创业文化成为社会、学校和师生的共同理念和价值追求。

五、创新创业教育的内容

1. 建立分层分类的创新创业教育体系(见图1-1)，适应创新创业培养普及化和发展个性化的需求

(1) 面向所有专业的全体学生，以培养学生的创新精神和创业意识为目标，开展创新创业通识教育，植入创新创业基因，塑造创新创业价值理念，把创新创业教育融入人才培养全过程。

(2) 面向有创业兴趣的学生，以创业实践训练为主要内容，开设创业实验班、制订创业训练计划，激励学生申请创业训练项目，模拟创业真实过程，积极投入"互联网+"创业大赛，开展创业沙龙，强化学生的创业实践能力。

(3) 面向有强烈创业意愿的学生，以创业指导和创业支持为关键，注重浓厚创业氛围的营造、创业空间的搭建、创业孵化平台的创建，为学生提供创业资金、条件、辅导等方面的支持，让创业者在学校创业园内进行商业闭环训练，着力提升其发现市场、管理企业、决策商业、营销市场等创业能力，帮助学生走上创业的道路。

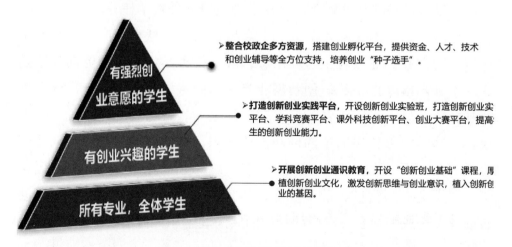

图1-1　分层分类的创新创业教育体系

2. 构建跨学科交叉融合的创新创业课程体系，建立"理论学习—案例分析—实践训练"三位一体的教学模式，适应学生综合素质培养和能力发展的需求

(1) 采用必修与选修相结合、线上与线下相结合、理论与实践相结合、校内与校外相结合的方式，在全校范围内开设创新创业教育基础必修课和多种创新创业选修课，构建以培养创新思维为基础、创业能力为核心，与专业教育相融合的创新创业课程体系。

(2) 构建创新创业基础必修课程内容新体系，把创新创业教育课程内容划分为创新方法、创业知识、创业实践三部分，形成以培养创新思维和创业意识为基础、训练创业能力为关键，教学内容依次递进，融合专业教育的课程教学内容体系。创新创业课程教学实现从以知识传授为主的传统教学目的向以能力培养为主的创新创业教学目的转变；从以教师为中心的传统教学模式向以学生为中心的创新创业教学模式转变；从以讲授知识为主的传统授课体系向以学生实践体验参与为主的创新创业教育体系转变。

(3) 构建"做中学，学中做，学做结合，重在实践"的教学模式，以学生能力发展为中心，充分利用翻转课堂和启发研讨式教学方法，通过创新创业工作坊，在课堂中植入移情、专注、创造、体验和反思等实践教学活动，让教师在做中教，学生在做中学，通过学做结合的方式来激发学生的创新创业灵感。

3. 建立政产学研协同培养的创新创业人才教育新路径，促进校政融合、校企融合和科教融合，适应区域经济社会发展和多样化培养的需求

(1) 校地融合，搭建创业孵化平台，打造创业支持体系。构建"1+N"的建设体系，与地方政府合作，共建大学生创新创业园，在校内校外布局N个创新创业实训基地，搭建平台孵化创业，为创业学生提供资金、合伙人、社区、客户和交流等全方位的创业支持；建立市场支持，让学生的初创企业在创业园获取首批客户资源，让其创新技术和产品不断迭代，使各种创业要素形成一个正向的循环，让创业学生能真正进行创业闭环训练，获得初步的创业价值回报。

(2) 产教融合，构建校企合作创业平台，促进创新创业教育实践项目化。学校应依托自身的学科优势，与企业建立产教融合育人平台。学校应依托校企育人平台和创新实验室，从企业的技术需求和市场需求中寻找创新创业项目，设立大学生创新创业实践训练项目，由企业提供一定的经费和条件支持，在学校教师和企业工程师的指导下，学生开展技术研发和可能的市场开发，校企合作开展创新创业教育。

(3) 科教融合，构建分层分类的学科创新研究及竞赛体系，强化创新创业实践能力培养，提升双创教育的质量。创新创业教育应把吸收本科生加入教师学科研究团队作为培养学生创新能力的重要方式，把学科竞赛作为培养学生创新能力的重要抓手，构建基于课程学习与科学研究融合的学习模式，以及"做中学，学中做"的学科竞赛模式，促进创新教育从理论传授向能力培养的转变，培养学生的学习能力、实践能力、解决问题的能力。

创新创业教育应构建完整的科教融合实践教学体系，包括课内实践、课外实践、校外实践和企业实践教学。例如，建立灵活开放的课外实践平台，建设创新工作室，将科学研究实验室拓展成学生创新实践平台，建设创新创业工作坊和创客空间等创新实践训练平台，平台面向所有学生全天候开放，学校提供学生创新训练所需的仪器设备，配备专业指导教师，培养学生的创新实践素质和综合创新能力。

(4) 理论与实践的融合，构建"理论+实践"的课程教学模式。把学校所有专业分成若干个大类，每个大类建立相应的创新创业课程理论体系和技能体系，形成理论课、课程实验、课程设计、专业实习、毕业设计的模块化教学，促进理论与实践深度融合，推动知识的学以致用。实践教学以项目化的形式进行，老师在做中教，学生在做中学，教与学都紧紧围绕创新能力的培养来进行。

(5) 团队与项目的融合，构建"团队+项目"的实践教学模式。创新创业教育应建立课外开放式实践平台，以大学生创新创业训练项目、学科竞赛、市场需求项目、企业的技术需求、教师的科研项目为载体，以兴趣为导向组建团队，面向企业实际问题和复杂的工程技术问题，紧紧围绕实际工程项目开展创新实践，培养学生的工程创新实践能力。创新创业教育应引入科研模式的实践方式，学生通过兴趣小组自主设计与合作探索完成项目研究，从中不但学到知识与技术，而且学会竞争与合作，懂得荣誉与责任。

第二章　认知创新创业

当前高校培养的大学毕业生，普遍存在创新能力缺乏、创业实践能力不足等问题。造成这种问题的很大一部分原因可能是我们的大学教育与社会和产业的需求脱节，培养出来的人才不能适应社会和市场的需求。陶行知说过，大学究竟要学什么？应该是社会需要什么，我们就应学什么。那么社会需要什么样的人才呢？社会需要我们的毕业生具有良好的职业道德精神和解决问题的能力，最主要的就是要有创新创业的能力，能够把岗位工作做好并能开创一番事业。

时任国务院总理李克强在2021年全国双创周上指出，面对极为复杂严峻的国内外政治经济形势，我们取得了显著的经济发展成就，这得益于1.5亿的市场主体，大量市场主体立了起来、活跃起来，创新能力不断提升，为稳定就业与经济大局提供了强有力的支撑。因此，大学作为人才培养的重要基地，理应培养千千万万的创业生力军，在放飞自己的创业梦想的同时，为中国这个世界第二大经济体注入无穷的源泉和动力。

对于创新创业教育，社会上有诸多不同的观点，大学生对创新创业教育更是迷茫，很多关于创新创业的问题一直在困扰着大学生及学校教育工作者。例如，创业是天生的，还是后天可以教会？大学生创业是否一定要基于专业来进行？大学生缺资金、缺人脉、缺资源，是否适合创业？大学生创业是否会影响学习，是否会捡了芝麻，丢了西瓜？大学生如何找到自己创业的机会，开启自己的创业之路？如何找到创业机会？创业是否需要团队？需要什么样的团队？等等。我们想通过探讨这些问题，来深化对创新创业教育的认识。

一、为什么要创业

中国从1978年实行改革开放以来，推进了一系列以市场为主导的经济改革，一方面是建立了社会主义市场经济体制，并基于这一体制进行了一系列改革，建立了一系列的经济制度，如税收体制、金融体制和贸易体制等；另一方面是建立了产权制度，保护每一个市场主体和个人的产权，为创业者提供了良好的创业环境和沃土，催生了一批又一批企业家的产生，形成了现今世界上规模最大的企业家群体。

改革开放以来，我国主要经历了5次创业的热潮。第一次创业浪潮始于1978年的十一届三中全会，农村实行联产承包制改革，诞生了一大批乡镇企业[1]，使得当时农村地区和偏远的四五线城市的商业经济迅速发展。许多城镇民众和农民成为改革开放后的首批创业者，涌现了鲁冠球、何享健、刘永言、刘永行、刘永好、陈育新等新中国第一批企业家。第二次创业浪潮则是发生在1984年，国有企业的承包制改革拉开序幕，诞生了众多创业者，其中包括郑永刚、王石、任正非、王健林等一批当下正在引领行业的企业家。第三次创业浪潮的主力是中国社会主流精英人群，伴随着1992年邓小平发表南方谈话，党的十四大明确提出要建立社会主义市场经济体制，大批政府机构、高等学校、科研院所有创业热情的人受此影响，纷纷辞职主动下海创业，形成了以陈东升、冯仑、王功权、黄怒波等为代表的企业家。第四次创业浪潮就是大约从1998年开始的互联网革命，新浪、搜狐、网易、阿里巴巴、百度、腾讯等互联网企业便是在这个时间节点以后崛起的，马云、马化腾、李彦宏、刘强东、丁磊等现在中国知名的企业家就在这次创业热潮中发展起来的。第五次是2007年后，伴随着乔布斯第一部苹果智能手机的出现，以及移动互联网时代的到来，诞生了美团、滴滴、陌陌、美图、高德地图、饿了么、唱吧、大众点评等众多新型的移动互联网企业。

---

[1] 张青磊. 我国公民安全研究[J]. 上海师范大学学报. 2020(7).

创新是人类社会进步的永恒动力，创业是社会财富增长的加速器。改革开放40多年来，中国GDP的世界排名从1978年的第15位(0.37万亿元)提升到现在的第2位，2022年已经超过121.02万亿元。在2022年的世界500强企业中，中国公司的数量达到145家，世界排名第一。在2022年的胡润全球亿万富豪榜中，财富超10亿美元的企业家达3381人，中国以1133位蝉联第一，比2021年增加75人，美国以716位居全球第二，比2021年增加20人，印度以215名位居全球第三，英国、德国和瑞士紧随其后，如表2-1所示。2022年，亚洲拥有超10亿美元的企业家占全球的51%，几百年来首次超过世界其他地区的总和。创造这些社会财富的重要力量就是社会迸发出的创新能力和创业热情。

表2-1 2022年胡润全球富豪国家分布

排名	国家	财富超10亿美元的企业家人数/人	增幅/人
1	中国	1133	75
2	美国	716	20
3	印度	215	38
4	英国	150	24
5	德国	145	16
6	瑞士	107	7
7	法国	73	-10
8	俄罗斯	72	-13
9	意大利	52	10
10	日本	41	6

中国创造了经济发展的世界奇迹，这得益于改革开放政策和经济领域推行的市场化改革，构建了一个世界上独一无二的巨大市场，让一批批创业者能够尽情追逐自己的创业梦想，并积累了大量的财富。今天的中国，民营经济在整个经济体系中占有重要地位，贡献了国家税收的五成以上，GDP的六成以上，技术创新的七成以上，城镇劳动就业的八成以上。民营经济发展的最强驱动力就是体制机制的创新而引发的创业热潮。

企业家有生命周期，企业同样有它的生命周期，一个国家经济的持续繁荣一定是因为有一波一波、一浪一浪的年轻企业家不断登上历史的舞台，正是一批批企业家的创新创业，才会给市场带来新的技术、新的产品、新的模式，才会给经济发展注入持续发展的动力。

在经济新常态下，中国经济要保持强劲增长，就需要千千万万的创业者源源不断地投身创业的大潮。正是基于这一背景，2014年9月，李克强总理在夏季达沃斯论坛发出"大众创业、万众创新"的号召。李克强总理指出，要以大众创业、万众创新这一结构性改革激发全社会创造力，打造发展新引擎；要破除所有束缚创业发展的体制障碍、机制障碍，让一切有创业意愿的人们都拥有自主创业的空间，使得创新创造的血液在全社会能自由流动，自主发展精神蔚然成风。创新创业是中国经济转型升级的有效途径，是解决大众百姓就业创业的根本之道，是驱动中国经济社会发展的不竭动力，正如著名经济学家厉以宁所讲："只要创意创新创业不止，中国经济的红利就永远不会枯竭！"

2016年，中国企业联合会研究部研究员刘兴国在经济日报上发表的文章《中国企业平均寿命为什么短》中指出，中国民营企业平均寿命仅3.7年，中小企业平均寿命更是只有2.5年。拉卡拉集团创始人、董事长孙陶然在《创业36条军规》中指出，新创公司在美国的10年存活率仅为4%，公司成立第1年后即破产40%，5年内破产80%，剩下的20%中又有80%在第2个5年中破产。哈佛商学院研究后发现，第一次创业只有23%的成功率，已成功企业家再创业的成功率略高，却也仅有34%。这样看来，创业成功是小概率事件。既然创业存在风险，我们为什么还要创业？

企业是在动态变化中达到一种进化。新生企业不断崛起，旧的企业不断消亡，市场吐故纳新，正是创业的魅力所在。改革开放40多年，历经几波的创业热潮，一批批的创业者登上历史的舞台，一波波的创业者销声匿迹，留在舞台中央的创业企业家是少数中的少数，但是中国社会的财富在不断地累积，中国人越来越富裕，中国经济越来越强大。

创业是过程，而不是结果，是人生修炼的一种方式。孙陶然说过，创业本质上是领着未知的人们去未知的场合干未知的事情。创业之路易想难做，起步容易坚持难，一定会碰到很多的困难，甚至会失败，大多数有成就的创业者都不是第一次创业就成功的。创业就是一场超常规、超负荷的马拉松比赛，创业者随时都可能会面临产品受阻、现金流断裂、团队核心成员离职等难以想象的困难，但正是因为经历了这么多的困难与失败，创业者得以在解决一个又一个困难的过程中快速成长。因此，我们不必过多地强调创业的失败率有多高，而要关注创业者这个群体给社会带来的财富、税收、就业和创新。失败乃成功之母，创业者只有不断地经历困难才能成长，最终才能成功。

二、创业是否能教

关于创新创业教育，先辈们早有论述。管理学家德鲁克认为创新可以作为一门学科去传授和学习，他认为创业就是创业者学会通过发现和追求机遇来实践系统化的创新。创新是所有创业者的重要职责，是可循规律的工作实务，创新并不一定只有天才能做到，但一定要训练。创新不只是灵光乍现，更要严格遵守其原则和条件。所以创新是一门可以去传授和学习的学科，若遵循一定的规律和掌握一定的方法，那么就可以学会如何成功地创新。创新首先要培养创新思维，创新思维是可以通过学习掌握创新方法、应用创新工具来训练和培养的。

创业教育的鼻祖蒂蒙斯从创业学的视角进行研究，他认为创业学是一门学科，创业是可教可学的。蒂蒙斯认为创业不仅是一个结果，还是一个过程，既然是个过程，就可以进行研究，可以学习，有规律可循。创业教育是教年轻人如何学习创业知识，如何训练创业思维，引导年轻人如何发现市场、寻找商机，最终走上创业的道路，向年轻人展现未来事业的前景，使年轻人树立正确的创业态度，这也是创新创业教育工作者的核心价值所在。

创新工场的创办者李开复指出，创业成功的关键在于团队、经验和执行力。在大学所学的专业知识和技术只是单方面，而创业者不能只是专才，必须要有多方面的经验，不仅需要懂技术和产品，也要懂管理、运营和市场。企业家王健林也曾经说过，创业成功有两个要素：一是大胆尝试，二是坚持。大胆尝试其实就是一种创新精神，而坚持就是创业意志，以及内心咬定目标和坚韧不拔的态度，这些都是在创业教育过程中需要教授给学生的。

正是基于创业是可教的理念，才会出现许多世界著名的创业教育机构。百森商学院是全球最顶尖的商学院之一，它连续22年荣获创业教育领域排名第一的佳绩，百森商学院坚信创业是可教的，开创了基于创业实践的百森教学方法，在创业教学中植入玩耍、移情、创造、试验和反思。另外，应用于联合国国际劳工组织开发的SYB创业培训（start your business，如何创办你的企业），是为有意自己开办中小企业的朋友量身定制的培训项目，目前已经在84个国家得到推广。

三、什么年龄创业更好

什么年龄适合创业？很多人认为年纪大一点创业更为合适，大家普遍认为年纪小，无经验、无资金、无人脉、无技术，难以把握市场的需求，很难开启创业之路。究竟多大年纪适合创业？大多数人认为40岁是一个较佳的创业年纪，因为40岁的人事业有成，有一定的资金积累，也形成了一定的人脉圈，在职场打拼这么多年，也有一定的技术与专长，对市场更为了解。

我们调查过很多40岁左右的人，大多数这个年龄段的人都不想去创业，为什么呢？一是已经有份稳定的工作，不想再折腾了；二是精力不足，这个年龄的人的身体与精力已经在走下坡路，精力与二三十岁的人不能相比；三是学习能力大不如前，学东西学得更慢了，特别是学习一些专业技能、互联网上的新应用等要花费很长时间，思维的活跃度不如以前;四是生活的压力逐渐加大,冒险的精神不足,大多数人到了40岁,上有老下有小,父母年纪比较大了,需要更多的关心与照顾,特别是二胎放开,很多人的小孩都还小。

表2-2为2009—2014年互联网领域创业的市值超过100亿美元的超级独角兽公司及其概况。这些公司的创始人创立公司时的平均年龄是29.7岁,其中中国人的平均年龄是31岁。美国硅谷的Stripe的创始人Collison的年龄最小,创立Stripe时才22岁,中国小米的雷军年龄最大,创立小米时已经40岁,但雷军在此之前已经有过成功的创业经历。

表2-2 2009—2014年互联网领域创业的市值超过100亿美元的超级独角兽公司及其概况

公司名称	创立时间	类型	国家与城市	创始人CEO/出生年	创始年龄	创始前工作
WhatsApp	2009.1	App	美国硅谷	Koum/1976	28	Yahoo
Uber	2009.3	App	美国硅谷	Kalanick/1976	28	
Pinterest	2009.1	App/AI	美国硅谷	Sibermann/1982	27	Google
Square	2009.2	App	美国硅谷	Dorsey/1976	33	Twitter
美团	2010.1	App	中国北京	王兴/1979	30	
Stripe	2010	Payment	美国硅谷	Collison/1988	22	
小米	2010.4	智能手机	中国北京	雷军/1969	40	金山
Supercell	2010.5	App	芬兰赫尔辛基	Paananen/1978	32	Digital Chocolate
快手	2011.3	App/AI	中国北京	宿华/1982	29	Google
Lyft	2012.5	App	美国硅谷	Green/1983	29	
滴滴出行	2012.7	App	中国北京	程维/1983	29	阿里
GrabTaxi	2012	App	新加坡	Tan/1982	30	
今日头条	2012.3	App/AI	中国北京	张一鸣/1983	29	酷讯
拼多多	2014.1	App/小程序	中国上海	黄峥/1980	33	Google

互联网时代,为什么这些独角兽公司的创业者都是年轻人?这是因为年轻人创业具有天然的优势。

年轻就是资本，年轻人有大量试错的机会，且试错成本最低，试想一个大学生创业，他有什么样的成本？最多就是时间的成本，但对于一个40岁以上的人来说，创业失败的成本巨大，有可能会影响一家人的生活。可以这么说，人在前半生的岁月里，所遇见的一切都是用来试错的，正因为年轻，才有充足的时间和精力，以及重新开始的机会。

年轻人思维最活跃，最具创新精神，敢尝敢试。年轻人如同一张白纸，不易被各种条条框框约束，创新意识更强，常常会创造新方法去解决问题；他们拥有更强的学习能力，思维敏捷、热情高涨，能够快速地接受新概念、新技术，并且能够迅速地实施新的想法。2019年，在清华大学举办的全球经济管理学院院长论坛上，阿里巴巴集团CEO张勇说，对于新一代的年轻人，不要轻易地下结论，留一点时间、给一点试错机会让年轻人去尝试，结果也许会有惊喜。他谈到阿里巴巴历史上的一个重要时刻，在互联网与移动互联网交替的历史节点上，淘宝作为阿里巴巴的核心平台仍停留在落后的PC时代，公司尝试让拥有丰富淘宝经验的人采用很多的办法去做平台升级，但这批人在过去的10年里跟着淘宝成长，有很多基于PC端的传统思维。最后是一位"85后"领导带领手机淘宝实现了淘宝的无线化，完成了PC端与手机端的整合，淘宝交易的无线占比从百分之十几增长到80%。

年轻人是互联网的中坚力量。特别是新的科技革命颠覆了传统的商业模式，创业不再依赖于传统意义上的经验积累，更重要的是要懂得互联网时代的发展特征，抓住网民的个性需求。很显然，10年前网民大都是年轻人，而只有年轻人才能了解年轻人的需求，所以才会有这么多优秀的年轻创业者。互联网时代讲究年轻、活力，这并不局限在互联网衍生的产品上，时代对互联网企业从业人员的要求也是这样。近年来，很多互联网企业如阿里巴巴、腾讯等，都纷纷提出要朝着管理层员工"年轻化"迈进。三十几岁，按理说正值壮年，但在如今逐渐"年轻化"的互联网公司，可以称得上是"老人"。并且在这一行，经验的作用逐渐在弱化，因为人们要的是创新！苹果员工的平均年龄是31岁，腾讯、华为员工的平均年龄是29岁，而滴滴出行员工的平均年龄是27岁；在阿里巴巴8万多员工里，"90后"将近3万人。可见，年轻人是成功的互联网行业的中坚力量。互联网公司不流行"按资排辈"这一套，因为在互联网行业，其实经验并没有那么重要，有时可能会成为创新的绊脚石，而不能创新是互联网行业所不能容忍的。互联网的很多职位如产品研发、产品运营等，年轻人更能胜任。如今的互联网时代是年轻人的时代，年轻人是时代之船的掌舵人。因为只有年轻人才更懂年轻人，他们有优势也是理所当然的。

四、大学生是否适合创业

世界充满着不确定性，未来最难预料，把握未来的最佳方法不是争取留住昨天或保持今天，而是要去开创未来，所以我们要永远相信年轻人，他们更能开创未来，因为他们就是未来！李开复早在2013年写给想创业的毕业生的一封信中谈到，创业成功的关键在于团队、经验与执行力，大学生缺乏团队，没有丰富的创业经验，缺少强有力的执行力，因此创业成功率不高。他建议大学生先去参与创业，再主导创业，这也是当时创投界很流行的一种观点。但2015年在《给世界改变最大的人就是创业者》一文中他对自己的观点做了修正，他认为确实有的学生一毕业就可以尝试创业的大学生，5年前大家普遍认为30多岁是创业的黄金年龄，但到了现在，27岁就成了创业的黄金年龄，这也只是一个平均值，在创新工场里面最年轻的创业者才21岁。

以美国创投教父彼得·蒂尔、真格基金创始人徐小平、美团创始人王兴、万达集团总裁王健林等为代表的一批企业家都支持大学生创业。他们认为大学生最具创新精神，加上今天的创业与传统的创业不完全相同，创业者并不一定要有大量经验，只要懂得市场、懂得互联网、懂得人类的需求，就可以做出适应市场的产品，最为重要的是"Some ideas can't wait"。因此，彼得·蒂尔创办了旨在鼓励高中生和在校大学生休学创业的"20 under 20"项目，该项目每年选出20～25位20岁以下的有创业想法的青年，2年内给他们10万美元经费支持，让他们去做自己最想做的事情。王健林于2013年也推出"万达集团大学生创业计划"，2013—2020年万达集团累计投入不超过5亿元，支持1000名在校大学生创业。美国的五大科技公司"FAAMG"(即脸书、苹果、亚马逊、微软、谷歌)，有四家都是创始人在本科阶段创立的。虽然中国的大学生创业没有如此辉煌的成绩，但是世纪佳缘、饿了么等公司也是在校大学生创业的成功案例。

创业的过程就是不断试错的过程，既然是试错，那就意味着创业随时都有可能失败。创业不可能不经历挫折、不经历失败。纵观现在功成名就的那些创业者，他们在创业的过程中都经历过或大或小的失败。

京东创始人刘强东、小米创始人雷军都曾在大学时期创业，不过，最初创业都以失败告终。他们满怀热情，却被现实撞得头破血流。但正是因为大学创业失败的经历，刘强东才意识到人性的贪婪，深刻体察到公司管理、制度和流程的重要性，因此在京东成立后他特别注重公司的控制权，强化公司的管理，建立严格的流程，坚决地反对腐败；雷军也深刻认识到公司一定要有明确的盈利模式，不能见什么赚钱就去做什么，也意识到公司一定要形成一个核心，有核心才能形成有效的决策。

众所周知，创业风险大，大学生创业风险更大，但正所谓失败是成功之母，只有在不断的失败中才能意识到自身及团队存在的问题，也正是在失败的过程中学会了团队的管理、市场的营销、产品的迭代等。零点有数董事长袁岳认为，在创业这样真实而严峻的行动挑战中，只有亲历者才会真正体会到那些只沉湎书本与校园的人体会不到的问题，所以大学生创业不是一门成功学课程，而是一门以挫折唤起反省和自奋的社会训练课程。其实，大学生创新创业根本无所谓失败，纵然创业失败了，但在创业过程中，他会知道重视消费者需要、产品创新设计、服务过程优化、团队凝聚、筹资管钱、宣传营销、周期迭代的重要性，并且得到历练和累积。这些经历对于以后再度创业，或者说去企业就业，都是他相对于其他同学来说的优势。即使他真的认识到自己不适合创业，毕业后去踏踏实实工作，专注于自己的岗位，把工作做好，对于个人和社会来说，也是有益的。

创新创业具有不确定性，不可能通过上几节课就能学会创新创业，更为重要的是，要在真实的创业过程中学会创新创业。我们鼓励大学生去创业创新，就是引导大学生在真实的创业场景中观察、体验、模拟、尝试、参与甚至主导创业。只有在真正的市场中去面对真实的客户，真正在团队管理中去磨砺领导能力，才能在真实的创业环境和行动中塑造自我，提升自己的创业创新能力。

大学生创新创业是一门相对开放的社会实践课，既不要把门槛设得太高，也不要期望太高，但要对学生有破有立的实践多支持，鼓励他们多看、多闯、多做和多接触社会，如此就有可能使他们在创新创业探索中收获很多意想不到的成果。

五、创业是否需要团队

冷兵器时代是个人英雄的时代，只要练就一身好武艺就可以行走天下、行侠仗义。而现代社会是团队的时代，科技发达、竞争加剧，一个人纵然本事再高、能力再强，也难以靠一己之力成就一番事业。即便是在个人才华起决定性作用的艺术、文娱领域也是如此，任何一个明星背后，都有一个多人组成的团队甚至是一个公司在支持他。

成功的创业企业大多有效发挥了团队作用。虽然每一位创始人都想完全掌控新创企业的发展，并希望所有成员都能在自己的指挥下行事。但是许多调查显示，团队创业成功的概率要远远高于个人独自创业。创业是一个很复杂的商业过程，要面对方方面面的事情，企业里各种人才都要有，单凭个人不可能在企业运营中做到面面俱到，肯定有些人擅长技术，有些人擅长市场，有些人擅长管理[1]。针对美国波士顿地区128号公路周边科技公司的调查也发现，超过70%的成功的创业公司都属于团队创业。中国现在最知名的企业在创业之初都有团队。例如，腾讯创始团队称为腾讯五虎将，由马化腾、张志东、曾李青、许晨晔和陈一丹组成；百度创始团队称为百度七剑客，由李彦宏、徐勇、刘建国、郭眈、雷鸣、王啸、崔珊珊组成。

当然，也不乏个人创业成功的案例。在互联网企业中，世纪佳缘算是一个个人创业成功的典范。世纪佳缘由龚海燕一个人发起，也由她一个人经营，其他人都是企业的员工或职业经理人。她认为，一个人创业，可以快速决策，可以非常迅速地对市场进行响应，更果断地实施决策，避免由于多位创始人的意见不同而错失时机。

但是，个人创业型的新企业成长通常较为缓慢，因此风险投资者通常不愿意考虑这种个人创业类型的投资案例。当然也并非团队创业就一定会获得成功，只是风险投资者普遍相信，纵然团队创业成功的概率不一定高，但团队创业成功后所产生的回报价值一定相对较高，所以他们在投资新创企业的时候，都会将团队因素作为重要的评估指标。

彼得·德鲁克说："创业团队是平凡的人做不平凡的事！"柳传志认为，团队是一个优势互补、紧密配合、把公司当命根子来做的班子，是一个公司成败的关键所在。简单来说，创业团队就是在创业初期(包括企业成立前和成立早期)，由一群愿为共同的创业目标而奋斗，责任共担、能力互补、分工协作，并能做到利益让渡的人所组成的特殊群体[2]。

一个由研发、技术、市场融资等各方面组成的优势互补的创业团队是创业成功的法宝，对高科技创业企业来说更是如此[3]。

---

[1] 王鸿杰. 高新技术企业创业团队的绩效评价研究[D]. 天津：天津商业大学，2006.
[2] 桂萍，彭沽. 创业团队结构及其演化机理的研究综述[J]. 东南学术. 2011, (5): 186-193.
[3] 卢少秋. 如何才能成功创业[J]. 投资与营销. 2007, (Z1): 75-77.

如果创业者初期没办法用高薪或者人格魅力找到优秀的人才团队，那么最好的方法是保持小团队，只招最优秀的人，像天使投资人一样去找人。有时候人数少的创业小团队，反而有着更强大的爆发力，而人员过多对于创业初期来说，可不是什么好事，增加人员成本不说，公司关系也会变得更加复杂，决策和执行效率也会大大降低。所以，在华为或阿里巴巴的创业过程中，一直都保持着十几个人、几十个人的非常精简的小团队。尽管苹果早已是一家大公司，但乔布斯极力反对用"大公司思维"做事。他清楚，正是最聪明、最有创意的人组成的"聪明人小团队"才使苹果取得了惊人的成功，他无意改变现状。开会或作报告的时候，他希望屋里每个人都是至关重要的参与者。"这里不欢迎观众"的原则源于常识——小团队比大团队更有动力，更容易聚焦，聪明人更容易做出高质量的工作。

六、创业者要有什么特质

纵观众多的成功创业者，使他们走向成功的因素很多，但普遍具有以下重要特质。

一是要有明确的目标。一个心中没有目标的创业者，只能是个平凡普通的员工；而心中有明确清晰目标的创业者，会有不断驱使他向前迈进的动力，他的潜意识会自动地发挥无限的能量，能使他更好地把握机会，合理规划自己的时间和金钱。正如美国商业巨子宾尼所说："一个目标明确的员工会成为创造历史的人"。马云创立阿里巴巴时就有明确的目标。在创业之初，马云将阿里的目标确定为能够坚持生存10个月；后来遇到亚洲金融风暴，他就把目标定为在困难中过关斩将，实现盈利；2005年，马云定下每天缴税100万元的目标……每一个目标的提出，都会招致许多反对的声音，但马云仍然坚持他的目标，并一一实现。确立目标是创业成功的起点，有了目标，在创业艰难之时才有坚持下去的动力，才会有不断为之奋斗的热情，毕竟鲜花和荣誉是不会降临到像无头苍蝇般不断碰壁的人头上。

二是要有敢于冒险的勇气。勇气是一种内心的精神力量，也是创业者需要具备的品质之一，成功的创业者不仅要有创业的想法，还要有敢于面对失败的勇气。不是所有创业者在创业初期就有收益，即便知道可能会失败，但依然敢于冒险，不放弃，这便是成功创业者需要的勇气。有很多成功者在创业前都很平凡，如格力的董明珠刚加入格力时是一名销售人员，老干妈董事长陶华碧创业前摆摊卖辣酱，吉利集团的李书福曾是农民，京东的刘强东开过餐馆、卖过光碟，力帆集团的尹明善做过小商贩……但他们最终能创业成功，原因就在于他们有放手一搏的创业勇气。勇气是他们攀登财富高峰、领略无限风光的动力和基石！所以说有了目标的创业者都需要有开始创业和接受挫败的勇气。

三是要有坚持的毅力。任何一个人的创业过程都是艰辛的，没有一帆风顺的。刘强东在大四开餐馆时亏损惨重，但是他没有放弃，依然坚持他的创业之路。1998年，刘强东拿着1.2万元积蓄赶赴中关村，租了一个小柜台，售卖刻录机和光碟，这便是"京东商城"的前身；2001年，京东商城已成为当时中国最大的光磁产品代理商，并在全国各地开设了十多家分公司；2003年，"非典"来袭，生意难做，刘强东决定关闭全部线下门店，转型为一家专业的电子商务公司；2007年，他以非凡的眼光自建物流，并且用自己的股份下注赢得了融资。2010年，京东成为国内首家销售超百亿的网络零售企业，之后京东发展迅猛，如今的京东商城已然成为"商业帝国"。从刘强东这20多年的创业之路看来，他的创业道路极其艰辛，但是他的坚持终究成就了他的创业梦想。

一个成功的创业者先要有明确的目标，有了指南针，才能指引创业成功的方向；再要有敢于冒险的勇气，大胆地为目标奋斗，哪怕失败也至少是有收获的，失败后汲取经验再扬帆起航；最后就是坚持在这创业路上，不是看到希望而坚持，而是坚持才有希望。唯有坚持才能走得更久远，成功就在坚持的彼岸。

七、创新创业并非高大上

大家普遍认为创新就是创造以前没有的东西，因此想到创新就觉得特别伟大，特别高大上，觉得创新离我们特别遥远，觉得只有那些伟大的天才才能创新。德鲁克总结了对创新认识的三大误区：一是把创新与创意或发明混为一谈；二是创新只涉及科技创新；三是创新一定是开创一个全新的事业。

误区1：将创新与创意或发明混为一谈

什么是创新？德鲁克认为，创新就是创造出新的价值，即推出一种新产品、新服务或新流程，满足客户未被满足的需求或潜在需求，这是商业角度的创新，强调的是有用，满足市场的需求。陶行知认为，"在劳力上劳心，是一切发明之母。事事在劳力上劳心，变可得事物之真理"。所谓创新，就是在劳力上劳心，即在做的过程中，开动脑筋，手脑并用，让东西做得更好、更完美。换句话说，只要比以前做得更好，这就是教育上的创新。著名经济学家许小年认为，创新不是风口，不是新潮，不一定是当前最前卫、最先锋的技术，而是要做自己和他人没有做过的事情，是带给这个世界、带给市场以新的产品、新的技术、新的商业模式、新的想法和新的服务，是实现差异化的竞争[1]。因此，创新并不高大上，并不是只有天才才可以做，创新随时随地可以发生，任何人都可以做，任何事情都有创新的空间。

误区2：创新只涉及科技创新

首先，什么是技术的创新？技术的创新时间跨度大、风险高、成功概率小，且门槛相对较高。从新知识的出现到它成为可应用的技术需要很长的时间，从新技术到商用的产品也需要很长的时间。瓦特发明的蒸汽机从开始草图拟定到真正投入市场使用，中间经历了11年，而公司实际盈利是在蒸汽机发明的22年后；从1903年莱特兄弟发明了飞机到飞机的商业化使用，中间经历了33年；甚至一些很简单的创

---

[1] 许小年，CFP. 创新没有风口，追风口不叫创新[J]. 企业观察家. 2017, (10): 104-105.

新，如儿童用的一次性尿布，宝洁公司从研发到投入市场用了整整10年；华为刚开始也只是通信设备代理商，并非科技公司，经过20多年的努力才成为通信领域的霸主；SpaceX从成立到2018年"重型猎鹰"运载火箭在美国肯尼迪航天中心首次成功发射也用了16年。

其次，什么是非技术的创新？市场的创新、社会的创新、商业模式的创新等都是非技术创新。相对于技术创新，非技术创新更容易发现机会，且时间周期短，效益更大。王健林说："在所有的创新当中，我自己觉得，商业模式的创新是最重要的，比技术创新、管理创新更为重要。"例如，20世纪50年代，西方经济在第二次世界大战后进入快速增长期，港口货物贸易迅猛增长导致港口拥挤不堪，加之港口配送货物能力较差，岸上堆积的货物越来越多，为解决这一问题，麦克莱恩创造性地提出将货轮、集装箱、货物、起重机等组成一个系统，货物由工厂生产完成后直接装入集装箱，用货车拉到码头后，再用起重机转运到轮船上，运送至目标码头后再通过货车运送至目的地。集装箱的发明将装货和装船在时间和空间上分开，不仅解决了港口的拥堵问题，还降低了60%的运输成本，轮船在港口的停留时间也减少了3/4，并使货轮的运输能力提升了5倍。这项创新没有什么科技含量，仅仅将车箱的几个轮子卸下来，却彻底改变了世界的海运业。非技术创新的重要性表现为以下两点。

(1) 非技术性企业承担了绝大多数的就业。德鲁克指出："自1965年以来的20年里，美国经济所提供的4000万个工作岗位中，高技术性企业所提供的岗位还不足五六百万个。每年新成立的企业多达10000家，即使我们用最宽泛的词给高技术下定义，在这些新成立的企业中，每100家企业中也就只有一两家与高技术沾点边。"[1]

德鲁克认为，创新一定要高技术的观念实际上是错误的，它无法解释市场上发生的现象，高技术企业在创新成功的概率及持久性方面，还不如传统行业。德鲁克几十年前的观点依然适合我国今天的情

---

[1] 德鲁克.创新与企业家精神[M].北京：机械工业出版社，2007.

况，当下中国新经济大多数都是商业模式的创新、社会的创新、服务的创新、管理的创新。

(2) 非技术的创新促进技术的创新。阿里巴巴在内的大多数中国互联网公司，走的都是一条从业务不断向技术进发的道路。它们通过商业模式的创新迅速崛起，吸引了海量的用户，要服务好这些用户就需要它们在技术上去不断投入。然后，当单纯的商业模式的红利逐渐变弱时，它们需要找到新的增长动力，技术创新就变成了一个有吸引力的选项。推动创新的关键是需求，互联网经济的蓬勃发展促进了大数据、云计算、人工智能等现代信息技术的广泛应用。2017年，天猫"双11"的交易峰值为32.5万/秒，支付峰值为25.6万/秒，数据库处理峰值为4200万次/秒。数字的背后是技术，正如阿里CEO逍遥子张勇所说："阿里整个技术团队，在双11这样一个现实场景下，通过不断的技术创新，建立了一个新高度，使得在整个开场交易洪峰下，仍能保证交易系统的稳健，用户体验如丝般顺滑。"

误区3：创新一定是开创一个全新的事业

(1) 绝大多数的创新都是模仿性创新。100多年前，日本人经过慎重考虑，决定将他们的资源投资于社会创新，而对技术创新加以模仿、引进并改造，结果他们取得了举世瞩目的成就[1]。

滴滴打车创始人程维觉察到北京等大城市打车难、服务态度差的社会痛点，通过网上调研，看到美国的Uber通过智能手机来叫车，他敏锐觉察到这一商机。2012年，29岁的程维创办小桔科技，在北京中关村推出手机叫车软件——滴滴打车平台；2015年2月14日，滴滴打车与快的打车宣布战略合并；2016年8月，滴滴全面收购Uber中国；2018年，滴滴估值达500亿美元，成为全球市场上仅次于Uber的第二大创业公司。

正因为马云在硅谷学习了亚马逊等电商巨头的商业模式，才有了阿里巴巴的诞生，才有了后来的支付宝和蚂蚁金服。同样，正是百

---

[1] 吴旭.海德格尔存在论视域下的德鲁克创新思想研究[D].西安：西安建筑科技大学，2018.

度效仿谷歌，腾讯效仿雅虎，阿里巴巴效仿亚马逊，才有了如今的BAT(百度Baidu、阿里巴巴Alibaba、腾讯Tencent首字母的缩写)。正是它们以强劲的姿态推动着中国经济的发展，使中国在新经济领域从跟跑转变为引领全球。

(2) 大学生的创业不应局限于专业的创业。科技创新虽然非常重要，但商业及社会领域的创新更为重要，因为它们与老百姓的生活更紧密，且影响更广泛。大学的创新创业教育也同样不能局限于科技的创新或基于专业的创新，只要能满足新的需求，或改善客户的体验，给客户创造新的价值，就要鼓励学生大胆去实践，而将这些创新付诸实践的过程就是创业的过程。很多老师希望大学生的创业是基于专业与科技的创业，想在成功创业与我们的专业教育间建立某种联系，但这很难。一是因为他们在校期间专业知识没有达到可以创业的水准；二是因为他们没有接触过真正的以市场为导向的创新团队，很难发现具有商业价值的科技创新。因此，我们要让学生专注于需求去寻找创业机会，或许与专业有关，或许与专业无关。

(3) 不要把创业看成高不可攀。创业只是推动社会进步的一种活动方式，是所有人都可以做的。我们要走出创业的误区，不要认为创业一定是做能创造出巨大经济利益的事业，要把创业看成我们职业发展的事业，人要在社会中生存发展，就必须要有事业支撑，这个事业可以是已有的，也可以是没有的。无论是发展壮大已有的事业，还是全新的创业，无论是宏伟的，还是小微型的，都是创业的具体表现。我们每个人都可以创业，社会发展需要创业。不要认为创业就是干大事，要把创业作为我们生活的一种方式，创业存在于社会的所有领域和每个人的学习、生活和职业发展中。一个人无论是创办大的公司企业，还是进行小微的创业，都是创业的具体表现。在当今社会分工越来越细的时代，我们每个人都可以创业。

创业并非少数聪明的人或具有强大技术背景的人所做的事业，而是面向所有的社会人员。创业不仅是筹集资金和创办企业，更是将自己独特的才能、创造思维和动机联系起来，为自己创造新的机会和发展的可能性。一个人只要有创业的渴望、创业的兴趣、创业的激情，掌握创业的基本方法，就能创造更大的经济或社会价值。只要遵循一些基本原则，做一些准备，所有人都可以进行创业。

八、创业要做哪些准备

如果将来要创业，那么在大学期间究竟要做些什么准备？学习什么东西？大家肯定会说，当然是学习专业知识、学技术、学做事、学做人等等，虽然这些都应该学，但更应该学习的是如何创新创业，学习未来职业发展需要的东西。

在大学开始创业的应该是小众群体，可能只有1%，对于这部分有创业兴趣的同学，学校要为他们构建做中教、做中学的环境，大学不能要求所有学生都去创业，但应为所有学生提供创新创业教育，因为创新创业教育不仅仅是教授创业知识，更重要的是培养学生未来职业发展所需的素质和能力。

大学究竟要学什么？陶行知曾说过，社会需要什么，我们就应该教什么，学生就要学什么。事情怎么做，我们就怎么教，学生就怎么学。爱因斯坦说，什么是大学教育，就是当你离开学校时忘记了学校所学的一切，最后留在你身上的东西就是教育。那些未来社会需要的，且能够经受住时空流逝内化于我们精神意志层面的东西，应该是大学最应该教给学生的。

1. 找到你的兴趣

兴趣是最好的老师，要教学生找到自己的兴趣。孔子说："知之者不如好之者。"又说："好知者不如乐之者。"胡适也说过"性之所近，力之所能"，意思是我们从事的工作越接近兴趣，我们能力越强。美国前国务卿赖斯在访问清华时说过，读大学之首就要寻找到真正的兴趣，听从内心的召唤，问自己想要什么、擅长什么、能做什么。

那么如何去发现自己的兴趣呢？正如胡适所言"大胆假设，小心求证"，兴趣的发现需要一个过程，要不断去尝试，在不断尝试的过程中找到自己的兴趣。实际上，兴趣是有迹可寻的，在我们上网的过程中，总会有意无意去浏览一些网页；当我们在图书馆或书店漫无目的地去翻看书籍的过程中，总会不自主地看一些书；在人们的成长过程中，总有些事情你做的时候特别有成就感，过后回忆起来还激动不已，在这些事情中有可能隐藏着你的兴趣或者你擅长的事情。当我们梳理这些事情，可能就能发现自己的兴趣点，你可以试着去做这件事，在这些试做的过程中你会找到你自己的兴趣，甚至找到自己钟爱一生的事业。

2. 要学会人际沟通交流

成功学家卡耐基曾经说过："成功的智商因素只占15%，而情商占到了85%。"当今社会，很多事情都不能一个人完成，而是需要一个团队共同完成，有团队就需要沟通，需要同理心，需要凝聚团队的力量，这就要求团队负责人能够用梦想来团结人，用精神意志来影响人，用信念来引领人，要有较好的领导力和决策力。我们熟知的乔布斯、雷军等成功的创业者，都极富人格魅力，且有一流的演讲能力，任何时候都能用梦想来感召一群有共同目标的人。

那么如何来培养学生的人际交流能力呢？有些人也许会说，会不会交际是一生下来就决定的；也有人会说，这与家庭背景和教育有关，父母善于交际，孩子自然也会交际。这些说法都有道理，但有很多同学经过大学或工作一段时间后，变得善于沟通与交流，所以可以发挥主观能动性，去训练提高自己的人际沟通与交流能力。要在大量的沟通与交流实践中提高人际交流的能力，在真正做事情的过程中提高办事能力，在真正领导团队的过程中提高领导能力。我们发现那些社会精英人士，往往都是在大学中做过学生干部或在一些公益组织中担任过一些重要工作的同学，他们在大学做了大量的事情，接触了大量的人，与师生进行了高频次的沟通交流，往往具有较好的人际沟通能力与处事能力。

3. 要学会一种强身健体的方式

陶行知先生说过："我们做事不能一天做到晚，一晚做到天亮，中间必定有空闲的时候。人当忙时不会走歧路，一遇空闲，危险就来了。所以古时教育注重闲时的修养，如今的教育，也注重空闲时的消遣方法。在学校里培养学生种种正当娱乐的良好习惯，使他习与性成，将来离校之后，继续将他空闲时的精神，归纳在这种正当娱乐当中，这是很重要的教育。"而最好的正当娱乐就是运动。

那么运动有哪些好处呢？首先运动让你健康，"每天锻炼一小时，健康生活五十年"，我们培养的学生不仅要有知识，要有能力，要有意志，还要有健康的体魄，这是一个人开拓事业、追求幸福生活的基础；其次，运动能结交更多的朋友，如果学会了一种运动，他在学校就会有更多的朋友，有了朋友就不会孤独，生活才会快乐，快乐的大学生活有利于培养好的性格与习惯，为日后事业成功奠定坚实的基础，最终引领你过上幸福快乐的生活。

4. 在大学要养成阅读的习惯

一个国家的科技实力、国民素质从某种程度上说是与国民阅读的质和量成正比的。第一，爱读书的人具有较高的人文素养。我们读的国内外经典书籍都是时间长河中大浪淘沙淘出来的"真金"，是人类智慧的结晶，能够滋润心灵，有利于形成正确的价值观。苏霍姆林斯基认为，阅读为强大的教育力量，因为在赞赏英雄的美德及努力模仿时，就会联想到自己，就会用一定的道德尺度来评价自己的行为。第二，读书能够启迪智慧，拓宽知识面，智力发展往往取决于良好的阅读能力。能够在阅读时还不断思考的学生，肯定更具智慧，更具批判精神。爱读书的人有较广的知识面，特别是现实生活中碰到的很多的困难与困惑，我们可以从书本中找到答案或启示，增长为人处世的智慧。第三，读书有助于提升人的学习能力。美团创始人王兴喜爱读书，善于自我学习。用他的话来说，读书最有利于建立自己的全局观念，也是他能够快速带领美团成长的重要原因。因此，培养学生的阅读习惯是大学的重要任务之一。

5. 要学会学习

创业是一个摸着石头过河、不断摸索的过程，创业的过程中也会犯很多的错误，成功的创业者往往能通过错误反思自己，认识错误，改正错误，在反思错误中不断学习新东西。一个企业能走多远取决于企业的学习能力。如何将一个不成熟的想法变成未来企业的发展机遇；如何进入一个新领域，形成新的发展方向；如何将未来的不确定的因素夯实，这些问题都需要企业不断探索。企业被淘汰并不都是因为竞争对手，很多都是由于自己的故步自封。

学习不仅可以拓展专业基础知识、人文社会科学知识，还能提高分析问题、解决问题的能力。创业是一个系统工程、长期工程、动态工程，虽然有团队，但对于初创企业而言，创业者往往承担着多个角色，既要懂技术，又要懂管理，还要懂金融与法律，因此一定要有很强的学习能力。也有很多创业者感叹，创业一年学得比过去十年还多。创业者的学习不能停留在书本上，要倡导"行是知之始，知是行之成"，在实践中去学习，去创新，去创造，塑造不一样的自我。例如，在大量的编程过程中才能学会编程，在真实的项目中，进行大量训练，才能成为一个编程高手；在真实的管理过程中，才能训练管理能力；在真实的创业场景中去观察、体验、模拟、尝试、参与，才能具备很强的创业能力。

持续学习才能提高自己。王兴曾经说过，除了专业能力以外，他希望自己的员工要认同以客户为中心，要有拥抱变化的能力。互联网行业是高速变化的行业，变化带来机会，也带来了挑战。不管原来的事业做得多么成功，如果不能拥抱变化，那么就会面临失败。行业在变化，如果我们不学习，就赢不了这个变化的时代，不能引领变化，就不能很好地满足客户的需求，最终会被竞争对手挤出市场。我们在追溯很多企业家的成长历程时发现，很多企业家在大学期间就从事小的商业活动，他们必须去面对真实的客户，面对真实的市场，面对形形色色的人和事，在这个过程中，他们的能力得到了提升，并且在进入社会后很快就走上了创业的道路。

创业者需要的是综合素质和能力，有些素质是天生的，但大多数可以通过后天的努力改善，特别是有创业梦想的大学生，要从大学做起，砥砺自强，不断培养自己的素质和能力，定能开创一番自己的事业，实现人生梦想。

第三章　创新创业文化

文化作为社会生态发展的浸润剂，对于推动社会文明进步、促进社会的全面发展、塑造社会价值观取向、增强内在精神力量具有重要的作用。文化对社会和人的影响是全方位的、深层次的，表现在对集体思想观念、社会行为、交往方式、认识活动、思维方式、实践活动等方面的影响。文化与经济社会发展相互交融，文化是一个国家发展的软实力，在综合国力的竞争中越来越重要。创新创业文化是大学校园文化的重要组成部分，厚植高校的创新创业文化氛围对于促进创新创业教育、培养创新创业人才具有重要意义。高校的创新创业文化可以全面影响学校人才培养理念的形成，促进大学生创新创业课程学习和实践，激活大学生的创新创业活力。创新创业文化的内涵是什么？我们要培育怎样的创新创业文化？如何培育创新创业文化？世界著名高校的创新创业教育文化是什么？我们正是带着这些问题来探讨创新创业文化。

一、创新创业文化定义

人们普遍认为，文化能够被传承、传播，能够影响一个国家或民族的思维方式、价值观念、生活方式、行为规范、艺术形态和科学技术等，是人类相互之间交流和普遍认可的一种意识形态。英国学者泰勒认为："文明或文化是一个包含知识、艺术、信仰、道德、风俗、法律及其作为社会成员所拥有之其他所有能力及习惯的复杂整体。"从创新创业教育角度来看，创新创业文化是指一切影响创新创业教育开展、创新创业人才培养及与之共生共存的各种价值认同和制度因素的总和，包括观念、理念、精神、行为规则和制度等。

从经济学角度，创新创业文化是指在创业过程中渐次形成创新创业的思想、经验和价值观等。从社会学角度，创新创业文化是指创新创业个体或集体在物质及精神的价值输出之中形成的精神面貌、道德规范、观念标准和形态价值等，包含与创新创业相关的社会形态意识、观念价值，及其相应的文化氛围和激励创业的社会心理总和，是创新创业活动之宏观及微观文化生态环境特征的体现。

概括起来，高校创新创业文化主要有三个层面。一是理念层面，从社会、学校对待创新创业的态度到全校师生的认识。例如，在鼓励学生创新和宽容失败方面，斯坦福大学有着学校的价值认同，前斯坦福大学教务长、计算机科学教授威廉·米勒(William F. Miller)曾表示："斯坦福大学之所以出类拔萃，恰恰是因为它教会学生失败是可以接受的。"正是这种宽容失败的创业文化激励着斯坦福大学培养的学生敢于做创新创业的弄潮儿。二是制度层面，创新创业制度是现代大学制度的重要组成部分。例如，高校建立制度来激励学生投入创新创业知识的学习和实践训练，建立创业保障制度，为大学生休学创业、教师停薪留职参与创业提供保障。设置专门的技术转化机构和基金，保障大学师生的创新成果转化和创业的成功率。创新创业制度文化是为存在的创业可能性给予稳态的渠道保障。三是实践层面，创新创业教育是一种人才培养的实践活动，从社会、学校到全体师生，对创新创业都有共同的价值追求，培养学生的创新精神、创造思维和创业意识成为学校和教师的思想自觉和行动自觉，在学校自觉构建创新创业能力培养的实践平台和实施路径，强调创新创业教育的实践性。

国际管理学教授G.霍夫斯塔德在其著作《跨越合作的障碍——多元文化与管理》一文中论述道："虽然不同民族、不同时代的文化特色各有不同，但就其结构划分而言，大体结构分为四个层次，即物质文化、制度文化、行为文化和精神文化。"因此，高校创新创业教育文化也可以分为创新创业物质文化、创新创业制度文化、创新创业行为文化和创新创业精神文化。其中，创新创业物质文化指的是学校创新创业教育的基础设施条件和人文景观，包括创新创业学院、创业园、创客空间、实践基地、创业书吧等基础设施，也包括校园景观文化，如学校呈现出来的创新创业人物的感言名句，伟大创业者或企业家的人物肖像，还包括创新创业文化的媒体，如创新创业学院的公众号、创新创业学院网站等媒介；创新创业制度文化，包括大学的创新创业管理制度，以及学校制定的鼓励师生投身创新创业的制度；创新创业行为文化主要指从学校到师生参与创新创业的行为体现，包括创新创业课程教学、创新创业培训、创业孵化、创新创业激励，以及师生的创新创业评价等行为；创新创业精神文化是在长期的创新创业教育实践中所积淀的文化价值，是创新创业文化中最本质、最深层的文化，包含了大学的人才培养理念与办学精神，如清华大学"行胜于言"的校风激励着一代代清华学子敢于去试错，敢于去行动，造就了一代代清华系的企业家。

二、创新创业文化内涵

创新创业文化内涵是指从学校和师生的创新创业认识和行动中提炼出来的对创新创业的价值理念和情感。各高校通过创新创业文化来涵养学生的创新创业品质，培养具有正确价值观和创业意识的新时代人才。高校创新创业文化内涵主要表现为以下六个方面。

(一) 厚植学校的创新创业教育氛围，使之成为一种文化生态

高校创新创业文化氛围主要包括从上至下对创新创业人才培养理念的认同、建立的创新创业教育价值体系和制度体系、建设的创新创业教育条件平台、创新创业教育实践体系、有效组织的创新创业教育教学等。1991年，东京创新创业教育国际会议从广义上把"创新创业教育"界定为：培养最具有开创性个性的人，包括首创精神、冒险精神、创业能力、独立工作能力以及技术、社交和管理技能的培养。创

新创业教育与传统的知识学习不同，传统教育侧重于知识的学习、发现与传递，而创新创业教育强调的是创造实践能力，是实践性非常强的教育活动，不仅强调知识的学习，更强调知识的综合应用和方法训练、对社会生产生活需求的敏锐把握。创新创业对人的综合素质与能力要求更高，其有效实施面临的挑战性更大。高校厚植创新创业教育氛围可以从以下几方面入手。

1. 高度重视创新创业平台建设

创新创业平台是构建创新创业教育氛围的物质载体。当前国内很多高校都进行了积极的尝试，建设了大学生创新创业园、校外创新创业实践基地、类似于初创公司孵化器的大学生创新创业中心等系列平台，为大学生创新创业实践教学和训练提供必要的硬件环境条件。在重视硬件平台建设的同时，高校还着重加强创新创业教育的软环境建设，构建相应的服务、扶持、激励、资助和管理制度体系，建立鼓励创新创业的软环境。

2. 重视创业榜样影响力的构建

榜样的教育力量是无穷的，要通过对那些成功的创新创业者的历程深入了解和精神学习，唤起大学生创新创业的激情。大学教师在创新创业教育中并不具有经验的优势，因此要加强对社会资源的发掘。在加强大学教师的国际化、工程化和创新创业实践的同时，积极发掘知名校友、成功企业家等社会资源，特别是对那些更具有话语权的、在创新创业实践中取得成功的人士，通过创业讲座、实地考察、企业实践等途径开展创新创业教育，对学校的创新创业教育形成持之以恒的影响。

3. 重视创新创业学生社团的建设

学生社团组织是创新创业教育的纽带，在大学创新创业教育中发挥组织、引导和支持的作用，鼓励学生自我觉醒、自我规划和设计、自我成长。高校应积极发挥学生社团的全面组织、广泛带动和发动作用，让兴趣相同、目标相近的学生凝聚起来，形成一种交流、互助、启发的合力，形成社团组织在创新创业教育中到位而不越位的局面。

4.正确理解创新创业的适度性

对于大学生创新创业而言，更多的是创新的持续积累，即从小的创新创造开始，从小的创业开始，逐渐积累经验。若一开始就片面强调技术的重大创新和领先性，或是创业的高大性，既不现实，也无必要。阿里巴巴并非互联网的创建者，却是让中国互联网更具商业化的领先者。对社会需求的敏锐把握和商业模式上的创新更是初创企业生存和成长的关键。

美国国家科学委员会副主席Kelvin K. Droegemeier曾经说道："中国拥有大量的非常聪明的头脑，然而中国人并不擅长将发明创造转化为产品，但产品才是创新的标志。"此语听起来虽然有些尖锐，但确实说出了我们社会对创新的片面理解。当下中国正在发生影响世界的巨大变化，我们正在打造创新型国家，而创新型国家需要有大批创新型人才做支撑。高校是创新型人才培养的主力军，厚植创新创业文化氛围是高等教育的一项艰巨而又长期的使命，这本质上是文化传承创新的一项文化基因工程，要让创新创业成为我们民族和社会的文化基因，流淌于社会文化的血液之中。

(二) 唤醒青年学生改变世界的梦想，使之成为一种文化信念

腾讯创始人马化腾说道："内心不渴望的东西，你永远不可能靠近，成功的基础是强烈的激情和愿望。"教育的本质是唤醒学生心中的文化自觉。创新创业教育就是要唤醒创业自觉和兴趣。兴趣是最好的老师，创新创业教育的首要任务是激发学生对创新创业的兴趣。因此，创新创业教育的核心任务之一，便是唤醒学生心中的创造激情、创业热情和改变世界的渴望。每一位创新创业教育工作者应以点燃学生心中的创新创业梦想、激发学生的创新勇气和创业渴望为己任。梦想有多大，人生的舞台就有多大，大学生心中今日燃起的创新创业星

星之火，明日必成创新创业的燎原之势。

(三) 塑造创业奉献社会的价值信念，使之成为一种文化价值

老子在《道德经》中说道："有道无术，术尚可求也，有术无道，止于术。"自创新创业教育在高校全面推行以来，很多高校更注重的是创业技能的培训，只是授人以鱼，而不是授人以渔，即注重"术"的层面，但在"道"的层面上，思想价值观和思维模式教育缺乏锻炼。比如，我们教学生怎样选择创业项目，却不引领学生怎样树立创业梦想和情怀；教学生如何设计商业模式，却不剖析商业计划的"利他"本质和社会价值；教学生怎样建立团队，却不教学生如何坚守团结协作的信念；教学生如何实施商业计划，却不教学生"物有本末，事有始终；知其先后，则近道"的事物发展规律。所以我们教出来的学生常常只会形而上学，不会举一反三；只会机械模仿，不会创新创造。这种以"术"为主导的教育模式，使创业者在面对时空和事物等条件不断变化时，难以驾驭市场经营和企业发展。这种教育方式会导致社会资源的浪费，并制约市场发展，是非常可怕的。所以要想培养优秀的创新创业人才，必须从创新创业的价值引领开始，并培养其创新思维和创业决策模式，这才是未来创新创业教育效果的核心保证。

纵观古今中外，名留青史的伟大创业者，都有着先天下之忧而忧，后天下之乐而乐的情怀，而真正能够穿越时空，基业长青的伟大企业，亦无一不是拥有服务社会大众的追求。唯有将为全社会、全人类谋福祉作为超越个人得失之上的追求，才是值得我们教育者推崇的正确世界观和价值观。

新东方"体面"退场，不但赢得了全国人民的尊重和喝彩，也用行动深刻诠释了什么是企业家的责任和担当。"双减"下，新东方一方面有序裁员，结清了员工工资；另一方面宣布"无条件按比例退款"，要求无条件给予退费。更为体面的是，新东方将退租的1500个

教学点，将清退后的新桌椅，都捐给了乡村学校，共计向乡村学校捐出73 366套新桌椅，价值5000多万元。新东方没有把"双减"带来的企业损失转嫁给社会大众，而在企业承受巨大亏损的情况下，不忘自己的社会责任。2022年，俞敏洪创办的"东方甄选"直播带货平台风靡整个网络，除了"东方甄选"的创新和有趣之外，还有社会大众对新东方的价值认可。如果当初新东方也把落实"双减"政策的损失甩锅给社会和民众，今天的"东方甄选"无论是怎样创新和有趣，人们也不会去追捧。

我们每一位教育工作者都应重视引导创业者建立正确的世界观、价值观，让创业者以社会责任担当为核心价值观，以为社会创造价值为一切创业活动的终极目标。

(四) 培养敢于尝试的创业勇气，使之成为一种文化素养

创业者想要创造一番事业必不可缺的就是要有敢于尝试的勇气，如果创业者做事瞻前顾后、前怕狼后怕虎、优柔寡断，必然不敢轻易尝试，也必将错过一次次也许可以成功的机会。毕竟有了开始的勇气，才会收获未来无限的可能性。

勇气是一种内心的精神力量，是人格、智慧的力量。正如歌德所言：勇敢里有天才、力量和魔法。但这样的勇气并不是每个人都能拥有的，很多年轻人"晚上想想千条路，早上起来走原路"。想要创业成功仅仅有想法是不够的，关键是要有付出真正行动的勇气和敢于面对失败的风险。每一个创业者的成功都不是靠想出来的，而是干出来的。创业初期，每个创业者承受着可能会失败的压力，但依然敢于冒险，不放弃，这便是创业者想创业成功最需要的勇气。创业是不畏前进道路上的艰难险阻，克服达到目标所必须面对的种种困难。敢于尝试，给自己挑战未知的机会，不仅是在为成功铺路，更是为了让自己在未来回想过往时不后悔、不留遗憾。

阿里巴巴的创始人马云在面对未知的互联网商机时，勇于探索，勇于尝试，带着势不可当的勇气，开启了中国互联网商业新时代。他在创业之初经历了多次的磨难，三次创业，上市退市，与股东争议……但他仍然一次次不惧风险和磨难，大胆尝试，勇敢行动，最终站在互联网商业的顶端。

(五) 培养坚韧不拔的创业品格，使之成为一种文化品质

创业不一定要有超世之才，但必须要有坚韧不拔之志。正如苏轼所说的："古之立大事者，不惟有超世之才，亦必有坚韧不拔之志。"所谓"坚"是指坚硬程度，也就是力学里的刚度概念。刚度越大，抗压强度就越大；所谓"韧"是指事物在面临压力或者阻力时，能够保持最初形态的程度。创业者必然会承受来自外界或者内心的各种阻力，目标越大，团队越大，资源越多，要处理的各种关系和困难就越多，没有一股强大的内心和韧劲，是很难走到最后的。

《孟子》说："天将降大任于斯人也，必先苦其心志，劳其筋骨，饿其体肤，空乏其身，行拂乱其所为，所以动心忍性，曾益其所不能。"乔布斯是苹果公司的创始人，1985年在董事会的政治争斗中，乔布斯被自己曾经的好朋友、惺惺相惜的战友斯卡利和其他的董事会成员联手赶出了董事会。乔布斯带着5名员工离开苹果公司，辞去董事长的职位，卖掉649万股份苹果公司股票，只留下一股以便参加董事会会议。少年得志的乔布斯创造了那个时代的传奇，却在人生高光时刻被踢出局，他经历了挫折和磨难，也经历了孤立无援。然而，这些挫折和背叛都没有打败乔布斯，乔布斯立刻创立了新公司NeXT，投资卢卡斯影业，正式进入电影业。与此同时，20世纪90年代，斯卡利领导的苹果公司市场占有率持续下滑，董事会终于意识到，乔布斯是苹果公司的灵魂，苹果公司需要乔布斯。11年后，乔布斯再次入主苹果公司，带领苹果公司走向新的巅峰，开启了移动互联网时代。

因此，培养学生拥有远见卓识，从而获得坚韧不拔的品格，便是创新创业教育的重要任务之一。也就是，不做容易的事，而做面对困

难却正确的事情。正如哲学家尼采所说:"一个人知道自己为什么而活,就可以忍受任何一种生活。"只有不轻言放弃,迎难而上,才能实现自己人生理想。

(六) 养成学生独立思考的习惯,使之成为一种文化习惯

独立思考也是创新创造的前提,只有独立思考才能发现事物的主要矛盾、关键节点和普遍规律,进而去实践探索、创新创造。陈寅恪曾说:"惟此独立之精神,自由之思想,历千万祀,与天壤而同久,共三光而永光。"创新创业需要独立思考。创新创业是指在市场环境中提出新的理念、产品、服务或商业模式,创造价值并实现商业成功。在创新创业过程中,独立思考是至关重要的。创新创业者需要能够独立地思考和评估商业机会、市场需求、竞争态势等因素,以便制定切实可行的创新策略和商业计划。创新创业者面临着许多挑战和问题,独立思考能够帮助他们寻找切实可行的解决方案。通过独立思考,创新创业者能够全面理解问题、分析因果关系、提出多样化的解决方案,并做出明智的决策。总之,独立思考是创新创业过程中的关键能力之一,它能够培养创新能力、驱动创业精神,并提供解决问题的能力。创新创业需要个体具备独立思考的能力,以便在竞争激烈的商业环境中做出独特、创新和可持续发展的决策和行动。

我们在创新创业教育中有一个重大缺失,就是缺少对创业决策模式的研究和训练,缺乏对独立思考能力的培养。比如,我们教授如何市场调研,但没有给学生建立第一性原理[1]的思维模式,所以学生不知道该去调研什么,常常调研不准确,抓不住事物的本质。只有独立思考的思维决策模式,才能从根本上解决创业者日常经营经验不足的问题,才能将其他创新创业技能培训内容应用于实践中。

---

[1] 第一性原理指的是回归事物最基本的条件,将其拆分成各要素进行解构分析,从而找到实现目标最优路径的方法。

三、创新创业文化培育

(一) 打造创新创业大讲堂，培育创业教育文化氛围

虽然创新创业教育是要从基础教育开始的，但中国的基础教育注重的是知识教育，对于创新创业教育涉及很少，特别是创业教育几乎没有涉及，大学教育要成为创业启蒙教育。因此，大学的创新创业教育要特别注重培养学生的创新思维与创业意识，在思维方式方面植入创新创业的基因。那么如何才能更为有效地植入创新创业的基因呢？纵观我国的C9高校(联盟成员都是国家首批"985工程"重点建设的一流大学)的做法，他们都是邀请大量的成功企业家进校讲述创业故事、行业发展趋势，特别是那些初创企业如何实现从0到1。从大量的独角兽创始人的讲座与访谈中，我们得知，正是他们在大学期间听了大量的创业者讲座，萌发了创业的梦想，走上了创业的道路。

百度创始人李彦宏1987年考入北京大学，为北大的各种讲座所吸引，每位演讲者的观点都有不同，他接触了大量不同的观点和方法，在不断吸纳与创新中，慢慢就有了自己的主见与观点，坚定了自己要做一流的产品、做能够改变人们生产生活的企业的想法。北大毕业后，李彦宏赴美国布法罗纽约州立大学攻读计算机科学博士学位，但这种科研生活并非他想要的，他毅然决定博士辍学，之后加入华尔街和硅谷，当看到国内搜索引擎的巨大机会时，又毅然决然地放弃国外优厚的条件回国创业。

正是基于创业者的巨大示范引领作用，早期的创新创业教育更多的是举办创新创业讲坛、创业大讲堂。2015年，高校推进创新创业教育以来，创业大讲堂如雨后春笋般地出现在几乎所有的高校，各地方政府也纷纷举办创业大讲堂，最具代表性的就是清华大学、北京大学、上海交通大学和南方科技大学的创业大讲堂。

清华企业家讲堂是由清华大学经济管理学院发起，旨在加深清华学子对跨国公司、民营企业及改制国有企业的管理者和企业家的理

解，进而激发其企业家精神。讲堂的主讲嘉宾通常为富有远见、卓越领导力和创新能力的商业领袖，分享他们的人生思考、创业及管理经验。清华企业家讲堂历次主讲嘉宾包括复星集团董事长郭广昌，深圳迈瑞医疗电子股份有限公司创始人、董事长及联席首席执行官徐航，百度公司创始人、董事长兼首席执行官李彦宏，北极光创投创始人兼董事总经理邓锋等。

北大创业大讲堂是北京大学服务创新创业教育和国家创新创业发展的关键平台之一。北大创业大讲堂发挥北京大学创新、科技、人才等综合优势，邀请杰出经济学家、产业导师、企业家群策群力，以北京大学优秀的科教资源为依托，融合大企业的开放创新资源，结合创新要素，凝聚产业力量，进一步释放、激活蕴藏在创业者、企业家身上的创新活力和创业潜力，引领创新创业活动走得更高、更远，为创新创业提供更好的政策环境、制度环境、市场环境和创业环境。

南方科技大学创新创业大讲堂是为了彰显南方科技大学"创知，创新，创业"的办学特色，弘扬南方科技大学建设创新型大学的办学宗旨，活跃南方科技大学创新创业教育文化，激发南方科技大学学子树立创新创业的雄心大志而开设的。大讲堂邀请享誉国内外的著名企业家、经济学家和院士专家等做客南方科技大学，以创新创业为主题展开专题讲座。

上海交通大学"创新与创业"大讲堂以课堂的形式进行，作为创新创业教育通识教育核心课，旨在传播创新创业的理念，激发同学们创新创业的热情。双周大班的授课形式为讲座(第二周开始)，单周小班的授课方式为研讨(第三周开始)。双周大班讲座主要是每逢双周周四下午邀请成功创业者、著名企业家、投资家以及从事创业教育的教授讲授创新创业的理念、创业智慧、创业机会的识别和把握、创业经验等；单周小班研讨主要是每逢单周周四下午小班辅导，包括阅读经典书籍《创新与企业家精神》和相关阅读材料，小组研讨创业案例等。

江西理工大学结合自身特色，倾力打造具有地方高校特色的创新创业讲坛——江西理工大学知行创业沙龙，旨在通过这些创业平台，将优秀的企业家，特别是校友创业者和企业家引入校园，还原企业家创业历程，传述真实的创业故事，搭建学生与企业家交流的平台，通过听创业者的故事，在潜移默化中为广大学生植入创新创业的基因。2007年，由中国校友会网、《大学》杂志和21世纪人才报等单位发布的《2007中国大学评价研究报告》显示，在2007中国高校杰出企业家校友榜中，江西理工大学以8位校友担任深沪重要上市公司负责人位居中国高校杰出企业家校友榜第53名，其中包括中国铝业集团的第一任董事长郭声琨和第三任董事长熊维平、曾任宝钢董事长的徐乐江、曾任江铜董事长的龙子平和海亮集团董事局主席曹建国等一批批校友。邀请校友企业家回校举办创新创业讲座对广大同学更具示范意义。很多大学生通常以为北大清华等著名高校诞生了很多伟大的企业家，以为创业离他们很远，是难以企及的事情。但是通过那么多成功的企业家回校与学生面对面交流，其一是能够让学生知道我们这样的普通本科院校也出了很多知名企业家校友，他们当年和我们的学弟学妹一样，这种朋辈效应能更好激发广大学弟学妹的自信心；其二是"授人以鱼，不如授人以渔"，校友将自己在商场砥砺征战多年所总结出来的人生经验和智慧分享给学弟学妹，希望他们能在步入社会之前，对自我、对职业、对未来、对创业树立更正确的认知，为未来的发展奠定坚实的基础。

(二) 营造创新创业阅读环境，形成创新创业阅读文化

阅读是最好的学习，创造良好的阅读环境是大学最重要的任务之一。大学创业教育在一定程度上增长了大学生的创业知识、提高了大学生的创业能力，培养了大学生创新创业意识，可是大学生在真正开始规划或启动创业时，还会遇到诸多困难与疑惑，而创业者总结出的创业经验、出版的著作、举办的讲座，对初期没有创业经验的大学生来说，作用是非常大的。

阅读是创业最好的导师，因为我们不可能当面听到所有伟大创业者的创业故事，但只要我们愿意，可以在任何地方和时间阅读这些创业者所写的书。很多创业书籍都讲到了创业过程中面对的困难和经验，能够很好地帮助创业者在创业过程中以正确方式解决出现的问题，避免发生严重错误。

近年来，随着新兴媒体不断出现，线上线下相互融合的创业读书会相继诞生，总裁读书会、凡登读书会、喜马拉雅等各种创业读书会如雨后春笋。其中《总裁读书会》是国内首创的企业家电视访谈读书节目，在包括中国教育电视台、上海第一财经、北京电视台财经频道及上百家地方电视台的平台播出。每一期邀请一位著名企业家到《总裁读书会》做客，分享其创业故事，推荐对自己影响较大的一本书籍，倾情叙述学习方法和读书心得，并与对话嘉宾深入交流互动，在商业实战方面共同探讨其应用之道。例如，读客文化股份有限公司董事长华楠讲述了《富甲美国——山姆·沃尔顿传》，他分析了沃尔顿如何将企业做大，说到了大企业与小企业的共通之处；他还阐述了该书对他管理企业的影响与启发，更谈论了工作与生活的关系以及两者如何完美结合。

大学生作为最具活力、最具创造性的群体，一定会有大批的学生走向创业的道路。高校要推动学生去广泛涉猎创新创业的经典书籍，点燃他们的创业火种，植入创新创业的基因，让大学生更快地走上创业的道路，放飞自己的创业梦想。江西理工大学通过与校友合作，精心打造了知行书院，购置最具经典性的创新创业书籍，吸引全校对创新创业感兴趣的同学、老师和校友来书院阅读，打造出一个供创业爱好者读书分享的物理空间。同时，该书院打造了每周一次的创业读书分享会，通过共读一本创业经典书籍，进行分享与交流，让学生更好读懂作者创业初心，更好地了解创业与投资本质、不同人不同角度的思维与思想。

(三) 塑造创新创业典型，构建创新创业榜样文化

创新创业典型是指在校或已经毕业的学生进行创新创业实践活动并取得成功，具有丰富创业经验的群体。创业具有复杂性、不可预见性，受到社会环境、市场预期和团队协作等因素的影响。大量实践表明，创业典型对于周围的人走上创业道路具有重要的影响。如创业典型与潜在创业者个人经历相似，则最具效仿性与说服力。当潜在创业者观察到周围同学取得了创业成功时，其自身的创业效能会被无形放大，并潜移默化地影响潜在创业者。

因此，大学创新创业教育要树立一批优秀的创业典型，尤其是那些优秀的校友创业者。创业典型的主要作用有以下几个：一是可以激发潜在创业者的创新创业激情，点燃创业者的创业梦想。江浙一带创业氛围十分浓厚，原因之一是江浙一带创业者多，带动了更多的创业者创业，形成生生不息的创业大军。阿里巴巴创始团队"十八罗汉"大多是马云的同学与学生；腾讯创业团队"腾讯五虎将"都是马化腾在深圳大学的同班同学和高中同学；新东方的"三驾马车"是俞敏洪在北大的同学与老师。二是创业典型的创业故事与创业分享能够帮助潜在创业者认知创业的规律，一定程度上规避创业的风险。例如，如何去识别创业的机会，如何去构建团队，如何去做市场推广，如何去管理团队，对于这些，成功的创业者都能给予潜在创业者指导。

因此，各高校在创新创业教育过程中要树立一批创业典型，一是要形成本校创业典型案例集，在课堂中植入这些案例，可以在课堂上组织同学讨论这些创业者创业成功的秘籍，也可以将成功的创业故事在学校媒体上广泛报道，潜移默化地影响学生；二是可以邀请创业典型来校开展创新创业讲座或创业沙龙，让学生在现场与潜在创业者交流；三是可以邀请成功创业者作为学校的创业导师指导校内的创业团队；四是可以让学生到这些成功的创业企业去参观或见习，近距离感受他们的企业文化、工作场景。这样，通过构建创新创业榜样文化，引领更多的学生走上创业之路。

四、创新创业文化案例

英美等高校的创新创业教育起步早,创新创业文化源远流长,一代又一代创业者影响和激励着后来者,已经形成了积极的正向循环。国内外著名大学在创新创业文化领域取得了重大成就,不计其数的优秀毕业生创办了伟大企业,极大地推动了基于科技革命的伟大创业,深刻地影响了人类科技文明的历史进程。下面一起来简要看看几个世界名校是如何培育创新创业文化的,创业文化是如何引领学校的创新创业教育。

(一) 斯坦福大学

斯坦福大学(Stanford University)位于美国加州旧金山湾区南部的帕拉阿图市(Palo Alto),其创新能力和高科技产业享誉全球。斯坦福大学被称为世界上最早、最大的创业"孵化器",为硅谷源源不断地输送创业人才,斯坦福和硅谷已成为创业路上的命运共同体。斯坦福大学和硅谷共同催生了诸如惠普、雅虎、谷歌、思科……这些世界级公司引领了世界高科技产业的发展。

斯坦福大学成立之初就具有强烈的敢于承担风险的创新创业精神,把培养师生的创新创业精神作为其重要的使命之一,注重营造宽容失败、推崇创新、鼓励冒险的宽松自由文化环境。在斯坦福大学,师生把创办自己的公司、办自己的企业视为人生独特的目标并为之奋斗。斯坦福大学具有浓郁的创新创业文化氛围,在各要素综合作用下,广大斯坦福师生在"润物细无声"的创新创业文化氛围中崇尚创新和创业,从上到下都积极参与创新创业实践活动,在培育出大量创新创业人才的同时,大批闻名于世的高新技术企业得以成功创办。文化榜样的力量是无穷的,斯坦福校园的创新创业文化浸润着广大师生,引领着他们更加活跃地参加创新创业。

斯坦福大学特别注意制度文化方面的建设,学校组建了技术许可办公室(office of technology licensing, OTL),专门负责技术转化工作。

OTL的具体职责包括推进新技术的披露、许可、营销及知识产权保护等，OTL的从业人员大多为具有技术、法律、经济与管理、商务谈判等多重知识背景的精英人士。为鼓励师生创业，给师生创新创业创造宽松的环境，学校制定了相当灵活的政策。创业教师可以自由地一周一天到公司兼职从事开发和经营等工作，可以脱岗1～2年去硅谷兼职或创办科技公司，甚至允许其向公司转移在学校获得的科技成果并获取报酬。创业学生在两年的时间中不论创业成功与否都允许回到学校继续学业。

斯坦福大学还建立多种相关制度支持师生创业，一是制定专利许可收入分配方面的有效制度，在共享利益为基本原则的情况下，师生可以获最大的回报，对于师生在学校工作学习期间所获得的专利，允许技术转让，只需扣除毛收入15%给学校作为办公消耗及专利申请费用，剩下的获利完全归属专利所有者及其所在院系；二是学校为师生创新创业活动设立专门的服务机构，服务师生的技术转化；三是设立多种孵化创业基金，支持师生创业，保障师生创新创业活动的顺利开展。

与斯坦福大学创新创业文化紧密关联的是硅谷的创新创业文化。硅谷和斯坦福大学的互相影响和成就，为世界高等教育推动"校企合作、产研融合"提供了近乎完美的解题样本。斯坦福大学的创新精神、创业文化和硅谷之间发生的化学反应，让斯坦福的吸引力不仅影响着科研人员，也影响着具有企业家精神的人才。

(二) 麻省理工学院

麻省理工学院(Massachusetts Institute of Technology，MIT)是世界著名的理工科大学，自1861年建校以来，麻省理工学院的创新性研究一直引领着时代的潮流。麻省理工学院的杰出成就并不局限于单个领域，而是涉及电话、激光、雷达、办公室复印机、高速摄影技术、计算机、互联网、破译人类基因序列、癌症治疗等方面。截至2021年，麻省理工学院产生了近百位诺贝尔奖获得者，麻省理工学院的创新与创业对世界高技术的发展产生了重要影响。在麻省理工学院创新与创业间的道路畅通，构建完善的创新创业生态环境，两者之间不断助长、深度融合，构成良性循环，引领着高技术工业文明的发展。

麻省理工学院特别强调在现实需求中发现创业机会。学校建有"双轨制"的终身教职，既有学术型教授，还有创业领域的重量级学者，实现从理论贯通到实践的教育，为创业者提供坚实的支持。学校的创业中心为麻省理工学院所有师生提供全方位的创业课程和指导，创造条件使不同背景学科的学生相知相识，进而打造资源互补的联合创业团队。特别经典的组合是管理类学生和自然科学类学生共同组建团队，跨学科联合创业，大批量复合型创业团队兼具创业能力及工程、生物等专业素养。

为使创新创业不同阶段的需求得到满足，麻省理工学院成立相应机构提供服务，这些机构各有侧重、独立运行、有效互补，形成了较为成熟的一套"孵化器体系"，最重要的是推动着大批高素质人才参与创新创业，在创新及创业之间架设起桥梁，持续推动创新创业实践在麻省理工学院的良好发展。

(三) 以色列理工学院

以色列理工学院(Technion-Israel Institute of Technology)位于以色列海法市，是一所著名的世界一流理工科大学。以色列理工学院作为以色列甚至全球领先的创业型大学的典型代表，通过培育创新创业文化、引进先进创业师资、开发创新创业课程、完善创新创业组织架构、促进科研成果转化等一系列措施，已经构建起了成熟的创新创业教育生态系统，对以色列甚至整个世界均产生了重要影响。

作为一所全球出色的工科院校，实用主义的价值观念渗透到以色列理工学院创新创业教育的方方面面，引导学生创办高新技术企业成为学校人才培养的主要目标。以色列理工学院通过开展创新创业教育引导学生学习创业方面的技能知识，瞄准确实具有应用价值的技术展开研究进而实现创业。对学习课程而言，教师引入学科研究的最新进展及其创业成功的实例，以助学生深挖自己专业相关领域的市场潜力与价值，使其清晰地确立创业的目标。学校经常性邀约相关研究人员定期或不定期开展实验室研究动态分享，行业专家点拨行业动向，企业家分析市场需求，供需方面信息不对称的缺口得以在技术成果转化领域填补，及时展示研究前沿使学生开阔视野，弥补专业教育的不足，使学生自身在创新创业方向的规划得以优化。教学理念的实用主义把创新创业教育与专业教育融为一体，使学生拓宽在专业领域创新创业的眼界。

为把成果转化为商业价值，学校成立了专门的技术转让机构和孵化机构(如T3办公室)，助力学生建立初创企业。T3(technion technology transfer，技术转让)办公室紧密联系着学校的各大实验室及其相关专业研究人员，构建技术成果库。在积极开展成果评估取得基本结论后，T3办公室负责申请成果专利，评估市场前景。如果技术成果深具市场潜力，T3办公室则会帮助学生完成初创公司进行投资，并且办公室允许学生在取得成果项目中以股东或雇员的身份参与所设初创公司的收益分配，从而达到调动学生积极性的目的。

T3办公室通过承办研讨会和MBA全球专利课程计划等外部活动工作，拓宽学生在技术成果的基础之上完成初创企业的机会渠道。其中，有两种类型的研讨会：一种被称为网络计划研讨会。T3办公室利用现代普遍使用的社交媒体技术，调动全球资源，比如通过信息网络，面向行业领导者、全球投资者、公司高管、企业家、服务供应商及许可证管理人员等，向其充分展示以色列理工学院最新的创新成果技术，目的在于提高成果的知名度并进行营销协助，以吸引风投资本帮助学生成立公司创业。另一种是内部技术方面转让的研讨会，主要在以色列理工学院师生内部重点讨论商业化的专利、许可、筹资、创业、公司组建和财务等问题，全面深化师生对技术成果转化途径之认识，提供中介网络和软硬件服务的孵化机构，吸引风险投资，接受政府资助，帮助学生完成初创公司并全力孵化，以实现独立运作的商业化公司。

(四) 清华大学

清华大学以其深厚的学术传统和积极推动创新创业的文化氛围而闻名于世。作为中国顶尖的综合性研究型大学之一，清华大学不仅致力于学术研究和知识传承，还积极推动创新创业文化的发展。

第一，清华大学倡导多层次的创新创业教育体系。清华大学设立了丰富的创新创业教育课程，包括创业导论、创新创业实践等。这些课程帮助学生培养创新思维、商业意识和团队合作能力。同时，学校还组织创新创业讲座、论坛和研讨会等活动，为学生提供与创业者、投资人和行业专家的交流机会。

第二，清华大学积极营造创业的环境和机会。学校鼓励学生和教职员工积极参与创业活动，提供创业孵化器、创新基金、创业导师等资源支持，如清华科技园、清华x-lab等，帮助有创新创业意愿的成员将创意转化为切实可行的商业项目。清华大学与政府、产业界和投资机构建立了紧密的合作关系，为创业者提供资源整合、市场拓展和资金支持等方面的帮助。

第三，清华大学注重科技创新和科研成果的转化。学校积极鼓励教师和学生将科研成果转化为商业价值，推动科技创新在社会经济中的应用。清华大学的科研团队积极参与国家重大科技攻关项目和产业研发，推动科技成果向市场转化，促进创新创业生态系统的形成和发展。

第四，清华大学还组织了许多知名的创新创业竞赛，如清华大学创业投资大赛。这个竞赛吸引了众多优秀的创新创业团队参与，并获得了业界和投资机构的关注。通过竞赛，学生有机会展示他们的创意和商业计划，与投资人和行业专家进行面对面的交流和互动，从而进一步完善和推进自己的创新创业项目。

第五，清华大学还开展创新创业教育和培训项目，为学生提供创业知识、技能和实践经验的培训机会。学校组织创业讲座、创业比赛和创业实践等活动，如创业沙龙、创新创业嘉年华等，为学生提供创新创业的平台和机会。清华大学注重理论与实践的结合，通过实践项目和实习机会，让学生了解最新的行业动态和创业趋势。学生可以通过参加这些活动，拓展人脉、交流经验，并与志同道合的人合作开展创新创业项目。

这些都说明了清华大学在创新创业领域进行的积极探索和实践。学校致力于为学生提供全面的创新创业支持，从教育课程到实践项目，从创业孵化器到创新创业竞赛，形成了一套完整的创新创业生态系统。这种创新创业文化的建设不仅为学生提供了宝贵的机会和资源，也为国家的创新发展做出了重要贡献。

(五) 浙江大学

根据2022年教育部高校毕业生就业质量报告，浙江大学本科生创业率最高，达到4.2%。浙江大学毕业的创业代表人物包括巨人史玉柱、蘑菇街陈琪、快的陈伟星、爱图购孙颖、个推方毅、铜板街何俊、淘淘搜黄琦、淘粉吧刘俊、Mobvista段威、穿衣助手顾莹樱等。据不完全统计，浙江大学有近140位校友担任上市公司创始人或负责人，其中涉及主板上市公司90多家、海外上市公司近20家。根据2022年胡润全球百亿富豪排行榜，浙江大学以21人的总数位列全国内地高校第1名，以5905亿总资产排名全国高校第2名。为什么浙大能培养出如此之多的创业者，其中最重要的是学校创新创业文化的影响。

浙江大学特别强调"以技术创新为基础的创业"，逐渐形成了"学而优则创"的创业文化。浙江大学校长吴朝晖说，如果不能把创业的着眼点落到以技术创新为基础的创业行为上，中美之间的产业竞争格局就难以逆转。正是基于这样的思考，浙江大学提出要把企业家精神融入教育教学活动全过程，鼓励学生关注战略性新兴行业领域的技术型创业。2017年第三届中国"互联网+"大学生创新创业大赛总冠军、浙江大学博士生、杭州光珀智能科技有限公司CEO兼创始人白云峰说，精密复杂的机器视觉产品需要复合交叉学科知识的支撑和来自各个学科的技术人才，更需要在学科交叉碰撞的过程中产生创新的火花，自己的创业正是受益于浙大多学科复合交叉的优势。

浙江大学从1999年起开设创新与创业管理强化班，在国内率先尝试"工科专业+创新能力+创业素质"的综合型培养模式，每届60名学生从全校理工农医各大类专业本科二年级的优秀学生中选拔而出，打破了原有院系间的学科隔阂。学校邀请产业界具有丰富实践经验的创新创业成功人士担任创业导师，并安排学生假期进入高新技术企业实践实习；在创业设计环节中，通过小组形式设计完成实战性的创业方案。20多年来，强化班已培养学生近千名，平均毕业5年后创业率高达20%，这充分表明浙大的创新创业教育改革是很成功的，几十年间形成的创新创业文化已经深深烙印进了浙大毕业生心中。

(六) 华南理工大学

华南理工大学被社会誉为"华南地区企业家与工程师摇篮"，为国家培育了一批又一批人才。"敢创新、会创造、能创业"已成为华南理工大学的精神密码。

华南理工大学校友已占据新能源汽车的"半壁江山"。2021年11月8日，新华社《瞭望》新闻周刊发表专题文章《新能源汽车企业家"华工造"的启示》，文中引述华南理工校友、威马汽车董事长沈晖的话："华南理工大学几乎成为新能源汽车界的'黄埔军校'，校友差不多占据了新能源汽车企业负责人的半壁江山。"每一辆新能源车，即使整车不是华南理工校友生产的，但动力电池、电机电控等核心零部件很可能是华南理工校友研发的。难怪华南理工大学校友、小鹏汽车的创始人何小鹏开玩笑说："如果你是华南理工大学毕业的学生，你想要造车的话，只要你在校友群里面吱一声，学长们就已经帮你把供应链给搞定了。"在新能源汽车领域，华南理工培育了宁德时代董事长曾毓群、小鹏汽车董事长何小鹏、广汽集团董事长曾庆洪等五位掌舵千亿市值的上市公司领袖。

华南理工大学何以成为新能源汽车界的"黄埔军校"？这与华南理工大学的创新创业文化是分不开的。长期以来，华南理工大学一以贯之地坚持"三创型"(创新、创造、创业)人才培养目标，不断深化教育教学改革，形成了包括"全链条"双创教育、"高端化"学习平台和"个性化"成长路径的培养特色，营造出既踏实笃行又勇于探索、既注重成果产出又宽容失败的创新创业文化。华南理工大学处在改革开放最前沿之一的广州，最早受到改革开放创业大潮的洗礼，使学校的人才培养面向工业化发展的主战场，培养了一大批高素质的创新创业人才。学校充分利用校友创业资源构建的创新创业文化，把创业校友、科学家、工程师、企业家、风险投资人聚集到学校的创新创业教育网格中来，让他们成为学校创新创业教育的贡献者。

第四章　创新创业教育方法

早在1947年美国哈佛大学商学院教授迈尔斯·梅斯就以MBA学生为对象开设了基于实践的创业课程，随后创新创业教育在世界各高校广泛开展。1989年，百森商学院通过模拟创业生态环境进行实践式教学，推动知行合一的创业思维与行动(ET&A)教育理念和课程—课外活动—学术研究为一体的课程生态体系改革，打破了课堂教学中"教师教，学生学"的模式。我国的大学创业教育开始于21世纪初，2012年，教育部发布《普通本科学校创业教育教学基本要求(试行)》通知，要求各高校必须面向全体学生开设"创业基础"必修课。从2016年开始，绝大多数高校都开设了创新创业课程并将其纳入学分管理。近年来，我国创新创业教育经历了快速扩张，但还是以传统的教学方式为主。据南开大学关于"大学生就业与创业教育现状"的调查结果显示，大学生创新创业课程基本都处于大班教学状态，而且还是以传统的授课方式为主，只有4.5%的教师以讲授、讲座、参与互动和实习实践相结合的方式进行教学。目前，大学生创新创业教育教学方式单一，专业教师缺乏，未能有效激发学生的创新创业兴趣，教学内容仅限于创业及创办小企业的相关知识，不能达到激发大学生创新思维与创业意识的目的，也未实现提高大学生创新创业能力的初衷，因此急需探索更为有效且符合实际的课程新模式。

创业学的开山鼻祖、美国百森商学院教授蒂蒙斯强调，创新创业教育必须是以学生为主体，让学生成为创新创业的探索者，成为学习与实践的主体，同教师、教学环境和教学内容相协调。创新创业教育要突破传统的老师教、学生被动学的模式，要鼓励采用激励探究、案例探究教学和虚拟创业探究的教学方式，通过以学生为中心的实践体验，激发创新创业的潜能[1]。当前全国各高校都在持续推进创新创业教育教学改革，探索创新创业教育的新模式。其中，江西理工大学作为一所地方行业特色高校，大胆创新，探索各种教学方法在创新创业课程教学中的运用，构建了理论与实践相结合、课内与课外相结合、教师专兼结合的创新创业教学新模式，主要有实践教学法、案例教学法、团队教学法、项目教学法、思创融合教学法、体验式教学法，教学注重价值塑造和校企协同，突出创新创业课程的实践性和体验感，强化在做中学，学中做。

一、实践教学法

我国著名的教育学家陶行知曾经说过："我以为好的先生不是教书，不是教学生，乃是教学生学。"也就是古人所说的"授人以鱼，不如授人以渔"。换句话说，教师仅仅教授学生一些知识是不够的，更重要的是教会学生如何学习，如何找到解决问题的方法。

陶行知强调，教而不做就等于白教，学而不做就等于白学，在做上教是真教，在做上学是真学，教学做是一件事，教与学一定要围绕做来进行。这强调了教的方法与学的方法要根据实际做的方法来进行，而不是教一套方法、学一套方法、做一套方法，教、学、做的方法是一样的，就是做的方法。这种方法一方面强调学生的学，强调学生学习的主体责任，突出是学生在学习；另一方面强调教师的指导责任，教师并非教书，而是教师指导学生学习。

就拿游泳来说，如果只站在游泳池边，教练不停地让学生看关于游泳的书，不断地给学生讲关于游泳的理论，模仿水中的动作，而不让学生下水体验，那么学一两个月学生也学不会。若把学生放到泳池中，教练教游泳的姿势，学生学着做游泳的姿势；教练教怎么憋气和换气，学生学如何憋气和换气，在做的过程中慢慢体会，一点点修

---

[1] 王鹏.高校创业教育生态系统构建研究.[D].哈尔滨：哈尔滨师范大学，2020.

正，边学边练，这比待在游泳池边学理论和看别人游泳要学得更快更好。

学游泳如此，学习其他科学知识也是如此。比如光电工程专业设置了应用光学和光学设计课程，传统的教学方式是先让学生学习应用光学的理论知识，最多配备一些验证型的实验，把几十学时的应用光学课程上完后，学生依然不知道怎么设计一个真实的光学镜头，也不知道如何去判断这个光学系统成像质量的好坏，更不知道怎么做出一个好的光学镜头。如果换一种教学方式：在光学设计课程教学中，实行分组教学，每一个组给出一个具体的光学系统，老师给定设计指标，给出像差要求，然后让学生自己用软件去设计，设计好后，到网上购买玻璃镜片，然后利用学校实习工厂，自己去加工成镜头，最后做出一个真实的光学系统。只有真正地做一个光学系统，才能真正地学会如何设计光学系统，才能真正具备光学设计的能力。学生也许在这过程中会遇到很多问题，比如初始结构如何设计得来、怎么设置变量、如何优化系统、如何评价各种像差的大小、如何评价成像的质量、如何绘制工程制图、如何加工镜头、如何组装等问题。他们通过看书、检索文献、请教老师、到相关论坛去查询等方式去解决他们遇到的技术难题。在解决这些问题的过程中，学生也就可以学会分析问题和解决问题、学会光学设计的技术、学会文献资料的检索、学会编程、学会PPT的制作、学会演讲答辩、学会沟通、学会团队合作等，并且在这个过程中感到理论及现象可以被自己驾驭，就能体验到一种学习的成就感。在学生的心里，他能感觉到知识变成了力量，这就比任何东西都更能强有力地激发学生的求知欲。所以我们教的知识不能仅仅为了考试，要设置相应的教学环境让这些知识运用起来，让学生在应用中巩固理论知识，同时在应用中去学习更深的理论知识，形成理论与应用的有机结合，在这种学习过程中，学生可以学会自我摸索、学会独立判断，并能提高分析问题和解决问题的实践能力。

学习产品设计是这样的过程，创新创业教育也是如此，在创业过程中，因为市场不确定、资本市场风险以及外部环境变化等因素影响创业活动，致使创业过程充满了很多不确定性，没有一条确定的创业路径，所以更多的是要培养学生以不变去应对万变的能力[1]。也就是说，要更注重培养大学生的创新创业能力，而不是仅仅传授创新创业知识。

那么如何才能让学生掌握创新创业的能力？道理很简单，小孩子走路走多了自然就会走路，说话说多了自然就会具备说话的能力。正如陶行知先生所说，事怎么做就怎么学，怎么学就怎么教。因此，高校要创造良好的环境，让学生在真实的创业过程中学会创业。如果高校还不具备真实的环境条件，那么至少可以模拟真实的创业场景，在无限接近客观的创业场景中开展创新创业教学，提升大学生的创新创业能力。

创新创业教育一定要避免只是"老师讲学生听"的传统教法，尽量在接近现实的创业场景中进行，并围绕不确定性展开，因此创新创业教育的本质特征应该是实践性，即应在团队构建、机会识别、资源整合、商业模式构建、商业计划书、商业路演等创新创业各环节中引入实践活动。从始至终，各团队都要以一个完整的项目为载体，在实践中或模仿实践中学习创新创业知识，提升创新创业能力，锤炼创新创业精神。这种基于实践的创新创业方法包括倡导模块化、项目化和参与式教学，强化案例分析、小组讨论、角色扮演、头脑风暴等环节，充分调动学生学习的积极性、主动性和创造性。

江西理工大学在"大学生创新创业基础"的教学设计过程中，针对创业的重要节点与关键环节设计了一系列工作坊等实践活动，让整个课程的骨架由一系列工作坊等实践环节组成，让学生分组完成这些工作坊，进而展示、讨论，最后的结果也是各团队呈现自己的商业项目，撰写商业计划书并进行路演。教师在课程教学中设计了组建课程学习小组、寻找团队创业机会、评估创业机会、构建商业模式、撰写

---

[1] 王鹏.高校创业教育生态系统构建研究[D].哈尔滨：哈尔滨师范大学，2020.

商业计划书、商业计划路演等实践环节。"大学生创新创业基础"工作坊的内容及实践环节如表4-1所示。

表4-1 "大学生创新创业基础"工作坊的内容及实践环节

内容	实践环节
组建课程学习小组	工作坊1：分组、做海报、展示
磨合团队	工作坊2：课堂活动——棉花糖游戏
框架内创新	工作坊3：减法策略、加法策略
识别机会	工作坊4：寻找一个创业项目，基于市场痛点或创新，找到一个项目或产品，描述市场的痛点，产品(或服务)的形态(功能)如何？客户是谁？
评估机会	工作坊4：进一步明晰团队创业项目，细分客户究竟在哪里？能为客户解决一个什么问题？是否具有商业价值？市场规模如何？是否有同类竞品？最后评估项目
绘制商业模式画布	工作坊5：绘制一个互联网公司的商业模式画布
设计商业模式画布	工作坊6：构建团队项目商业模式画布
撰写商业计划书	工作坊7：小组线下撰写商业计划书及答辩PPT
模拟答辩	工作坊8：模拟答辩
实施答辩	工作坊9：路演(即各课程学习小组汇报)

二、案例教学法

"案例教学法"是1870年由哈佛大学法学院提出的。1921年，由哈佛大学商学院正式推行，1979年引入国内，并逐渐从管理学推广到其他学科的教学中。在哈佛大学商学院，学生每天都要研究企业界发生过或正在发生的真实案例。在一年的高强度学习后，每个学生都会研读超过500个案例。这些案例覆盖了不同行业、不同国家、不同业务发展阶段和不同的商业人物，有经典商战分析、初创公司的崛起、市场竞争中杀出重围的正面案例，也有公司破产、清算、因贪污而锒铛入狱的反面案例。案例教学法在世界一流大学如哈佛、斯坦福、百森商学院等被普遍采用。

清华大学经管学院设有中国工商管理案例中心，专门从事教学案例研究、案例开发、案例库建设和案例教学培训。案例中心以"集聚商业智慧、推动教学创新"为宗旨，在国内首先建立了教授指导研助理的案例开发模式。

江西理工大学在双创教育中注重激发全体学生的创新意识与创业思维,在课程中植入创新创业的基因。那么如何才能更有效地植入创新创业的基因呢?C9高校(China 9,九校联盟,简称C9或者C9联盟)的做法是请大量的企业家进校讲述创业的故事、行业的趋势,特别是那些初创企业如何实现从0到1。

对大学生讲过于深奥的理论,不符合学生的实际情况,因此多数大创课教师难以驾驭课堂实况,也很难激发学生的学习兴趣,更不能营造浓厚热烈的课堂创新创业氛围。

江西理工大学在大创课教学中强化案例教学,引入清华大学陆向谦教授与刘强东、王兴、龚海燕、陈安妮、米雯娟等互联网领域独角兽企业创业者的创业访谈,从不同视角向学生呈现不同行业创业者的心路历程,激发学生的创新思维与创业意识,植入创新创业的基因。学校的"大学生创新创业基础"课程教学案例及其讨论内容如表4-2所示。

表4-2 "大学生创新创业基础"课程教学案例及其讨论内容

案例	讨论内容
教学案例1:乔布斯在斯坦福大学演讲	(1) 如何看待创新创业? (2) 乔布斯在斯坦福大学演讲的三个故事是什么? (3) "Stay hungry, Stay foolish"是什么意思? (4) 这个演讲给我们什么启示?
教学案例2:龚海燕的世纪佳缘创业故事	(1) 分析世纪佳缘如何实现从0到1。 (2) 评价她的创业第一步,以及对周围同学的影响。 (3) 世纪佳缘成功的关键。 (4) 创业的方向如何选择?
教学案例3:刘强东创业故事	(1) 刘强东的大学生活是怎样度过的? (2) 京东如何实现从0到1? (3) 非典对京东的意义如何? (4) 如何看待刘强东在演讲最后的结束语"创业要有梦想,创业的过程就是实现梦想的过程,创业要坚持到底"? (5) 刘强东成功的关键是什么?

(续表)

案例	讨论内容
教学案例4：王兴的创业故事	(1) 王兴如何开启他的创业之路？ (2) 王兴如何看待大学生创业？你对此有何评论？ (3) 王兴身上有什么特质？ (4) 王兴是如何找到创业伙伴的？ (5) 王兴的创业故事给我们什么启示？
教学案例5：快看漫画的创业故事	(1) 第一个1%、第二个1%、第三个1%、下一个1%分别是什么？ (2) 快看漫画相比同行，缺团队、缺资源、缺资金，它成功的关键是什么？ (3) 陈安妮眼中的1%究竟有何意义？ (4) 陈安妮的创业故事给我们什么启示？
教学案例6：米文娟的创业故事	(1) 米文娟是如何走上创业道路的？又是如何实现从0到1的？ (2) 米文娟的求学经历如何？ (3) 米文娟长江商学院的经历说明什么？ (4) 米文娟的成功给我们什么启示？

大创课的主要作用就在于普及创新创业知识，总结创新创业的普遍规律，澄清大学生创新创业的错误认知。了解6个案例论后，组织各小组讨论以下5个问题，可以小组内先讨论，归纳本组观点，小组发言，最后老师总结。

(1) 创业这么苦，风险这么高，那我们为什么还要去创业？

(2) 众多的创业者都说创业最难的就是如何从0到1，创业机会究竟从哪里来？你如何理解？

(3) 从众多的创业者身上，你认为创业成功最本质的因素是什么？

(4) 创业需要团队吗？如需要，需要什么样的团队？

(5) 究竟什么年纪创业更容易成功？大学生适合创业吗？

通过以上讨论，可以总结出这些成功的创业者背后的普遍规律，通过单个案例难以得出规律，但通过6个案例，就可以较好地总结出普遍的规律，从而激发大学生的创新思维、创业意识，植入创新创业的基因。

比如，在讨论"创业机会究竟从哪里来"时，可以以世纪佳缘、美团、快看漫画、京东商城等公司的创业机会为例：世纪佳缘的创业机会来源于创始人发现市场需求，自己身边有一大群这样的客户；美团的创业机会来源于大量的试错；快看漫画的创业机会来源于创业者陈安妮对漫画行业的深刻认知；京东商城的创业机会来源于线上销售的巨大需求与增长空间。虽然这几个创业公司创业机会的来源不一样，发现的方法也不同，但都来自市场真实的需求。因此，一定要让学生深刻认识到体察客户需求的重要性，这也是创业的起点。

比如，在讨论"创业这么苦，风险这么高，那我们为什么还要去创业"时，还可以以世纪佳缘、快看漫画、京东商城等公司的创业机会为例：世纪佳缘的龚海燕来自湖南农村，从小家境贫寒，初中毕业就去卖冰棍，高中时辍学打工。陈安妮出生于广东省汕头市赤港镇一个普通家庭，从小就喜欢在课本上涂鸦，画黑板报，梦想成为漫画家；大二那年，漫画家杨笑汝的讲座激起陈安妮对漫画的追求，她与学弟一起创办"M方工作室"；2014年，陈安妮大学毕业前往北京创业，成立了"梦当然"工作室，并创立快看漫画；2015年，快看漫画用户总数突破1500万人，2016年，快看漫画的总用户数突破3000万人。刘强东来自宿迁农村，家境贫寒，大学时全靠自己做兼职维持学业。通过以上真实的创业成功的案例，学生能真切感受到创业给创业者带来的改变。首先，创业改变了他们的命运，让他们实现了财务自由，由中国最底层的贫困者变为成功的企业家；其次，他们年纪轻轻就成就了一番事业，带给家人良好的生活环境，并回报社会。这样就能在学生心中植入创新创业的基因，埋下创新创业的种子，这也正是创业教育课程要教给学生的东西。

■ 《乔布斯在斯坦福大学的演讲》案例教学缩影

2005年，乔布斯在斯坦福大学做了一个14分钟的毕业典礼演讲，风靡全球。在演讲的最后，乔布斯重复三遍"Stay hungry, Stay foolish"，实际上他是用这个词来总结其一生走过的创业道路，也就是他的创业哲学。在教学设计中，我们设计了这一环节："Stay hungry, Stay foolish"究竟是什么意思？有的同学提出按英文的直接翻译是"保持饥饿，保持愚蠢"，但大多数同学认为这并不是乔布斯的原意；有的同学说是"大智若愚、虚怀若谷"的意思，这是很多网上公开课的翻译，但有的同学认为乔布斯并非谦虚之人，他成功的根本原因也不是因为他的谦虚。在辩论中，大多数同学都认为Stay hungry的字面意义是保持饥饿感，实际上是要如饥似渴，要对事物保持好奇心，这与乔布斯演讲中的第二个故事"爱与失"相吻合。他讲到被苹果公司解雇后，他非常痛苦，非常迷茫，接下来不知道做什么，似乎丢掉了创业的激情，但是有些事情开始慢慢地照亮他的心灵，他仍然喜爱他从事的工作，在苹果公司的遭遇，没有改变他，一点也没有改变，虽然被驱逐了，但是他仍然热爱他的事业，所以他决定从头再来，重新创业。"Stay foolish"，就字面意义而言就是"保持愚蠢"，他讲到大学辍学和在苹果公司与董事会成员的这些分歧，以及很多苹果公司的决策在外人看来都是愚蠢的，但外界的声音没有影响他内心的真实声音，他认为，不要活成别人眼中的自己，不要被教条主义所困，不要让别人的声音淹没掉自己内心的真实想法，要有勇气追随自己的本心和直觉，要听取自己内心的声音，要有自己独立的看法，不要人云亦云。概括起来就是，要保持好奇心，要有自己独特的见解，要走自己独特的道路。

通过这种案例教学，引导同学们在讨论中表达自己的观点，能够让大家更好地理解乔布斯演讲的精神实质，以及苹果公司成功的本质，鼓励学生去思考和寻找自己的人生发展道路。

■ 《龚海燕的世纪佳缘创业故事》案例教学缩影

创业学的开山鼻祖、美国百森商学院教授蒂蒙斯认为，创业主要由创业机会、团队和资源三大要素构成，最为关键的是创业机会，这是创业的起点。大学生远离市场，对于他们来说，创业最大的问题就是如何找到创业的机会，也就是如何实现从0到1。教师在讲述创业机会理论时，可以阐述创业机会通常存在于哪些地方、如何去识别创业机会，但这些讲述过于抽象，难以在学生心中留下深刻印象，为此教师可以植入龚海燕的创业故事，要求学生带着问题观看视频，然后进行深入讨论。

龚海燕是如何开启创业道路的？有的同学说，龚海燕年龄比同届同学都大，在复旦大学读研究生时，自己想找男朋友，有这样的需求，所以察觉到这个创业机会；有的同学说，龚海燕察觉到复旦的研究生、博士生年纪较大，而且他们忙于科研，交际圈子都比较窄，缺少一个交流的平台。实际上，那时互联网刚刚兴起，出现了一些交友网站，但质量参差不齐，她深刻体察到当时互联网交友行业的痛点，因此下决心做一个有品位的交友网站。龚海燕去图书馆查阅有关资料，自己学着做了一个简单的网站，要求会员都要有大专以上学历，为确保信息准确，要求所有会员都要进行实名认证。一开始她动员自己的同学加入网站，后来这个网站慢慢成为复旦大学乃至整个松江大学城大学生交友的网站。

首先，通过追溯世纪佳缘的创业起点，学生们深刻意识到创业一定要满足客户的需求，并且要深刻体察客户的需求，最好创业者本身就是一个忠实客户；其次，创业要实现从0到1，同样重要的是要去做，去行动，要行胜于言，很多人都能够体察到社会和市场的需求，但他们抓不住，就是因为他们犹犹豫豫，贻误战机；再次，要利用资源，龚海燕为什么能成功？是因为她自己及身边的高学历同学就是很好的资源，复旦大学、上海松江大学城也是很好的资源，正是这些得天独厚的条件，世纪佳缘网站才能迅速积累流量，实现用户数量爆发性的增长。

三、团队教学法

何谓团队教学法？就是将课堂内学生分成若干小组，组内学生各司其职，相互合作，通力配合，教师情境导入，学生自主学习、组内讨论，教师现场指导，班内分享展示学习成果的一种教学方法。

为什么要进行团队教学？据科学研究表明，人的精力是有限的，老师的课堂精力也是有限的，老师在课堂教学中教学视野关注的覆盖范围通常不超过25名学生。而在现实当中，老师通常也只能关注到两类学生，一类是很优秀的学生，另一类是落后的学生，其他大多数通常在老师的关注之外。而团队教学强调的是学生的自主学习，强调要发挥学生的学习主体作用，强调的是师生间的互相学习、学生与学生之间的互相学习，强调的是"三人行，必有我师"，即在一个学习团队里面，谁擅长谁就是老师。这种方式能有效激励学生，鼓励学生积极学习，培养其合作沟通的能力。

1. 团队教学的优势

相对于个人学习，团队教学主要有以下几个优势。

一是有利于培养学生的沟通能力、合作精神。有些人无论是完成工作任务，还是进行体育运动，或处于一个团队中，都能和队友友好相处，齐心协力圆满完成任务，这就是我们认为的善于合作的人。世界经合组织在1996年的报告中指出，在未来社会的各个领域里，能够跟不同背景的人进行有效合作，是未来人才所需的核心素养之一。有些人智商很高，毕业于顶尖名校，有的甚至还是当地的高考状元，由于大学毕业后不能适应社会，迅速滑落至社会的底层，成为人们扼腕痛惜的反面案例；有些人并非出自名校，但懂得与人合作，具有同理心，一进入社会，就能够很好、很快地融入社会，年纪轻轻就成就一番事业。从学生的长远发展来看，如果学生在学校中就培养出扎实的合作素养，那么将有助于他们适应未来复杂多变的环境。因此，培养学生的合作素养应该成为学校培养大学生的一个重要目标，学校要创造真实的情境，提供大量合作素养的培养机会。

二是有利于提升学习效果。1946年，美国著名的学习专家爱德加·戴尔提出了学习金字塔理论。他通过实验发现，采用不同学习方式的学生在两周以后还能记住的内容量是显著不同的。在传统的学习方式下，如仅用耳朵去听讲、用眼睛去阅读、视听结合、用演示的方法等学习方法，学习效果在30%以下；而在团队学习、主动学习和参与式学习的方式下，学习效果在50%以上。

三是有利于团队完成更复杂的任务。当你在一个团队中去完成一项复杂的学习任务的时候，你放弃的概率会大大降低。因为当你在犹豫放弃时，总会收到队友的鼓励，从而获得心理能量。当然，在你状态良好的时候，也会很愿意去鼓励和激发团队其他成员。如此一来，你既能够获取更多的心理能量，也学会了积极投注心理能量。团队学习的方式也能让你超常发挥，完成更具挑战的学习任务。在团队学习时，你更倾向于开启替代性心态，你会去思考如何替代他人完成相应的任务部分，如此便可取长补短、互帮互助。同时，你也更容易建设一个可塑性的心态，你被他人影响和影响他人的开放程度也会显著提高。

2. 如何设计团队活动

开展团队教学不等于放任学生自学，教师也需要做好大量的准备工作，包括课堂的设计、课堂的组织和实时的评价，具体工作如下。

一是确定本堂课的教学目标。教师在设计团队活动前，应思考团队活动要达到什么样的目标，涉及知识传授、能力提升和价值塑造等目标，教学活动设计要与这些目标相吻合，确保通过团队的这些活动能够达成目标培养。在团队活动之前，我们必须基于这些目标进行思考，并为如何组织活动、活动是否有挑战性、是否具有可操作性、是否需要多人合作完成、大多数团队是否能够完成、中间是否会有突发事件做准备。

二是设置有挑战性的任务。在课程开始前应该发布一个较容易的任务，以激发学生团队的学习兴趣。在通常情况下，团队学习既要充满刺激与挑战，也要有一定的难度，学生要通过收集资料思考、碰撞、妥协，给出解决方案，并一起交流讨论，最后以一个可视化的成果呈现。

三是鼓励学生积极参与。要激发团队的参与意识，所有团队成员应认识到团队的成功决定他们个人的成功，要对团队有责任感，这种积极的相互依存的关系，有利于学生之间互相鼓励。教师也要建立奖励机制，激发团队间的竞争意识，形成团队间相互竞争的浓厚氛围，团队内部要分工合作，发挥每位成员的擅长之处，形成团队的力量。

四是团队人数安排。团队成员的人数应考虑学生的总人数、教室的大小、分配任务的难易或分配任务人员的需要等因素。一般来说，四至五名团队成员可以满足多样性、积极参与性和凝聚力的需求。

五是安排足够的时间。教师应该事先预估小组完成活动的时间，包括团队成员展示成果的时间以及展示成果后全班同学提出问题、互相讨论的时间。教师在课堂上一定要强化团队的时间意识，避免有些团队拖延时间。

六是预估学生可能给出的答案。了解学生的想法，在全班探讨的环节更好地回答他们的问题，对团队活动结果进行评估。

3. 团队教学时教师的角色是什么

团队学习法要发挥学生的主体作用，同时也要发挥教师的主导作用。教师的积极参与可以极大地调动学生的积极性，同时也能够保证教学任务的有效实施。在团队教学中，教师的作用不是弱化了，而是更为重要，教师不仅是课程的设计者，还是观察者、指导者和监督者。

一是观察者。教师需要在不同团队之间不断地观察与交流，观察学生的进度，以及是否有偏离主题。

二是指导者。当团队碰到困难，教师可提供一些方向性的建议，并积极地参加团队讨论；还可以帮助一些较为安静内向的学生参与讨论，邀请学生提问，询问任务进展；也可以适当地提出自己的反馈意见，以帮助学生设计自己的团队活动。对于一些遇到困难的团队，教师可以要求小组成员审查任务进行的过程是否有误，若是认为学生遇到了无法自行解决的问题，那么教师可以抛出探究式问题，引导学生进行思考。

三是监督者。学生在进行小组活动时，教师可以旁听，督促小组负责人推进活动的有效开展，调动大多数学生的积极性，督促各团队聚焦于任务目标，并推进相关工作。

4. 如何评估学生的学习成果

团队活动一定要呈现最后的成果，并且一定要对最后的成果进行评价，这种评价最终将决定团队的成绩，这是团队教学活动是否能够成功的关键要素。可以让团队内部对团队成员进行评价，因为教师无法知道每一位团队成员的真实表现，因此要赋予各团队队长评判团队成员的权利。评价主要有最后的作品以及团队的展示，也可以兼顾团队的整体氛围。客观有效的课堂评价方式还可以激发学生潜在的积极性和创造力，能增加学生的自信，培养学生良好的合作意识和竞争意识，最终实现课堂效率和教学质量的提升；客观有效的课堂评价方式也可以有效提升团队成员的沟通表达能力、分析问题与解决问题的能力、时间管理的能力、谈判能力以及团队的领导力。著名数学家、教育家波利亚指出："学习任何知识的最佳途径是自己去发现，这种发现理解最深，最容易掌握其中内在的规律、性质和联系。"

创业要依靠一个团队来进行，创新创业课程的教学过程也需要依靠团队来模拟创业的实际过程，基于课程小组来完成一系列的创业关键任务，比如识别商业机会、开展市场调研、构建商业模式、撰写商业计划书和实现商业路演等，这些不是一个人能够完成的，都需要由一个团队共同完成。在这样的过程中，可以强化团队的意识，使团队成员学会分工与合作，提高团队的创业执行力和领导力。通常先有商业项目，再组建团队。真实的创业团队是在创业过程中慢慢形成的。但课程团队的组建刚好相反，首先要组建好课程学习小组，然后课程学习小组去寻找商机，实施模拟创业。创业团队根据自身的需求寻找成员，而课程学习小组可以采用简单、易操作的办法进行分组。为使课程获得良好效果，尽量避免把熟悉的学生分在同一团队。

教学案例

■ 课程团队组建

在创新创业课程教学当中，我们设计了团队构建的环节，其中包含分组、破冰游戏、选组长、团队工作坊和团队展示等活动。这些活动的主要目标是构建课程学习团队，推选出各小组的组长，强化团队意识，初步训练各团队的运行模式，为课程教学任务的有效完成打下坚实基础。

1. 分组(时长：5分钟)

- 根据总人数分组，每组人数以5~7人为宜，全班不超过7组。如果将全班人数分成7组，可以从第1排开始，按1-7的顺序循环报数，报"1"的同学为第1组，报"2"的同学为第2组，依次类推，并提醒大家记住自己报的数。
- 为便于小组成员讨论与完成教学任务，课堂上同一组坐在一起(迅速指挥各组找到自己小组的位置并坐下)，每次上课小组位置按顺时针挪动一个位置。
- 每位同学准备一个名牌，用水笔写上小组名称和自己的名字。

为什么要随机分组？因为这种方式简单、易操作，通常能够把男女同学比较均衡地分配到各学习小组中去，也可以有效避免小团体的出现。小组教学时，组员围坐在一起，便于组内讨论与完成相关小组活动和任务，也有利于团队氛围的营造。如果条件不够，小组成员也要相对集中，便于开展教学活动。每次上课时，每一个小组都要顺时针挪动一个位置，让每一组都有靠近老师的机会，且得到相对均衡的分享机会，同时也保持一种新鲜感。

2. 破冰游戏——自我介绍(时长：5分钟)

此游戏是以成语接龙的方式进行的，小组成员围成一圈，按顺序进行自我介绍。这个环节要有一位同学首先进行自我介绍，结束后右边的同学再发言，依次进行。每位同学可以说自己的名字并加上自己的家乡与爱好，后面的同学必须记住前面所有介绍过自己的同学的信息，如第一位同学说："大家好！我是来自北京的会唱歌的AAA。"第二位同学必须说："我是站在来自北京的会唱歌的AAA右边的来自杭州的会编曲的BBB。"第三位同学就必须先说前面两个同学的家乡、爱好和名字，再介绍自己。随着前面自我介绍的人数越来越多，自我介绍的难度会越来越大，后面的同学就会想方设法去记住更多人的信息。虽然已经介绍完的同学会感到轻松，但也会想方设法去提醒对方，所以无论发言在前或在后，都会主动或被动地去记住小组成员的信息，这样一圈进行下来，大家几乎都能记住每个人的信息。相对于传统的自我介绍，这种介绍方式的效果更加显著，不仅活跃了气氛，而且消除了陌生感。

3. 选组长(时长：5分钟)

每一个团队都有一个领导者，一个富有魅力与威望的领导者能够把团队成员紧紧地团结在他的周围。

课程团队中，小组长的职责如下所述。

- 领导本小组：组织团队成员完成工作坊、寻找商业项目、撰写商业计划书及组织路演，决定小组成员分工。
- 给定成绩：课程结束时，组长按小组成员的贡献大小给出本小组的排名，即决定小组成员的贡献多少。
- 维持纪律：创新创业课堂区别于传统的课堂，要完成大量的工作坊，有大量的讨论与展示，课堂气氛活跃，这就要求每一个小组要有内部约束机制，使课堂热烈而有序，确保小组成员始终聚焦于课程相关主题。
- 协助老师：创新创业课程的环节相对复杂，程序更为烦琐，且有大量任务要完成，组长要担负起大量的协调工作，协助教师完成课程任务。

小组长的领导能力与责任感对于本课程的学习至关重要，不仅关系到整个课程的教学效果，也关系到整个小组的成绩，因此每位小组成员都要本着对自己负责、对小组负责的精神，选择最具领导力、最具奉献精神的同学。选组长可按以下程序进行。

- 每位同学自我介绍，如果自己想当组长，应说明将如何带好团队。
- 通过公推或无记名投票的方式选出组长(事先准备选票)。
- 组长产生后，发表当选感言，每人1~2分钟(自我介绍，表达感谢，以及接下来要怎样领导本组)。

整个课程要实行分组教学和过程考核。考核每一次讨论，考核每个工作坊的完成情况及答辩表现、发言讨论、商业计划书及路演。实行分组团队考核，强化团队意识，教师只考核团队，不考核个人，最后给出的成绩也是团队的成绩。实行团队的内部管理与自我约束，团队成员的贡献大小由组长给出。要强化仪式感，确保严肃性，各环节严格按照相关规定进行，让每一位同学真真切切地感受到是在做真实的商业项目。

所以，选组长之前，一定要把组长对于团队的重要性说清楚，把组长的职责告诉大家，让大家高度重视这件事，选择真正有担当、有能力和有热情的同学。

4. 团队工作坊——制作海报(时长：15分钟)

准备材料：教师给每小组准备1张大白纸，4支彩笔。

要求：各小组在15分钟内设计一张海报，海报中要展示队名(有创意)、口号(表明愿景)、Logo(新颖、有意义)和制度(要制定三至四条组内成员公认的奖惩措施)。

需要注意的是，小组成员要有分工，海报设计要发挥团队想象力和优势，禁止抄袭网上创意，海报要体现各小组的价值观。

制作海报是一系列工作坊的第一个团队任务，刚开始队员还不适应集体活动，不知如何推进团队相关任务，很多队员存在观望的心态，这就要求团队负责人进行有效的统筹和管理，理出一个思路与大家讨论，让小组成员分工合作，快速推进小组任务。

5. 团队展示(每组3～4分钟)

每个小组推选一名代表来展示本小组制作的海报，主要展示的是队名、口号、Logo及其背后的含义。

团队的展示要严格限定时间且明确标准，让团队深刻认识到临场展示的效果直接影响到每一位队员的成绩，这样他们往往会安排参与程度更多同时又善于表达的队员来做分享。为了更好地强化团队意识，可以让整个团队的同学上场并拍照，让每一位成员都感受到自己是团队的一份子。

6. 评分

每一组展示完成后，教师根据各团队的表现(海报及展示)给分(可发牌计分)，下课前收回记分牌，将各组得分记录到过程考核表上，最后给出评价。

教师最后给出的评价非常重要，所有的同学都会关注这个评价，因此教师一定要客观公正地给出评判。评价重点是作品本身的质量和小组答辩的表现。也可以就团队的整体氛围进行适当评价，最后要反映到每一个小组的得分上。另外，对于整个活动与答辩，老师也要给出点评，做得好的方面要给予表扬，激励相关小组；做得不够的地方要提出来，让各团队下次改进。

四、项目教学法

1. 什么是项目教学法

项目教学法是研究性学习的一种形式，最早提到项目教学的是美国哲学家、教育家、实用主义的代表人物约翰·杜威，他提出了"做中学"(learning by doing)教学理念，后来逐渐发展成为项目式教学法。项目教学法是一种以学生为中心的教学模式，是学生从真实世界中的基本问题出发，围绕复杂的、来自真实情景的主题，以小组方式进行周期较长的开放性探究活动，完成一系列诸如计划设计、问题解决、决策作品创建以及结果交流等学习任务,并最终达到知识建构与能力提升的一种教学模式[1]。

传统的学习方式以教师和教材为主,以课堂为中心,注重知识的传授,是被动学习,重结果轻评价,导致知识与实践脱节,学科知识单一化。而项目式学习以学生为主体,注重知识的自我建构,注重从活动和体验中学习,注重能力的培养。项目式学习是网状学习的结构,强调知识与实践相联系,以及评价多元化。项目教学法与传统教学法的比较,如表4-3所示。

表4-3 项目教学法与传统教学法的比较

比较难度	项目教学法	传统教学法
学习目标	掌握学科知识,提高解决问题、合作探究等实际能力	掌握学科知识或技能
课程计划	较为松散	清晰明确
教师角色	协助者	主导者
组织形式	以小组活动为主	以个人听课为主
学习内容	经常跨学科	单一学科
学习过程	发现问题,探究问题,解决问题,自我反思	理解,记忆,重复训练
评测方式	项目评价(形成性评价+终结性评价)	基本是终结性评价

BuckInstitute for Education是美国一家研究项目式学习的权威机构,它构建出一个"高质量项目式学习框架"。其中,他们提出了以下6个关于项目式学习的衡量标准和方向,以指导教师如何设计实施高质量的项目式学习课程。

- 智力挑战与成就:学生深入学习,批判思考,追求卓越。
- 真实性:学生从事有意义的、与他们的文化、生活和未来息息相关的项目。
- 公开作品:学生的项目成果被公开展示、讨论和评价。
- 合作:学生之间进行线下或线上的合作,并接受成人导师和专家的指导。

---

[1] 黄小妹. 项目学习在初中信息技术课程中的行动研究[J]. 大学生论文联合比对库, 2019.

- 项目管理：学生使用项目管理流程，来帮助他们从项目启动到结束的整个过程中有效行进[1]。
- 反思：学生反思他们在整个项目过程中的任务和学习情况。

2. 项目教学法的流程

在创新创业教学中，我们秉持"学理论不如学案例，学案例不如做案例"的教学理念，强化理论学习、案例研讨，更注重做一个真实的创业案例，即每一个团队必须找到一个创业项目，整个课程的核心围绕项目展开。项目教学法的流程如下所述。

(1) 构建团队。构建团队是项目教学的前提。我们采用随机组织的方法构建项目学习团队，选出团队负责人，由负责人带领大家做一个真实的或接近真实的项目。

(2) 识别创业机会。先让学生了解创业机会理论与案例；之后要求团队基于生活的痛点去发现创业机会。团队成员课后要做一次市场调查，可以去观察学校周边，也可以进行线上调研，还可以和已经在创业的亲朋好友交流，目的是发现一个创业机会并对这个创业机会进行评估。要求团队成员必须做一个汇报PPT，PPT主要包含以下内容：一是项目的背景，即是否符合政策或发展趋势，能够解决什么痛点，痛点是否明确；二是解决方案或产品形态，即解决以上痛点的解决方案，或这个产品的形态如何，有何功能；三是市场空间，即是否有同类产品，是否具有优势；四是客户群体，即产品究竟卖给谁，是否能够解决客户的痛点，是否有商业价值。各团队推选一位代表进行陈述，教师与其他团队成员就对项目的一些疑问提出问题，团队成员负责答辩，目的是通过答辩，帮助团队厘清项目的商业逻辑，进一步明确项目的形态。最后，教师就项目汇报给出成绩。

(3) 设计商业模式。先让学生了解商业模式的相关知识；之后要求团队描述一个著名创业公司的商业模式，以加深各团队对商业模式

---

[1] 刘阳丹. 基于项目式学习课程开发的生物学教师工作坊建设[D]. 上海：华东师范大学，2020.

的理解;最后,各团队构建自己项目的商业模式,也就是分别描述项目的细分客户、价值主张、渠道通路、客户关系、收入来源、核心资源、关键业务、合作伙伴和成本结构,并且以商业模式画布的形式呈现出来。同样,教师与学生就存在的疑问提出解答,从更加全面的角度来进一步深化团队成员对项目的认识。调动团队成员思考一些问题:我的客户究竟有哪一类或哪几类?我究竟能为客户提供什么样的产品与服务?我究竟怎么去触达我们的客户?我要如何和我们的客户建立更为紧密的联系?我如何获取收入?我做这个项目的核心资源有哪些?我要做哪些主要的业务?我要寻求什么样的合作伙伴?我的成本有哪些?概括起来就是,团队是怎么创造价值、传递价值和获取价值的,即团队是怎么挣钱的。

(4) 撰写商业计划书。先让学生了解商业计划书的相关知识;之后要求团队撰写商业计划书或创业计划书,借此展现团队的商业逻辑,展现一个创业企业的需求、市场、产品、团队、未来规划等信息,帮助团队提炼和梳理创业思路。通过撰写商业计划书,会迫使创业者思考如何把想法落到实处,检查创业的想法是否可行,帮助创业者修改不切实际的做法,降低试错成本。

(5) 路演与答辩。最后要组织专门的路演与答辩,请校外创业导师参与答辩,具体规则与评分标准如下。

① 路演开始前,各团队要准备好1份PPT格式的商业计划书。

② 参与路演的项目团队按照抽签次序依次进行现场路演(学习委员负责主持)。

③ 每个项目分为自我展示和互动问答两个环节,其中建议自我展示(项目PPT和产品)时间为6分钟,互动问答、点评(每小组选出1位评委)及评审打分时间为4分钟。自我展示若超时或时间过短,都将累积到互动问答环节,两个环节用时累计10分钟。自我展示环节的最后1分钟要设置提醒;为每组提供1张答辩现场照片(线上无须提供),以路演顺序为照片命名。

④ 每个项目路演完成后，评委打分，其中小组评委只评别的团队，不评自己团队；每位评委可以推荐不多于4位的优秀选手；科代表统计总分，并当场公布。

⑤ 路演结束后，举行颁奖仪式，集体拍照留念。

至此，整个项目学习结束。综上所述，创新创业教育项目教学法主要包括构建团队、市场调查和创业机会识别、商业模式构建、撰写商业计划书，以及路演与答辩。这些内容构成了项目学习的架构，牵引着整个课程的学习。整个项目强调的是以学生为中心，通过小组的学习和实践，以及对学习过程的评价，来达到知识构建和能力提升的目的。

3. 项目教学法的特点

(1) 具有一定的挑战性和难度，要求学生深入学习和调研，要求学生敢于追求卓越。

(2) 具有真实性，要求学生基于市场找到真实的创业项目。

(3) 公开作品，学生的项目成果被公开展示、讨论和评价。

(4) 强调合作，完成这个项目一定要发挥团队的力量，发挥每个成员的优势，要与老师和校外企业家进行交流讨论。

(5) 重视项目管理，学生使用项目管理流程，以帮助他们从项目启动到结束的整个过程中有效行进。

(6) 注重反思，学生在整个项目过程中反思他们的任务和学习情况，包括师生与团队成员的抗辩。

五、思创融合教学法

习近平总书记在全国高校思想政治工作会议上强调，人才培养"要用好课堂教学这个主渠道""各类课程都要与思想政治理论课同向同行，形成协同效应"，这是课程思政教学改革的指导思想。教师要把社会主义核心价值观的基本要求与国家的大政方针和学生的实际相结合，充分挖掘和运用创新创业课程蕴含的思想政治教育元素，把思政元素有效融合进创新创业教育中，发挥课程教学的立德树人和价值引领作用。

创新创业教育要突出思想性，要在创新创业实践中融入思政元素，引导各创业团队按照习近平总书记给第三届中国"互联网+"大学生创新创业大赛"青年红色筑梦之旅"的大学生回信精神，围绕要解决的社会现实问题，推进全社会领域的社会治理创新和社会公益创业。

1. 推进思创融合

课程教学在传授知识、培养能力的同时，必须体现课程的思想价值理念塑造。2021年是中国共产党成立100周年，中国共产党的百年创新创业史是最生动的创新创业红色基因。中国共产党是世界上最伟大的创新创业团队，要把中国共产党带领中国人民进行的人类社会发展道路、理论、制度和文化的伟大创新，开创建党大业、建国大业、改革大业、复兴大业的伟大创举作为创新创业课程思政教育的重要案例融入课程教学内容。通过学习研讨这些创新创业红色基因，不仅可以培养学生的创新精神和创业意识，更重要的是塑造学生的思想价值观，让学生更加坚定中国特色社会主义的道路自信、理论自信、制度自信和文化自信，成为堪当民族复兴大任的新时代人才。通过参访红色革命旧址实地、研讨真实的中国革命案例、分享革命者的理想信念和精神等，推动创新创业教育与红色文化教育的深度融合，植入红色基因，塑造学生的思想价值观，在潜移默化中让学生坚定理想信念，把"四个自信"内化于心，外化于行。在课程教学中，通过植入大量的改革开放的生动事例，使学生深刻认识改革开放40多年来中国所取得的伟大成就及其原因，学习中华民族的首创精神和进取精神；通过对互联网领域独角兽创业案例、科技创新、四次创业热潮以及全球互联网趋势的学习，激发广大学生在数字经济时代的创新创业热情，激励青年学子敢于有梦、勇于追梦、勤于圆梦。

在阐述创业广义的概念时，可以从建党伟业到民族复兴大业的历史进程开始，中国共产党的百年历史就是一部共产党人的苦难辉煌创业史，走过的道路就是伟大的创业道路。在阐述创业团队的共同目标、责任共担、才能互补和利益让渡四要素时，侧重阐述中国共产党创业团队的革命理想高于天的共同目标，为人民解放和民族独立共同奋斗的责任担当，广大人民群众利益高于一切的以人民为中心的价值思想，引导大学生学习老一辈革命家的高贵品质与创业精神。在阐述推进创新创业的背景时，侧重阐述改革开放40年来，中国创造了哪些经济发展的世界奇迹，以及背后的原因。在阐述当今世界的创业格局时，通过研究讨论过去十年市值超百亿美元的独角兽创业公司分布，以及市值前二十的互联网公司分布，让学生认识到今天的中国正处于世界创新创业的中心，中国正在引领全球移动互联网时代，激励新时代的大学生努力投身创新创业的热潮。

要在能力培养中融入思政元素。例如，创新创业教育的本质特征是实践性，强调体验式教学，在创新创业各环节引入实践活动。从始至终，各团队都要以一个完整的项目为载体，在实践中或模拟实践中学习创新创业知识，提升创新创业能力，锤炼创新创业精神。在创新创业教育中，引导学生团队广交朋友、合作共赢，培养团队的合作精神和领导力；在课程的商业机会识别过程中，引导学生深刻观察社会，从社会的需求出发，敏锐捕捉社会的痛点，特别是在互联网领域、数字时代乡村振兴和社区治理中寻找解决方案，发现创业机会，鼓励学生利用专业知识和技能为解决社会问题提供自己的方案；在模拟创业的课程实践中，树立家国情怀，启蒙创业意识，激发学生的创业精神，提升学生的社会服务能力。

要在价值塑造中融入创业思政元素。例如，在课程教学中引入清华大学陆向谦教授与刘强东、王兴、龚海燕、陈安妮、米雯娟等互联网领域独角兽创业者的创业访谈，从不同视角向学生呈现不同行业创业者的心路历程。在创新创业教育中，引导学生学习习近平总书记的文章《努力成为世界主要科学中心和创新高地》以及习近平总书记关于青年创新创业创造的重要论述，激励广大学生积极投身新时代的科技创新，勇于创业，努力在改革开放中闯新路、创新业，让学生感受到创新创业是历史的选择、民族的希望、现实的要求所在。

2. 思创教育融合案例

北京科技大学的"跟党学创业"课程是思创教育融合的典型案例。2021年，北京科技大学正式成立了"思创融合"工作室，由学校创新创业中心、马克思主义学院、经济管理学院、组织部、宣传部、教务处、学工部、校团委共同参与，探索思创融合课程建设、巡讲、研讨、案例编撰、社会实践等多途径、多载体的"思创融合"育人体系，培养有更深情怀、更宽视野、更大格局、更高质量的创新创业人才。

毛泽东主席在1948年写给李达的信中说道："吾兄系本公司发起人之一，现公司生意兴隆，望速前来参与经营。"在信中，毛主席将建国大业比喻为创业，恰是党的百年奋斗故事和经验，恰蕴含着无穷的创业智慧。在传统意义上讲创业，可能更多的理解是开办企业；从广义的概念上讲，创业是一种思考、推理和行为方式，这种行为方式是机会驱动、注重方法和领导艺术[1]。中国共产党在早期的革命"创业"过程中，以生命为代价，不计投入，不计回报，不畏牺牲，这种创业更伟大。

在课程内容上，"跟党学创业"整个课程包括"创业机会、创业者与创业团队、创业资源整合、创新思维与方法、市场竞争、创业计划与商业模式、风险规避"7个课程模块，具体内容包括从马克思主义成功运用到中国的实践经验中看创业机会、从马克思主义和资本主义的对比中掌握批判性思维、从工人运动中看实践的重要性等。

"跟党学创业"课程由12位教师联合授课，包括5名教授、3名副

---

[1] 赵长林，孙海生，李正雷."创业"与"创业教育"的源起、概念与演进[J]. 山东教育，2021，(22)：40-43.

教授、4名讲师,这些老师来自北京科技大学创新创业中心、马克思主义学院、经济管理学院等。2021年的上学期,从100多名申请的学生中,选拔了40名有创新创业实践经验的学生参与该课程学习。未来,该课程还将扩大课堂容量,丰富课堂形式,如加入研讨会等。北京科技大学材料专业2020级学生董好恬表示,她以前从未从创业角度思考党的发展史。"从创业的角度出发,很多问题迎刃而解,很多事情又有新的思考:提出想法、抓住机遇、组建团队、开展行动……这便是创业成功的关键,而在这个过程中,人物、精神、行动发挥着巨大作用。"

因此,"思创融合教学法"强调将思政教育与创新创业教育有机结合,使学生在接受专业知识的同时,能够深刻理解和践行社会主义核心价值观、国家战略和政策等思想政治内容。它通过多种教学手段和活动,激发学生的创新创业潜能,引导他们主动参与实践、解决问题和创造价值。"思创融合教学法"的核心理念是通过教学活动,培养学生的创新思维、创新意识和创业能力,同时注重思政教育的要求和目标。通过"思创融合教学法",学生不仅可以获得专业知识和创新创业能力,还能够在实践中增强对思政教育的理解和应用,培养社会责任感和家国情怀。思创融合教学方法有助于培养全面发展的人才,提高学生的综合素质和竞争力。

六、体验式教学法

"竹外桃花三两枝,春江水暖鸭先知。"企业家和创业者是在市场中摸爬滚打和大风大浪环境中成长的,毫无疑问,他们是创业的先驱,有着丰富的创业经验,对市场有着敏锐的嗅觉。因此,要创造更多的机会,让企业家走进校园,让大学生走进企业、走近企业家、走近创业者,感受真实的创新创业场景,与企业家和创业者进行深度交流,解开关于创新创业的疑问和困惑。基于这个考虑,在创新创业课程教学中应该设计到企业和孵化器参访、与企业家深度交流的课程学习环节。

近年来,各个高校都以参访游学的形式开设创新创业课程。天津大学开设了"创业实战训练"课程,该课程是由天津大学教务处、校友总会、宣怀学院等共同打造的通识选修课,课程本着"围着学生转"的理念,设计了8次课程,均以参观、授课、座谈、互动相结合的形式带领学生了解创业的真实场景。

秉持"校企结合、面向实战"的理念,中国科技大学开设了"商业计划与创业实战""创业实战中的创新思维""设计创新""创新创业法律实务""创新实践""创新创业团队管理"等创新创业课程,带领学生深入创新型企业开展课程教学,通过企业家与校内教师联合授课的方式,课程教学实现理论与实践相结合、产业与教学相结合、专业与创业相结合,邀请相关领域的专家参与实践教学,让学生近距离接触产业发展前沿问题、了解最新的创新思维和方法、学习实践经验,进而弘扬创新精神,提升创业能力。

复旦大学创新创业学院开设"大学生创业进阶实训"课程,通过思维训练和思维工具的学习,引导学生系统地学习从创意到创业的"商业计划"诞生,帮助学生跨出创业的第一步。该课程采用多位教师轮流授课、案例分享、小组讨论交流、参访、实践项目展示等形式开展,通过课程、讨论、互动、实践、参访等形式,全方位、多领域进行创业专业知识的解析和项目实战的模拟,为学生创造自由、活跃的学习氛围,拓展学生的创新创业思维。该课程包括创业思维的培养、创业方法探讨、创业必备要素训练、创业案例分析等内容。学生在与年轻创业者交流和组队模拟创业实践的过程中,激发了创新思维和创业意识,提升了创新创业能力。

2022年,江西理工大学深入推进"大学生创新创业基础"课程改革,与赣州市经济技术开发区共同打造走进企业创新创业社会实践课,课程旨在传播创新创业理念,激发同学们创业的热情。

课程基于理论与实践相结合、课内与课外相结合、专兼结合的原则，强化创业实战，让企业家走进创业课堂，让学生走入真实的创业情境，带领学生360度触达创业公司的真实历程。学生通过在市场中寻求真实的创业机会，进而模拟创业，实现从以创业知识传授为主向以创业能力培养为主的转变，从以教师为主向以学生为主的转变，从以理论讲授为主向以实践体验参与为主的转变。该课程共2个学分，总设计了4次课外实践，3次课内实践，3次课内理论学习。"大学生创新创业基础"社会实践一流课程内容框架如表4-4所示。

表4-4 "大学生创新创业基础"社会实践一流课程内容框架

主题	学时	地点	内容
课程概述与团队组建 (理论学习)	2	教室	(1) 课程概述 (2) 学习团队组建 (3) 棉花糖游戏
创业与企业家精神 (企业参访)	4	恒科产业园	(1) 企业参观 (2) "创业与企业家精神"公开课 (3) 圆桌论坛
创业团队 (企业参访)	4	科创中心	(1) 企业参访 (2) "创业团队"公开课 (3) 圆桌论坛
创业机会 (理论学习)	2	教室	(1) 创业机会 (2) 创业机会的来源
创业机会 (企业参访)	4	1969文创园	(1) 1969文创园调研 (2) "创业机会"公开课 (3) 圆桌论坛
创业机会 (项目实践)	2	路演厅	分享创业机会
商业模式 (理论学习)	2	教室	(1) 商业模式概述 (2) 商业模式画布
商业模式 (企业参访)	4	金岭科技园	(1) 企业参观 (2) "商业模式"公开课 (3) 圆桌论坛
商业模式 (项目实践)	2	路演厅	(1) 构建项目商业模式画布 (2) 商业模式路演展示
商业计划书 (理论学习)	2	教室	(1) 商业计划书 (2) 如何撰写商业计划书
路演与答辩 (项目实践)	4	路演厅	学生模拟创业项目联合答辩

江西理工大学的"大学生创新创业基础"实践课程坚持"以学生发展为中心,知识学习为基础,能力培养为核心,价值塑造为灵魂"的教学目标,一是通过创业实践训练,让学生学习掌握创业团队、创业机会、创业资源、商业模式和创业计划等创业知识;二是通过实践教学提升学生识别创业机会,设计商业模式和制定创业计划的能力;三是引导大学生扎根中国大地,体察国情民意,树立家国情怀,培养敢于创新、大胆尝试、宽容失败、百折不挠、责任担当的创业精神,激发大学生的创新思维、创业梦想。

江西理工大学的"大学生创新创业基础"实践课程教学始终贯彻"做中学,学中做,学做结合,重在实践"的教学理念,构建了"理论学习+企业参访+项目实践"三位一体的教学内容体系。一是理论学习,主要涵盖了创新创业基本概念、创业团队、创业机会、商业模式和创业计划书等理论知识。二是企业参访,与赣州经开区合作,设计了四期走进企业和创业孵化平台的实践活动,围绕"创业与企业家精神、创业团队、创业机会和商业模式"4个主题,开展企业参访、企业家授课、圆桌论坛、企业家与学生交流互动等活动,带领学生们感受真实的创业场景,全方位触达创业的真实面。三是项目实践,每一个团队要针对企业参访和市场调查,基于市场需求,挖掘一个创业项目,构建一个创业产品,描述其产品形态,评估其商业价值,构建其商业模式,制定未来发展规划,设计股权结构,最后提交商业计划书和进行路演答辩,使学生团队通过一个完整的创业项目模拟创业。

课程秉持"做中学,学中做,学做结合,重在实践"的教学理念,实行分组教学,植入大量工作坊、企业参访、圆桌论坛、市场调查和创业路演等实践环节。课程教学方法主要包括案例教学法、工作坊教学法、团队教学法、项目教学法和企业参访教学法。

课程构建了"教师评价团队+团队评价学生"的课程学习评价方式。教师评价团队从3个方面出发:一是团队在企业参访中的表现及实践报告的评价;二是教师在课堂上对团队学习的过程评价;三是团队在路演答辩中的表现和商业计划书的评价。团队评价学生就是实行学生团队内部考核，构建团队内部考核机制，实现团队内部的激励与自我约束。课程综合成绩为平时成绩和路演答辩成绩之和，平时成绩占60%，路演答辩成绩占40%。

课程具有以下特色与创新：一是学做融合，构建创新创业实践教学新模式。该课程植入了一系列企业参访、创业分享、学习讨论、市场调研、工作坊等实践活动，构建了"团队+项目"的实践教学模式，建立了基于实践的教学评价体系，具有很强的可操作性和实践性，极大地调动了学生的学习积极性与创造性。二是校地融合，搭建校政企协同育人新平台。通过建立高校、经开区和企业三方协同育人机制，与赣州经开区共同打造大创课走进赣州经开区双创平台活动，以企业参观、企业家授课、圆桌论坛、企业家与学生互动相结合的形式，带领学生们感受真实的创业场景，全方位触达创业公司的真实一面。三是思创融合，构建创新创业价值塑造新路径。通过红色文化资源和考察社会活动，植入红色基因，让学生浸润中国共产党的创新创业历史，引导大学生扎根中国大地，体察社会需求，服务社会大众，把价值观塑造融入课程教学全过程，塑造学生正确的思想价值观。

第五章　创新创业竞赛

　　开展创新创业大赛是推动创新创业教育的一种重要方式，世界上很多国家都通过创新创业大赛的方式来促进创新创业教育的开展。中国"互联网+"大学生创新创业大赛是教育部与有关部委共同主办，被誉为"总书记亲自关心，总理直接倡议，副总理每年出席"的全国最高规格的学科竞赛，大赛成绩已经被作为学科评估和双一流建设的指标体系的内容之一。大赛旨在促进我国创新创业教育的开展，全面提高创新创业人才培养质量，增强大学生创新精神、创造意识和创业能力，推动学校科技成果转化，展示创新创业教育成果，以创新引领创业、创业带动就业，推动高校毕业生更高质量创业就业。

一、创新创业大赛的目的

1. 以赛促学，培养创新创业生力军

　　以创新创业大赛为实践平台，给各个专业的学生提供学习交流机会，培养具有更高创新创业能力和跨界整合能力、较强团队合作精神、扎实理论基础、良好表达能力和逻辑思维能力、坚忍毅力和抗挫折能力的高层次人才。因此，通过大学生创新创业大赛，构建新发展格局，实现高水平自立自强，激发学生的创新精神，提高学生自主创业的信心，使学生在创新创业中积累市场经验和创业能力，努力追求自己的理想，将理想融入建设社会主义现代化的新征程上，成为具有创新精神和开拓精神的高素质人才。

2. 以赛促改，探索人才培养改革新途径

通过大学生创新创业大赛，带动各类高校"双创型"人才培养体系的改革，加强创新创业教育的有效性，探索创新人才培养的新途径。在"互联网+"等一系列创新创业大赛的基础上，引导高校对创新创业教育课程体系、管理制度、团队教学、项目教学等方面进行改革，加强创新创业知识与实践训练并行的教学方法，切实提升创新创业教育的实用性，激发大学生的创新思维，提高大学生的创业能力。此外，创新创业大赛的举办既能展现高校开展创新创业教育的阶段性成果，又能推动高校全面深化创新创业教育改革，构建创新创业素质教育发展新格局，形成新的人才培养质量观和质量标准。

3. 以赛促创，搭建产教融合新平台

创新创业大赛是汇聚各方创新创业教育资源的实践平台，通过展示项目成果，专家及导师提供经营思路，投资人提供融资渠道，将项目成果与企业技术资源紧密对接，最终实现成果转化与孵化。因此，通过大学生创新创业大赛，能够促进人才、资金、技术、市场加速整合，把高校教育融入经济社会产业发展，推动互联网、大数据、人工智能等领域的成果转化，深化产学研用协同合作，促进教育链、人才链、产业链和创新链的有机衔接，搭建产教融合的人才培养新平台，推进就业从业到创新创业的转化，以创新引领创业、以创业带动就业，努力形成高校毕业生更高质量创业就业的新局面。

二、创新创业大赛的意义

随着时代的不断发展与变化，特别是数字经济的快速发展，社会对人才的需求已经从知识型人才转变为知识能力素质并重的实践型人才。大学生是国家未来创新发展的主力军，大学生的创新创业能力对国家创新驱动发展战略具有重要意义。因此，党和国家对大学生创新创业能力寄予厚望，鼓励大学生积极投身到创新创业中去。创新创业

大赛可以使学生积累市场经验，提高创业意识；全面培养和提升大学生的综合素质；促进大学生成长成才，为将来的职业发展打下坚实的基础。

1. 使学生积累市场经验，提高创业意识

2015年，国家首届"互联网+"大学生创新创业大赛顺利开展，并吸引了全国各类高校的高度关注。时任国务院总理李克强发表重要批示：大学生作为实施创新驱动发展战略和推动大众创业的首要目标，以及万众创新的生力军，不仅要认真学习，掌握更多的理论知识，更要投身创新创业实践模式当中，提高自身的实践能力及创业意识。这一重要批示使得各高校积极着手探索改革教育模式，不仅在人才培养的课程教学中融入了创新创业知识理论，同时也由传统的知识传授型向培养双创型人才的理念转变。

首先，创新创业大赛强调理论知识与实践能力的综合运用，大学生在校期间更多的是获取理论知识，较为缺乏实践经验，因此开展创新创业大赛可以让学生在上学期间就有机会参与实践。创新创业大赛就是一种实践训练模式，在创新创业大赛上，通过展示创业项目，由专家评委提供专业的理论指导和市场经验，能够使参赛大学生完善自己的创业项目成果，积累丰富的市场经验。

其次，开展创新创业大赛能够提高学生的创业意识。通过参加比赛、分析获奖作品、了解行业的最新发展动态和发展趋势，学生对产业发展和市场需求能有更深层次的了解，从而萌生创业意识。在知晓创业所面临的风险与挑战、了解政府对大学生创业的扶持政策后，依据自身条件，大学生可自主进行创业或是就业。因此，开展创新创业大赛能够提高大学生的创业意识。

2. 全面培养和提升大学生的综合素质

(1) 提升并检验大学生的学习能力。创新创业大赛要求参赛项目要聚焦于产品，要有实践性、创新性、落地性，文本与路演有很强的逻辑性，要求团队成员不仅懂得专业知识，还要有很强的商业知识；不仅要求团队成员能说，也要能写，更要能辩。这都对团队的学习能力提出了极高的要求。此外，创新创业大赛所要求的学习能力是传统的学习方式所不可能达到的。参加创新创业大赛的学生不仅要对学科理论知识有一定的基本把握，还要探索学科知识的前沿性，同时对所选方案要有一定的前瞻性，要综合考虑项目方案的商业实用性等。因此，创业项目的实施需要团队成员拥有完善的知识体系，同时通过不断学习来不断完善项目，这个过程是学生化被动学习为主动学习的过程。

(2) 了解市场需求，提高职场的适应能力。通过参加大学生创新创业大赛，可以进一步了解什么是创新、什么是创业、什么是一个创业团队的精神和价值观，有了这样的认知，将来不管从事怎样的职业，都会更好地融入团队、更好地理解团队。参加创新创业大赛，学生需要了解所学专业的市场变化规律和行业发展动态，能尽早地进行职业生涯规划，以适应和跟随社会发展的趋势。此外，学生在参赛的过程中既可以接受来自评委老师的经验指导，也可以向评委老师学习，提高自己的职业认知和规划发展能力，从而进行针对性的学习和训练，提前适应职场。

(3) 培养和提升大学生的团队合作和沟通能力。参与创新创业大赛是一个团队合作的过程。在这个过程中，团队成员团结合作，通过多角度的沟通表达自己的看法，同时吸纳团队其他成员较好的想法。此外，团队成员可能来自不同的专业，擅长不同的领域，有人擅长计算机编程，能够将团队的项目成果很好地通过网站的形式展现；有人更具商业头脑，擅长运营项目，能够使项目更快实现融资。因此，通过创新创业大赛的形式将这些各有所长的大学生汇聚起来，共同合作完成一个项目，在交流沟通中选择最优的方案，在团队合作中不断提升自己。

(4) 培养大学生跨界资源整合能力。一方面，项目团队最好是一支跨专业的团队，各个成员能够进行优势互补，能够交叉性、多角度地探讨问题，通过学科交叉与融合的方式，将跨专业的知识整合，为项目奠定坚实和全面的理论基础。另一方面，撰写商业计划书时要分析行业背景和市场竞争力，这些信息资源属于跨界资源，需要参赛者进行市场调研分析，将跨界信息资源进行整合，整理出优秀的商业计划书。

3. 促进大学生成长成才，为将来的职业发展打下坚实的基础

首先，参与创新创业可以提高学生的精神素质。创新创业是中华民族创造力、奋斗精神、团结精神和梦想的具体体现。参与创新创业，能够培养在不利环境下克服困难的智慧和耐力，培养学生创新、独立、有毅力、乐观和负责任的优秀品质，帮助他们形成正确的职业观，有助于提高学生的整体思想道德素质。

其次，创新创业可以优化大学生的知识结构。随着知识经济的快速发展，创业者不仅需要良好的创业精神和技能，还需要丰富的商业知识，其中不仅包括专业知识，还包括企业管理知识、市场经济知识等，大学生可以学习系统的商业知识，为实现职业理想做出努力。

然后，创新创业有助于学生在实践中求真，增长才智，拓宽视野。许多商业比赛都是全国性的比赛，学生在参与过程中可以接触平时无法交流的东西，拓宽视野，提高审美能力。此外，与他人相比，学生可以更好地发掘自己的优势，发现自己的不足。

最后，创新创业可以帮助学生更好实现人生价值。创新创业实践可以帮助大学生塑造自信自主的创业精神，培养他们面对困难的勇气和创新创业精神，帮助大学生实现人生价值。对于大学生来说，创新创业大赛能够将课本知识转化为实践，不仅可以在比赛过程中获得满足和自我确认，还可以实现自己的创新创业梦想，使自身的价值得到社会的认可，为整个社会的发展做出应有的贡献。

参与创新创业竞赛，不仅要准备材料，还要通过新媒体、视频等手段，对创新项目所需的项目计划、方案、成果和经验进行总结和展

示。创新创业竞赛对于培养学生的综合技能和基本专业技能非常重要，因此要鼓励学生积极参与创新创业大赛。在学校的创新创业课程中，学生可以将自己的想法付诸实践，在实践中拓展自己的创新知识，为未来就业奠定基础。

三、国外创新创业大赛

(一) 美国大学生创业竞赛

1. 美国大学生创业竞赛的发展历史

美国创业教育始于20世纪五六十年代，创业竞赛是创业教育的重要组成部分。创业竞赛的组织有助于高校建立校际合作，也为学生提供了良好的资源和平台，并促进了许多优秀企业的出现和发展。1973年，国际大学生企业家联盟组织第一次创业大赛。1984年，百森商学院和得克萨斯大学奥斯汀分校联合举办第一次商业计划竞赛。从那时起，创业竞赛在美国蓬勃发展。2000年，美国举办了四五十场创业比赛，比赛规模逐渐扩大。如今，美国已经为学生举办了大量的不同规模的创业竞赛。美国的创业大赛以完善的竞赛体系、成熟的支持体系和广泛的赞助商网络而闻名，共同塑造了美国企业在世界上的领先地位。美国最大的15个创业大赛及其所属院校如表5-1所示。

表5-1 美国创业大赛及其所属院校

创业大赛	所属院校
莱斯大学商业计划	莱斯大学
麻省理工学院10万美金创业大赛	麻省理工学院
麻省理工学院清洁能源大奖赛	麻省理工学院
哈佛商学院商业计划竞赛	哈佛大学
投资实验室创业大赛(Moot corp全球创业大赛)	得克萨斯大学奥斯汀分校
创业挑战赛	芝加哥大学
沃顿商业计划竞赛	宾夕法尼亚大学
加州大学伯克利分校商业计划竞赛	加州大学伯克利分校

(续表)

创业大赛	所属院校
杜克大学创业挑战赛	杜克大学
达特茅斯创业网络商业计划竞赛	达特茅斯学院
McGinnis创业大赛	卡内基梅隆大学
创业冠军赛	俄勒冈大学
纽约大学斯特恩商学院创新创业和社会创业大赛	纽约大学
塔夫斯10万美金商业计划竞赛	塔夫斯大学
伯顿·D.摩根商业计划竞赛	普渡大学

2. 美国创业大赛的模式

（1）按照竞赛目标定位，创业大赛可分为选拔模式和培养模式两种。

选拔模式是指以企业孵化为出发点，通过集中竞赛的方式在全部参赛队伍中挑选最具创意和价值的团队。选拔模式的创业大赛利用学校的校内资源，加之丰厚奖励的支持、专业咨询公司的咨询建议和广泛的宣传，实现团队项目商业化落地。莱斯大学商业计划竞赛就属于选拔模式。该竞赛号称拥有最高奖金、最大评审团和最有力的执行团队。该竞赛持续三天，旨在模拟创业者募资的真实过程。参赛者将面对170多个成熟的风险投资家和成功创业者，这些评委以风险投资者的眼光选择最有潜力的商业计划。

培养模式是指竞赛作为一种理论实践，以创业竞赛的形式让学生学习团队精神和商业技术。哈佛商学院商业计划竞赛就属于培养模式。该竞赛旨在为学生提供全面的学习体验。虽然参与商业计划必须反映真实的市场机会，但获胜者没有义务实施商业计划。最重要的是，参与者在团队合作、辅导和向评委提交计划的整个过程中了解了业务流程。比赛的主要特点有三个：一是培养学生制订和评估商业计划的过程；二是培养学生在未来的职业发展中寻找和利用商业机会；三是哈佛拥有的独特资源和它所服务的社区相结合。因此，哈佛商业计划竞赛的主要目标是教育和激励学生获得创业意识和技能，这是一种商业教育方式。

(2) 按照指向学生的覆盖范围，创业大赛可分为聚焦模式和磁石模式两种。

聚焦模式创业大赛是指以学科建设为目标，培养创新创业专业的师资力量和创业人才。该模式的开展主要以商学院或商学院的创业教育中心为主。聚焦模式创业大赛是商学院或管理学院创业教育的实践课堂，特别是MBA学生的创业演练场与实验室。该模式的代表是纽约大学斯特恩商学院创新创业大赛和社会创业大赛，这两项竞赛都要求参赛队伍中必须包含一名斯特恩商学院学生或校友。芝加哥大学创业挑战赛也明确要求参赛队伍中必须包含一名芝加哥大学布斯商学院学生。连号称商业计划竞赛"世界杯"的Moot Corp全球创业大赛在更名为投资实验室创业大赛时，也将自己的使命定位为"MBA的全球投资论坛"。聚焦模式以商学院专业创业教育为焦点，所以一般要求团队中包含一名商学院学生，虽然聚焦模式创业大赛也鼓励多专业合作，但其目标是培养商学院学生的团队合作和跨专业交流能力。

磁石模式创业大赛以提升创业者的创业意愿与创业能力为目标。创业大赛的组织和管理依托于商学院下属创业中心或学生社团，面向学校所有专业，通过专业、学科之间的互补，提高团队管理经验与技术优势。磁石模式创业大赛开放性强，受众广泛，可充分利用学校各种资源，容易形成优势互补，如加州大学伯克利分校商业计划竞赛、达特茅斯创业网络商业计划竞赛、麻省理工学院10万美金创业大赛都是磁石模式的代表。加州大学伯克利分校商业计划竞赛面向全校学生，提供将伯克利最优秀的研究与科技创意转化为商业成果的平台，每年都有参赛者递交基于最新科技成果的商业计划。

(二) 新加坡创业大赛

相对于欧美国家，新加坡创新创业教育起步较晚，但发展之快举世瞩目。新加坡政府高度重视创新创业教育，并于1998年制订了"全国创新行动计划"，后来逐渐形成了一套完备的教育体系。新加坡国立大学创业中心在校园内开展了广泛的创业推广活动，举办了各类创业大赛，其中影响力最广泛的是"Start-Up@Singaporer商业计划竞赛"以及星展基金会与新加坡国立大学联办的"亚洲社会企业挑战赛"。

1. Start-Up@Singaporer 商业计划竞赛

Start-Up@Singaporer商业计划竞赛在新加坡有极高的认可度，评委大多是全球优秀的企业家、创业导师和风险投资者。该竞赛的内容会随着市场需求与企业经营过程中的问题导向进行更新，创业者可以通过比赛真正了解市场，学习解决问题的能力。每个参赛选手在初赛时，通过该项目的一个电子资源平台获得竞赛指导与培训；进入半决赛以后，则会有专业的导师对其进行创业方案的指导，同时还能有机会向真正的企业家与天使投资者推销自己的商业计划，获得有针对性的反馈，甚至是实际的投资。比赛为前三名分别提供了2万新元、1万新元和7千新元的奖励。

2. 亚洲社会企业挑战赛

亚洲社会企业挑战赛是由新加坡国立大学与星展基金会联合举办的面向社会企业的竞赛。星展基金会是星展银行设立的亚洲唯一一个以推动社会企业发展为目标的基金会，致力于创建一个更加融合的社会，帮助弱势群体发挥所长，获得更美好生活的机会。该竞赛周期为5个月，竞赛评判标准为关于市场定位方面的价值主张、项目潜力、可行经济模式以及企业领导能力。

比赛期间，挑战者可以在亚洲各地通过参加工作坊以获取经验丰富的业内人士的支持与指导，并有机会到新加坡接受专家的培训与辅导。该比赛不限年龄、国籍及参赛人数，只要有想法，哪怕是已开展相关行动并已在亚洲某一地区有社会影响的机构或团队都可参加。该比赛联合国立新加坡大学这一亚洲最优质的高校创业中心和星展基金会这一成熟的创业扶持平台，为初创企业家提供可靠的学习平台、有益的人脉等各方面支持,以解决亚洲初创企业面临的社会问题。

四、"互联网+"创新创业大赛

(一)"互联网+"创新创业大赛背景

为贯彻落实《国务院办公厅关于深化高等学校创新创业教育改革的实施意见》(国办发〔2015〕36号),全面推动高校的创新创业教育改革,进一步激发高校学生创新创业热情,展示高校创新创业教育成果,搭建大学生创新创业项目与社会投资对接平台,自2015年起,每年3月至11月都会举办中国"互联网+"大学生创新创业大赛(以下简称"互联网+"创新创业大赛)。

"互联网+"创新创业大赛已成为我国深化创新创业教育改革、推动高校创新创业人才培养的重要平台,已经成为覆盖全国所有高校、面向全体大学生、影响最大的大赛。大赛以提高人才培养质量为核心,坚持以赛促学、以赛促教、以赛促创,推动课堂教学与实践训练相结合,搭建学生创新创业竞技、对话和体验的平台,促进创新创业成果转化,激发学生创新创业热情,营造良好创新创业氛围。

创新是一个国家兴旺发达的不竭动力,因此我国政府的高度重视创新。国务院办公厅关于高等学校创新创业教育改革提出总体目标:"自2015年起全面深化改革,到2020年建立健全的高校创新创业教育体系。"2018年,《国务院关于推动创新创业高质量发展打造"双创"升级版的意见》指出,要进一步优化创新创业格局。在"大众创业,万众创新"的社会背景下,中国国际"互联网+"大学生创新创业大赛应运而生,自2015年启动以来,被企业界誉为"全球最大最好的路演平台"。从第三届大赛正式设置国际赛道,到第七届大赛完美闭幕以来,有来自国外五大洲1263所学校的5531个项目、15611人报名参赛,包括牛津大学、剑桥大学、哈佛大学、斯坦福大学、麻省理工学院等世界顶尖名校在内的世界前100强的大学。在每年总决赛期间举办的国际交流会上，各国高校代表畅谈创新创业教育改革、共商高等教育合作发展，有效扩大了我国高等教育的国际影响力，为世界提供了中国方案。大赛根据新形势的要求，把创新创业教育打造成国际高等教育新高地，为建设创新型国家提供源源不断的人才智力支撑，为建设新时代中国特色、世界水平高等教育做出了新典范。

创新是社会进步的灵魂，创业是推动经济社会发展、改善民生的重要途径。习近平总书记指出，全社会都要重视和支持青年创新创业，积极主动提供更有利的条件。"互联网+"创新创业大赛给全国青年学生上了一堂最大的创新创业课，深入革命老区、贫困地区和城乡社区，深度与社会实践相融合。大赛重点考察项目在创业带动就业方面的情况和前景，使大学生创业更多地关注社会就业问题，提升社会责任感和担当精神，想社会之所想，创社会之所需。大赛提前为社会培养具备基本创新创业能力的大学生，持续引领高校人才培养范式变革，为社会不断注入青春的创新活力，推动新时代发展潮流一往无前。

显然，"互联网+"创新创业大赛是高等教育改革的突破口，可以促进高校创新创业教育体系和创业环境的构建，进一步加快创新创业学院、创业孵化基地等配套机制的完善与构建。通过"互联网+"创新创业大赛，各高校的诸多智力资源也有了快速、高效服务于社会的路径与渠道，最终形成良好的创新教育环境。大赛对各参赛高校创新创业教育本身的发展转型也具有直接促进意义，有利于提升高校整体的知名度，为其吸引更多优秀的学子，加强了与其他优质高校和社会的直接联系，提高了高校自身在新时代中的竞争力。

(二)"互联网+"创新创业大赛赛道

"互联网+"创新创业大赛赛道演化如图5-1所示。

图5-1 "互联网+"创新创业大赛赛道演化

  第一届"互联网+"创新创业大赛以"'互联网+'成就梦想，创新创业开辟未来"为主题，由教育部与有关部委和吉林省人民政府共同主办。大赛旨在深化高等教育综合改革，激发大学生的创造力，培养造就"大众创业、万众创新"的生力军。第二届"互联网+"创新创业大赛将主赛道的"创意组、实践组"修改为"创意组、初创组和成长组"。第三届"互联网+"创新创业大赛新设"青年红色筑梦之旅"活动，并得到了习近平总书记的肯定与回信。第四届"互联网+"创新创业大赛增设"青年红色筑梦之旅"(以下简称"红旅")赛道与国际赛道，金奖数量迎来第一次较大幅度扩容。第五届"互联网+"创新创业大赛在高教主赛道中增设"师生共创组"，助力高校科技成果转化，同时红旅赛道新增"公益组"，推动了近几年大学生公益类创业项目的井喷式发展。第六届"互联网+"创新创业大赛正式更名为"中国国际'互联网+'创新创业大赛"，国际赛道并入主赛道。第七届"互联网+"创新创业大赛最重要的变化是新增了"产业命题赛道"，鼓励企业张榜命题，高校揭榜挂帅，助推产学研深度融合发展，同时金奖数量迎来第二次较大幅度扩容，参赛热度、覆盖范围、赛事影响力都达到新高。第八届"互联网+"创新创业大赛强调回归教育，提升评审中教育分值的占比，加大教育领域评审专家的比例；全力维护大赛的真实性、公平性，特别是在参赛人员、专利、协议、税收等方面实行全面的联网核查；回归学生主体，纠正"学生不够，教师来凑"的现象，提升本科生的入围的比例，取消师生共创组，本科生指标继续加大；回归创新，首次以"新工科，新医科，新农科，新文科"统领整体项目分类，而且项目的子分类更加丰富。

本科高校主要参加"互联网+"创新创业大赛的主赛道、红旅赛道和产业赛道，每个赛道内设置若干组别，组别设置和参赛对象要求每年根据"教育部关于举办中国国际'互联网+'创新创业大赛的通知"对外发布。"互联网+"创新创业大赛赛道与级别如图5-2所示。

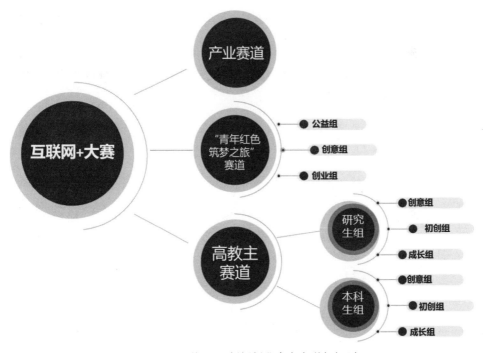

图5-2 "互联网+"创新创业大赛赛道与级别

1. 高教主赛道

根据参赛申报人所处学习阶段，项目分为本科生组、研究生组；根据所处创业阶段，本科生组和研究生组均内设创意组、初创组、成长组，并按照新工科、新医科、新农科、新文科设置参赛项目类型。

具体参赛条件如下所述。

1) **本科生组**

(1) 创意组。参赛项目具有较好的创意和较为成型的产品原型或服务模式，在大赛通知下发之日前尚未完成工商等各类登记注册。参赛申报人须为项目负责人，项目负责人及成员均须为普通高等学校全日制在校本专科生(不含在职教育)。学校科技成果转化项目不能参加本组比赛(科技成果的完成人、所有人中参赛申报人排名第一的除外)。

(2) 初创组。参赛项目工商等各类登记注册未满3年。参赛申报人须为项目负责人且为参赛企业法定代表人，须为普通高等学校全日制在校本专科生(不含在职教育)，或毕业5年以内的全日制本专科学生。企业法定代表人在大赛通知发布之日后进行变更的不予认可。项目的股权结构中，企业法定代表人的股权不得少于1/3，参赛团队成员股权合计不得少于51%。

(3) 成长组。参赛项目工商等各类登记注册3年以上。参赛申报人须为项目负责人且为参赛企业法定代表人，须为普通高等学校全日制在校本专科生(不含在职教育)，或毕业5年以内的全日制本专科学生。企业法定代表人在大赛通知发布之日后进行变更的不予认可。项目的股权结构中，企业法定代表人的股权不得少于10%，参赛团队成员股权合计不得少于1/3。

2) **研究生组**

(1) 创意组。参赛项目具有较好的创意和较为成型的产品原型或服务模式，在大赛通知下发之日前尚未完成工商等各类登记注册。参赛申报人须为项目负责人，须为普通高等学校全日制在校研究生。项目成员须为普通高等学校全日制在校研究生或本专科生(不含在职教育)。学校科技成果转化项目不能参加本组比赛(科技成果的完成人、所有人中参赛申报人排名第一的除外)。

(2) 初创组。参赛项目工商等各类登记注册未满3年。参赛申报人须为项目负责人且为参赛企业法定代表人，须为普通高等学校全日在校研究生，或毕业5年以内的全日制研究生学历学生。企业法定代表人在大赛通知发布之日后进行变更的不予认可。项目的股权结构中，企业法定代表人的股权不得少于1/3，参赛团队成员股权合计不得少于51%。

(3) 成长组。参赛项目工商等各类登记注册3年以上。参赛申报人须为项目负责人且为参赛企业法定代表人，须为普通高等学校全日制在校研究生，或毕业5年以内的全日制研究生学历学生。企业法定代表人在大赛通知发布之日后进行变更的不予认可。项目的股权结构中，企业法定代表人的股权不得少于10%，参赛团队成员股权合计不得少于1/3。

2. "青年红色筑梦之旅"赛道

参加"青年红色筑梦之旅"赛道的项目，须为参加"青年红色筑梦之旅"活动的项目。根据项目性质和特点，"青年红色筑梦之旅"赛道的项目分为公益组、创意组、创业组。

(1) 公益组。参赛项目不以营利为目标，积极弘扬公益精神，在公益服务领域具有较好的创意、产品或服务模式的创业计划和实践。参赛申报主体为独立的公益项目或社会组织，注册或未注册成立公益机构(或社会组织)的项目均可参赛。

(2) 创意组。参赛项目基于专业和学科背景或相关资源，解决农业农村和城乡社区发展面临的主要问题，助力乡村振兴和社区治理，推动经济价值和社会价值的共同发展。参赛项目在大赛通知下发之日前尚未完成工商等各类登记注册。

(3) 创业组。参赛项目以商业手段解决农业农村和城乡社区发展面临的主要问题、助力乡村振兴和社区治理，实现经济价值和社会价值的共同发展，推动共同富裕。参赛项目在大赛通知下发之日前已完成工商等各类登记注册，项目负责人须为法定代表人。项目的股权结构中，企业法定代表人的股权不得少于10%，参赛成员股权合计不得少于1/3。

3. 产业赛道

产业赛道按照"企业出题、高校揭榜、学生答题"的思路进行设计。针对企业行业技术与管理创新需求,面向产业代表性企业、行业龙头企业、专精特新企业以及入选国家"大众创业万众创新示范基地"的大型企业征集命题。聚焦国家"十四五"规划战略新兴产业方向,倡导新技术、新产品、新业态、新模式。命题征集主要面向新工科、新农科、新文科、新医科对应行业产业领域。企业申报的命题须源于真实需求,健康合法,弘扬正能量,知识产权清晰,无任何不良信息,无侵权违法等行为。产业命题由企业向大赛组委会进行申报,大赛组委会统一对产业命题进行评审遴选后,面向高校师生公开发布[1]。

产业赛道以团队为单位报名参赛,每支参赛团队只能选择一题参加比赛,允许跨校组建、师生共同组建参赛团队,每个团队的成员不少于3人,不多于15人(含团队负责人),须为揭榜答题的实际核心成员。项目负责人须为普通高等学校全日制在校生(包括本专科生、研究生,不含在职教育),或毕业5年以内的全日制学生。参赛项目中的教师须为高校教师。参赛团队所提交的命题对策须符合所答企业命题要求。参赛团队须对提交的应答材料拥有自主知识产权,不得侵犯他人知识产权或物权。所有参赛材料和现场答辩原则上使用中文或英文,如有其他语言需求,请联系大赛组委会。

(三)"互联网+"创新创业大赛项目特征

根据历届大赛情况,有潜力获奖的项目通常有如下特征。

一是教师的重大科研项目,且有学生或毕业5年内的校友参与,兼具前沿性和应用性,具有明确的市场应用场景,能够解决行业与市场迫切需要解决的关键问题,能够或已经形成产品或服务模式。

二是教师指导学生完成的科技创新成果,具有明确的市场应用场

---

[1] 教育部关于举办第九届中国"互联网+"大学生创新创业大赛的通知。

景和目标群体，与行业竞品相比具有领先优势，师生所在团队具有良好的技术储备，拥有多项知识产权。鼓励博士生、硕士生作为项目申报人。

三是学生为主进行的科技创新项目，且正在申请或已经授权发明专利，学生作为专利第一发明人，项目具有成型的产品原型或服务模式。

四是毕业5年内的校友创业公司，具有精准的目标市场且市场容量较大，并具有市场扩展性，具有合适的发展计划及丰富的市场资源，商业模式清晰完整，未来5年具有高速成长潜力。

五是以社会价值为导向的公益项目，在公益服务领域具有完备的产品或服务模式，在推进革命老区、贫困地区、城乡社区经济社会发展具有实效性和可持续性。

六是以商业手段解决革命老区、贫困地区、城乡社区发展的关键问题，兼具经济价值和社会价值，前期具有较好工作成果，覆盖人群或地区范围较大，且具有持续增加的潜力。

大赛金奖项目介绍

案例1：高能效工业边缘AI芯片及应用

参赛学校：清华大学　赛道：高教主赛道，师生共创组

1. 公司简介

湃方科技成立于2018年9月，作为赋能工业智联革命的高科技领军企业，拥有全球领先的人工智能芯片技术和行业领先的人工智能算法技术，致力于推动传统工业设备的智能化升级价值闭环，为设备制造商、设备使用商和设备代理商客户提供跨品类、全栈式的设备管理智能物联网解决方案，支持泵机、电机、压缩机等多种设备品类，在石油、石化、钢铁、电力、冶金、水泥、汽车制造等诸多行业已服务超过100家国内外知名企业。

2. 公司成就

湃方科技的核心团队既有来自清华大学、中科院的博士、硕士，又有来自阿里巴巴、谷歌、中国石油、中科曙光等相关领域的从业者。湃方科技作为行业领先的人工智能全栈式服务商，是天津市科技局授予的"首批十家瞪羚企业卓越创新奖企业"，并荣获机器之心"2019年度中国十大最具潜力早期AI公司"和36Kr创业星物种"新科技公司年度第一名"。湃方科技的人工智能芯片技术曾获2019年ISLPED国际低功耗设计竞赛第一名，两项低功耗人工智能芯片技术成果入选"芯片奥林匹克"国际固态电路设计大会ISSCC2020。

3. 公司业务

湃方科技从芯片做起，具备自主可控的底层硬件架构，并基于架构做了存算一体的工作，保证了工业人工智能算法和硬件的最佳匹配，解决了传统阈值分析监测率低的弊病，目前已自主研发了湃方星核(全球领先的边缘AI芯片)、湃方星象(一站式工业智能算法管理)、湃方星尘(多维工业智能物联平台)、湃方星云(设备智能管理服务平台)四位一体的产品矩阵，主要针对旋转类设备的预测性维护，以实现生产运营的提质、降本、增效、控险，目前以上产品已经量产并形成销售。以泵机、电机、压缩机和风机为代表的典型旋转类设备每年可以达到万亿的销售规模，对于存量市场，仅石油、石化、电力、煤炭和轨道交通这几大行业设备维护的费用就在万亿级别，而具备预测性维护功能的设备占比不足5%，未来有极大的提升空间。

4. 公司前景

湃方科技目前已设立湃方北京、庞湃智能、湃方成都等分支机构，先后与很多企业，如中国石油、中国石化、中国海油、华为、浪潮、英伟达、双轮泵业、佳木斯电机、新加坡Winston集团等建立了合作关系，未来湃方科技将携手全球更多合作伙伴共建设备智能化新生态。

案例2：洪宇——涉罪未成年人一站式帮教服务助力社会治理

参赛学校：江西师范大学　赛道：青年红色筑梦之旅赛道，公益组

1. 项目介绍

江西洪宇社会工作服务社是成立于2010年的民办非企业单位，也是江西省第一家民办社工专业机构。洪宇秉持"用生命影响生命，用青春护航青春"的核心理念，创新建立涉罪未成年人一站式帮教服务——"1943"模式，形成了一套从检察机关批捕到回归社会的涉罪未成年人帮教标准流程和整体服务方案，有效提供司法社会工作一体化全程跟进服务，降低未成年人犯罪率，实现在未成年人增能成长的同时助力社会治理。

2. 项目模式

"1943"模式，即1套资源体系、9项服务内容、4维帮教方法、3重育人机制。"1"即1套资源体系，洪宇率先在全国搭建起"洪宇(社会组织)+检察机关、共青团+企业、基金会等"的"1+2+N"资源体系，整合政府和社会资源，获得了从中央到地方完整的资源保障，为洪宇开展未成年人服务保驾护航。"9"即9项主要服务内容，包括社会调查服务、涉罪未成年人帮教服务、合适成年人服务、刑事和解服务、被害未成年人救助、心理测评及健康管理服务、亲职教育服务、临界预防服务、就业培训。"4"即4维帮教方法(PFSS法)，指从个人、家庭、学校和社会这4个维度提供专业社工服务，对影响未成年人犯罪的内因和外因进行两手抓，标本兼治，助力帮教效果高效、稳定、持续。"3"即3重育人机制，包括一个基地，一套课程，一支队伍。洪宇依托高校共建教学实践基地，搭建培训课程体系，编著专业教材，形成稳定的"专职+兼职+志愿者"的人才结构。

3. 项目成效

2016年，习近平总书记视察了洪宇长期合作治理的南昌市光明社区，肯定了光明社区的治理成效；同年，洪宇荣获由中央综治委、最

高法、最高检、公安部、教育部等13个部委授予的"全国青少年维权岗"荣誉称号(民办唯一);2019年,洪宇荣获最高检未成年人检察工作社会支持体系试点单位(全国仅40家,江西唯一)。多年来,人民网、环球网、江西日报、法治日报、青年网等120多家主流媒体争相报道洪宇的先进典型事迹。截至2020年,洪宇直接帮教涉罪未成年人5318名,其中重返校园及考上大学3082人,帮扶就业和创业1503人;间接帮扶未成年人31万余名,仅2019年创造社会经济价值超过1亿元,帮教对象服务满意程度达100%。通过洪宇帮教,涉罪未成年人起诉率持续下降,以江西为例,由2013年的81%降至2019年的47%,涉罪未成年再犯罪率保持0%,远低于全国3.8%。随着洪宇社会影响力的日益增强,与洪宇合作的组织机构越来越多,目前洪宇模式已实现江西省全覆盖,并推广至河南、浙江、广东、安徽、上海等15个省份及直辖市。

洪宇一直在坚守初心,用生命影响生命,用青春护航青春,赋能未成年人,助推社会治理!

(四)"互联网+"创新创业大赛如何备赛

"互联网+"创新创业大赛包含商业计划书、商业计划书的PPT和项目展示VCR三项必备的材料,同时还要进行现场路演与答辩。三项必备材料是从不同的角度呈现参赛项目的内容,路演与答辩是创业团队与评委面对面地展示创业项目的过程,不同的方式互相支撑,互相印证,全方位地展示项目。

1. 怎样撰写商业计划书

商业计划书(business plan,BP)是分析项目现状,展示项目商业前景的书面材料,不是研究报告,也不是项目策划。商业计划书的撰写要努力做到字字有来历,从薄到厚,从厚到薄。商业计划书可以为创业项目理清思路、提供载体,并为创业项目后续实施和调整提供蓝本,同时也是风险投资的敲门砖。如何制作商业计划书其实没有固定模板,关键在于阐述清楚。

1) 封面

封面是商业计划书的门面，要精心设计，同时兼顾内容的表述，做到"内外兼修"。封面主要包括大赛名称及标志、学校名称及标志、项目名称及标志、项目类别、项目组别、公司名称、联系方式、日期等内容。

2) 执行概要

执行概要是对整个计划书的高度凝练，涵盖整个计划书的要点，主要包括项目背景、产品服务、市场营销、财务融资等内容。

写作建议：站在阅读者的角度撰写，要逻辑清晰、内容简洁、视觉美观，一般控制在3页以内。

3) 公司或项目简介

公司或项目简介主要阐述整个公司或项目的情况，主要包括公司或项目历程、文化、机构、优势、社会认可、产品或服务的内容、核心竞争力、技术壁垒等内容。

写作建议：简洁明了，尽量避免大段文字的叙述。

4) 行业及市场分析

行业及市场分析是对项目运营环境的整体分析，主要包括市场环境分析、市场需求分析、市场竞争分析、市场前景分析等内容。

写作建议：需要明确行业和市场的边界，一定要聚焦，内容要与项目本身息息相关，竞争分析要客观选取对比指标。

5) 市场营销

市场营销主要阐述如何将产品或服务提供给消费者，是整个计划书的重要部分，主要包括目标市场、目标客户、盈利模式、营销策略、运营现状等内容。

写作建议：要精准定位目标客户，区分目标用户与目标客户，确定自己的业务构成及盈利模式，找到适合自己项目的营销策略，多角度阐述运营现状。

6) 公司或团队管理

公司或团队管理介绍主要包括团队建设(核心成员、专家顾问等)、人力资源管理(员工招聘、培训、薪酬、合同等)、发展规划等内容。

写作建议：分条介绍核心成员，突出核心优势，分阶段阐述公司发展规划。

7) 财务融资

财务融资是对项目未来的财务与融资情况进行预测与规划，主要包括融资需求及用途资金应用、财务预测、财务报表、财务指标分析等内容。

写作建议：写出未来1年融资的情况即可，不需要写出未来3～5年的规划；融资用途及要达到的目标一定要具体，财务预测写未来3年即可。

8) 风险管理

风险管理是对整个项目运营过程可能遇到的风险进行分析，并提出相应对策。

写作建议：直接写存在什么风险，对策是什么。

9) 附录

附录主要是针对计划书中提及的一些关键问题提供必要的说明或佐证材料，包括营业执照融资证明、合同、检测报告、知识产权、获奖、媒体报道等相关证明。

2. 怎样制作商业计划书(BP)的PPT

1) 好的PPT的标准

(1) 主题鲜明。好的BP，首页就要表达出鲜明的主题，吸引网评评委的注意力，体现出项目的特色。PPT的第一页，要让评委"一见钟情"，让评委产生看下去的兴趣。

(2) 定位精准。好的BP，一定要定位准确，把握机会，找到细分市场需求，设计客户最需要的关键应用。路演PPT要精准定位细分客户、精准定位核心功能，切忌做功能的罗列。记住，PPT展示的是有力量的观点、精准的观点。

(3) 逻辑清晰。好的BP，一定要有清晰的商业逻辑、业务逻辑与呈现逻辑，创意组一定要将商业模式描述清楚，初创组与成长组要将业务逻辑描述清楚。路演PPT呈现逻辑要清晰，紧密围绕主题，避免出现逻辑的嵌套，在呈现逻辑上，可以借鉴"金字塔原理"来表达。

(4) 内容丰富。好的BP，一定是基于前三点，即鲜明的主题、精准的定位与清晰的逻辑，体现丰富的内容。尤其网评时，创业者是没有机会见到评委的，所以一定要将表达的内容在PPT中充分展现，避免出现一页一句话、一张图的模式。这种模式也许适合现场路演，但不适合网评。

(5) 形式专业。好的BP，一定是在形式上精心设计，包括模板、色系、字体、字号、标点、图表、动画(切忌过多动画)等。呈现形式至关重要，好的形式就如高考时作文的工整字体，会为你加分。相反，作文题目再新颖、内容再精彩、结构再完美，而字迹潦草，作文也得不了高分。

(6) 结尾有力。好的BP，一定要有一个好的结尾。心理学研究发现，人们在看或听报告时，只会记住高潮和结尾部分。在路演PPT中，结尾要精简，强调项目的价值点，或梦想，或愿景。不要将最后一页用"谢谢"来代替，更不要用"感谢聆听"来结尾。

2) PPT的主要内容

(1) 封面内容。

① 项目名称+一句话描述。例如：中云智车——未来商用无人车行业定义者；超集福布师——完全自主可控的中国"强芯器"；邦巍科技——全球高性能结构材料领跑者；窝边优选——全国最大的校园会员制电商平台。这里要注意以下几个事项：一是项目名称尽量不要用公司名称(特别是未注册成立公司的)；二是项目名称要贴切，尽量体

现出项目定位和亮点(避免太过于技术化的题目)，还要体现出项目具有的领先性、独创性；三是项目名称不能过于学术化；四是项目名称不建议有"互联网+"字样。

② 参赛组别、参赛高校、联系信息(公司名称、职务姓名、联系电话)。

(2) 第一部分，介绍背景，为什么做(Why)。

"互联网+"创新创业大赛路演PPT的第一部分包括以下主要内容。

① 项目相关的行业背景、发展趋势、市场规模、政策法规等因素，要具体且有针对性，与项目本身要密切相关，切忌空谈、泛谈。

② 描述在这种市场背景下，发现了什么市场痛点(市场需求机会)，还要进一步简要分析竞争格局和已有产品或服务，表明产品或服务的当前差异化机会。

③ 说明目前正是开展该项目的最佳时机，如说明目前有政策倡导、社会迫切需求等。

在这部分，要多用案例或数据进行说明。

(3) 第二部分，介绍要做什么(What)。

"互联网+"创新创业大赛路演PPT的第二部分要用一两句话讲清楚自己要做什么，并强调特色和亮点，最好能配上简单的产业链上下游图(或产品功能示意图、简要流程图等)，让人一目了然，切忌整页PPT出现大段文字。在这部分，团队成员要发挥专业特长，挖掘创新内涵，不要简单追随投资热点。

(4) 第三部分，介绍如何做以及现状(How)。

"互联网+"创新创业大赛路演PPT的第三部分包括以下主要内容。

① 讲清楚你有什么解决方案，或者什么产品能够解决发现的市场痛点(市场需求或机会点)。也可阐述你的产品或服务是什么，提供了什么功能或服务，要突出独特价值、亮点和优势。

② 说明解决方案或产品有哪些核心竞争力或壁垒。为什么是你能做，而别人不能做？你的核心竞争力是什么？能否形成壁垒？有没有门槛？是否具有科技成果转化背景或拥有有价值的知识产权、准入资质等。

③ 横向竞品分析，即客观真实地选取关键维度进行分析，讲清自己的优势。

④ 明确目标客户，要清晰定位目标用户群，进行市场聚焦和客户细分。

⑤ 明确盈利模式，如业务构成怎样？如何盈利？如果项目处于初期阶段，盈利模式可简述，重点放在产品或服务上，说明对客户确实有价值，并有机会做大、做强。

⑥ 目前发展现状。产品、研发、生产、市场拓展、业务发展、销售等核心环节取得的进展尽量用数据进行总结，并突出变化趋势。

⑦ 项目未来规划。有侧重地分阶段叙述未来规划，包括但不限于研发、生产、市场、销售等。

(5) 第四部分，介绍项目团队(Who)。

"互联网+"创新创业大赛路演PPT的第四部分包括以下主要内容。

① 团队的人员规模、组成、股权结构(说明科技成果的专利权人、发明人与团队的关系)。

② 团队主要成员分工、专业背景和特长，并说明个人能力与岗位的匹配度。

③ 用一句话概括团队的核心竞争力。

(6) 第五部分，介绍财务与融资(How much)。

"互联网+"创新创业路演PPT的第五部分包括以下主要内容。

① 如有以往融资情况，说明融资金额和股权分配。

② 未来6个月或1年的融资计划，如需要多少资金，释放多少股份，资金用途及方向，达到什么预期效果。

③ 未来1～3年的财务预测。

商业计划书和路演PPT的制作要点均为参赛项目要素，但没有统一标准，核心目标是"讲清楚"和"说服力"，内容形式可以多样化。

3. 怎样制作项目展示视频VCR

1) 什么是项目展示视频VCR

项目展示视频(video cassette recorder，VCR)主要通过视频将项目的重点及核心进行罗列展示。相比文字及图片描述，视频更容易吸引评委注意，做好项目展示VCR是一大加分项。

2) 一份优秀的项目展示视频VCR的特征

- 背景干净
- 精简凝练(60～90秒)
- 脚本逻辑清晰
- 突出项目第一优势
- 表达通俗易懂
- 不要拍摄路演视频，不要进行PPT轮播。

3) 怎么制作视频脚本

脚本相当于电影拍摄中的剧本，它将项目的思路、产品、研发过程等信息记录于纸上，可以方便视频拍摄人员了解视频制作的思路，制作出合适的视频。脚本的大致内容包括项目的总体描述、项目展示的逻辑结构、每个点的内容预览、文字内容清单、声音说明清单、动画描述清单、图像内容描述、视频内容描述等。

制作脚本要遵循以下原则：脚本制作一定要目标明确，让制作人明确项目思路和产品，无须太多提示就能够根据脚本拍摄出合适的视频。因此，在脚本中需要明确规定视频需要的文字、图形、动画、声音、视频等内容，并需要明确它们之间的关系和出现的顺序等内容。

4) 如何制作视频

视频制作的方式有两种：一种是请专业视频公司制作，优点是拥有专业的人员和设备，能够将项目的优点更好的具象化展示，缺点则是成本高、打磨时间较长；另一种是自己制作，优点是对项目有更好的把握，能更快地将项目优点提炼出来，缺点就是如果没有一定的相关专业的背景情况下，很容易做出比较"粗糙"的视频。这就不仅不加分还很有可能影响评委对项目的印象。

4. 怎样做好路演[1]

路演是在公众场所进行演说、演示产品、推介理念及向他人推广自己的公司、团体、产品、想法的一种方式。通常情况下，投资人每天看到的商业计划书和接触的项目很多，筛选项目往往只能凭借一些市场份额、盈利水平等硬性指标，很难了解项目的精彩之处，很多优质的企业都因路演不能打动投资人而与成功擦肩而过。

路演就是通过企业代表对自己企业产品、发展规划和融资计划的讲解，让投资人真正读懂企业项目，从而做出更为准确的判断。企业可以通过自己的精辟讲解和投资家之间进行交流，快速对接自己的项目，避免融资弯路。

就"互联网+"创新创业大赛而言，项目路演是比赛最重要的一个环节，路演效果的好坏直接决定比赛成绩。路演答辩通常是8+5分钟，即8分钟路演、5分钟答辩。

创业团队如何在有限的时间让评委理解项目、提升对项目的兴趣度，从而为路演效果加分呢？下面从路演思路设计、路演PPT制作、路演词编写、路演训练4个方面谈谈如何优化路演。

(1) 路演思路设计。路演需要有一条清晰的主线，把项目讲清楚，让投资人或评委在有限的几分钟内了解项目。路演思路应根据项目特点进行个性化的设计，而不是生搬硬套、千篇一律，否则难以脱颖

---

[1] 引自马德富老师"双创之道"公众号的文章《如何做好现场路演准备》。

而出。

(2) 路演PPT制作。一份优质的PPT应该是建立在清晰的逻辑思路的基础上，再按照明确主题、提炼重点、拍摄图片、用数据说话、提升整体效果的步骤不断打磨完善而成。

(3) 路演词编写。一旦PPT每页的主题内容敲定，就需要撰写一份路演词初稿。编写初稿时应注意路演切入方式，PPT之间要选用合适的连接词。在PPT的最后使用一句精彩的广告语，可以起到画龙点睛的作用。

(4) 路演训练。路演效果在很大一部分上取决于路演人的表现，因此对路演人的要求相对较高。确定好路演PPT和路演词后，路演人需要进行反复训练以达到最佳效果，如表达训练、仪表与姿态训练。

5. 怎样做好答辩[1]

答辩是指回答问题或者项目展示之后，评委提出问题或者质疑，参赛者进行解答和辩解的过程。在比赛或评价中，评委可能会根据参赛者的表现和内容提出问题，而参赛者需要通过有条理、有逻辑、清晰易懂的回答来解答评委的疑问，同时也要注意避免回答内容冗长、缺乏重点，或者表达不清晰等问题。

答辩的时间通常小于路演的时间，但其重要性不应被忽视。答辩环节通常是评委对参赛项目进行深入了解的重要环节，也是参赛者展示项目团队能力、专业知识和独特见解的机会。在路演过程中，评委可能会根据项目的展示和PPT内容提出问题或质疑，而参赛者需要在答辩环节中进行解答和辩解。

在答辩环节中，参赛者需要保持冷静、自信，回答问题要直接、准确、有逻辑，同时要注意控制回答的时间和语言的简洁明了。对于一些可能涉及隐私或者商业机密的问题，需要谨慎回答或者婉转回避，避免给自己和团队带来麻烦。

---

[1] 引自马德富老师"双创之道"公众号的文章《如何做好项目现场答辩》。

怎样做好答辩从以下几方面着手。

(1) 认真准备，尤其做好路演资料的准备，如PPT、视频与商业计划书文档等，确保内容能够准确、清晰地呈现。团队可以根据评委可能会提出的问题以及如何回答问题，提前准备好问题库；团队成员之间相互提问，将具体问题和整理成项目问题库。所有答辩人应该熟悉问题库中的问题以及对应的答案。

(2) 合理分工。团队负责人应作为答辩主要负责人，对于能够准确回答的问题，直接由团队负责人回答。如果负责人在某些方面不专业，可以请具体负责的同学回答。

(3) 听清问题。在现场，参赛者很可能紧张，或出现自以为听清问题但实际上没有听清重点的情况。在这种情况下，参赛者要平复心情，一定要向评委确认问题的真正含义，再进行针对性作答。

(4) 回答精准。回答应简洁准确，能够用一句话说清的就不用两句话，避免在答辩过程中说与问题相关性不强的内容。

(5) 自信、自然。对于评委所提出的问题，要有自信，即使有些问题是团队确实没有答案的，也要表达出对评委的感谢，同时说明这个问题是团队一直在思考的，但还没有好的答案，但要避免过于形式化的回答。

(6) 感恩、好学。在创新驱动发展时代，每个团队都要感恩生长在这个伟大的时代，有机会亲历中华民族的伟大复兴，亲身参与中国社会经济发展的伟大进程，要将参与"双创"的激情与经验带入学习和生活中，在日常学习生活和未来工作中践行创新精神，展现"双创"思维。

第六章　创新创业教育实践

先贤曾说："纸上得来终觉浅，绝知此事要躬行。"近代伟大的教育家陶行知说："要在做中去教，在做中去学，教与学都要紧紧围绕做来进行。"他还进一步指出："教而不做等于白教，学而不做等于白学。"这些论断启示我们，教育要重在做，重在实践。创新创业是未知的事情，充满不确定性，因此更强调实践性，倡导在实践过程中锻炼提高大学生的创新创业能力，如碰到产品问题就去学习怎么设计产品、遇到营销问题就去学习怎么营销、碰到市场问题就去学习怎么推广、碰到团队建设问题就去学习怎么管理，等等。

构建创新创业实践平台对于创新创业教育的有效实施至关重要。它不仅提供了一个实践的舞台，促进学生实际操作和实践能力的发展，还培养学生的创新思维、创业意识和职业素养，为他们未来的创新创业之路奠定坚实基础。要搭建好大学生的创新创业实践平台，这些实践平台包括学科竞赛创新平台，工程训练中心和创新创业训练计划。此外，还可以通过开设创新创业实验班，构建创新创业社团和建立大学生创新创业实践学分制，引导大学生积极参与到创新创业教育实践活动中来，提升创新创业能力。

一、构建学科竞赛创新平台

学科竞赛是培养学生创新能力的重要途径，是系统性开展学生能力培养最为重要的教育方式与手段。学科竞赛不仅强调比赛结果，更强调比赛过程；不仅注重局部的创新，更注重系统的创新；既要求个人创新，也要求团队创新；既强调通过竞赛来运用所学理论知识，又强调通过创新实践来加深对理论知识的理解与拓展；既注重对某一学科知识的学习和实践，又注重学科的交叉与融合。浙江大学陆国栋教授认为，学生的大脑不是用来填充知识的容器，而是一支需要被点燃的火把，学科竞赛就是点燃火把的火种。

(一) 学科竞赛的发展

国内学科竞赛起源于1989年由共青团中央、中国科学技术协会、教育部和全国学联组织的"挑战杯"全国大学生课外科技作品竞赛。该赛事是我国大学生课余科技文化活动中的一项全国性重量级的竞赛活动。该竞赛旨在全面展示我国高校的育人成果，引导广大在校学生崇尚科学、追求真知、勤奋学习、迎接挑战、培养跨世纪创新人才[1]。"挑战杯"开展由来已久，早在20世纪90年代，国家就高度关注相关赛事的开展，该赛事秉承"崇尚科学、追求真知、勤奋学习、迎接挑战"的宗旨，吸引了全国各地大学生的参与。

"挑战杯"全国大学生课外学术科技作品竞赛标志着我国大学生学科竞赛模式的全面启动。从1991年到2006年，相继诞生了一系列全国性的学科竞赛，比如1992年诞生的数学建模竞赛，1994年诞生的全国大学生电子设计竞赛，1999年诞生的"挑战杯"中国大学生创业计划大赛，2004年诞生的全国大学生机械创新大赛、2004年诞生的全国大学生程序设计大赛，2006年诞生的"飞思卡尔"杯全国大学生智能汽车竞赛等。

2007年，我国高校学科竞赛模式进入了快速发展阶段。2007年1月，教育部、财政部联合下发的《关于进一步深化本科教学改革全面提高教学质量的若干意见》，要求切实提高人才培养质量，推进人才培养模式和机制改革，着力培养大学生的创新精神和创新能力，重视实践环节，提高大学生的实践能力。学科竞赛作为一种新的人才培养模式和手段，兼具培养创新能力和实践能力的双重作用，得到各层次

---

[1] 刘靖.地方高校创新教育对大学生就业影响的实证研究[D].长沙：湖南农业大学，2012.

高校的高度重视,因此学科竞赛项目出现急剧式增长。据不完全统计,仅2006年至2010年,我国新增全国性学科竞赛数量高达85项[1],如全国大学生节能减排社会实践与科技竞赛、全国大学生工程训练大赛、全国大学生先进图形技能与创新大赛、全国大学生机器人大赛、全国三维数字化创新设计大赛等相继产生。

随着高校学科竞赛的快速发展,各高校参赛热情的持续高涨,特别是在各高校竞赛激励政策作用下,各种竞赛活动层出不穷,数量众多,参赛项目质量参差不齐,部分竞赛的表演化趋势严重,商业意味浓厚,教育功能缺失,片面追求量大面广,内涵乏力。为了进一步规范管理、推动和发挥学科竞赛类活动在教育教学、人才培养等方面的重要作用,中国高等教育学会于2017年2月启动《高校竞赛评估与管理体系研究》项目,对我国高校学科竞赛开展、组织和实施情况进行调研、分析、构建评估体系。2017年12月,第一轮"高校创新人才培养暨学科竞赛排行榜"正式发布,项目组对高校学科竞赛情况和创新人才培养工作情况进行了真实全面的摸底[2]。排行榜的出台为继续和不断提高我国高校创新人才培养能力提供了数据支持、制度规范和方向指引。截至2021年已经发布第五轮,纳入的全部竞赛项目共57项(见表6-1)。

表6-1 2020年全国普通高校大学生竞赛排行榜竞赛项目名单

序号	竞赛名称
1	中国"互联网+"大学生创新创业大赛
2	"挑战杯"全国大学生课外学术科技作品竞赛
3	"挑战杯"中国大学生创业计划大赛
4	ACM-ICPC国际大学生程序设计竞赛
5	全国大学生数学建模竞赛
6	全国大学生电子设计竞赛

---

[1] 陆国栋,陈临强,何钦铭,等.高校学科竞赛评估:思路、方法和探索[J].中国高教研究,2018(2):63-68,74.

[2] 郭伟.学科竞赛评估的实践与创新——访浙江大学机器人研究院常务副院长陆国栋[J].世界教育信息,2018,31(8):52-56.

(续表)

序号	竞赛名称
7	全国大学生化学实验邀请赛
8	全国高等医学院校大学生临床技能竞赛
9	全国大学生机械创新设计大赛
10	全国大学生结构设计竞赛
11	全国大学生广告艺术大赛
12	全国大学生智能汽车竞赛
13	全国大学生交通科技大赛
14	全国大学生电子商务"创新、创意及创业"挑战赛
15	全国大学生节能减排社会实践与科技竞赛
16	全国大学生工程训练综合能力竞赛
17	全国大学生物流设计大赛
18	"外研社杯"全国大学生英语系列赛(英语演讲、英语辩论、英语写作、英语阅读)
19	全国职业院校技能大赛
20	全国大学生创新创业训练计划年会展示
21	全国大学生机器人大赛(RoboMaster、Robocon、RoboTac)
22	"西门子杯"中国智能制造挑战赛
23	全国大学生化工设计竞赛
24	全国大学生先进成图技术与产品信息建模创新大赛
25	中国大学生计算机设计大赛
26	全国大学生市场调查与分析大赛
27	中国大学生服务外包创新创业大赛
28	两岸新锐设计竞赛·华灿奖
29	中国高校计算机大赛[大数据挑战赛、团体程序设计天梯赛、移动应用创新赛、网络技术挑战赛、人工智能创意赛(2020年新纳入)]
30	世界技能大赛
31	世界技能大赛中国选拔赛
32	中国机器人大赛暨Robocup机器人世界杯中国赛
33	全国大学生信息安全竞赛
34	全国周培源大学生力学竞赛
35	中国大学生机械工程创新创意大赛[过程装备实践与创新赛、铸造工艺设计赛、材料热处理创新创业赛、起重机创意赛、智能制造大赛(2020年新纳入)]
36	蓝桥杯全国软件和信息技术专业人才大赛
37	全国大学生金相技能大赛
38	"中国软件杯"大学生软件设计大赛
39	全国大学生光电设计竞赛
40	全国高校数字艺术设计大赛
41	中美青年创客大赛

(续表)

序号	竞赛名称
42	全国大学生地质技能竞赛
43	米兰设计周—中国高校设计学科师生优秀作品展
44	全国大学生集成电路创新创业大赛
45	中国机器人及人工智能大赛
46	全国高校商业精英挑战赛(品牌策划竞赛、会展专业创新创业实践竞赛、国际贸易竞赛、创新创业竞赛)
47	中国好创意暨全国数字艺术设计大赛
48	全国三维数字化创新设计大赛
49	"学创杯"全国大学生创业综合模拟大赛
50	"大唐杯"全国大学生移动通信5G技术大赛
51	全国大学生物理实验竞赛
52	全国高校BIM毕业设计创新大赛
53	RobCom机器人开发者大赛
54	全国大学生生命科学竞赛(CULSC)(生命科学竞赛、生命创新创业大赛)
55	华为ICT大赛
56	全国大学生嵌入式芯片与系统设计竞赛
57	中国高校智能机器人创意大赛

(二) 学科竞赛的作用

1. 有利于培养学生的综合能力

在学生的培养过程中,要做到理论联系实际。验证一个学生在专业领域的学习程度仅仅通过考试是不够的,更要在实践中检验。学科竞赛就是一个很好的实践平台,通过学科竞赛使得学生巩固了理论知识的同时又培养了他们的综合能力。

一是培养大学生创新性思维。不论是综合性竞赛还是专业性竞赛,也不论是组委会命题的方式比赛还是组委会指导性命题方式比赛,都强调创新在竞赛中的运用,即采用了一种新的方法、新的技术或新的路径。获奖作品通常采取了一种新的方法实现了某项新的功能,或解决了过往产品的某个痛点,使产品产生了新的价值,其中就一定有技术的创新,或系统集成创新。在实现这一路径的过程中,要求团队围绕目标不断地去尝试，可能会面临很多失败，但在一次次失败过程中，就会找到好的解决方案，这个过程必定锻炼学生的创新思维，提升其创新能力。2018年第八届全国大学生机械创新设计大赛以"关注民生、美好家园"为主题，致力于解决城市小区家庭用车停车难的问题，要求参赛团队开展小型停车装置的机械创新，重点考查应用方法与装置的创新性，来实现节约场地、节约能源、低成本、免维护等目的，设计追求空间利用率高、安全、便捷。在"互联网+"大学生创新创业大赛中，要求项目具有原始创新或技术突破，并取得一定数量和质量的创新成果，如专利、创新奖励、行业认可等，或在商业模式、产品服务、管理运营、市场营销、工艺流程、应用场景等方面取得突破和创新。

二是培养大学生的实践能力。学科竞赛作为大学生的第二课堂，是以第一课堂为基础和依托的，将理论知识转化为实际应用，在运用到专业知识外，还会运用到其他专业的理论。这就要求学生团队要有较强的实践能力和学习能力，要将命题的目标转化为一种解决方案，将解决方案转化为一种实验品，或进一步将其转化为一种产品。学生团队在指导老师的指导下进行选题、分析、设计、制作、测试与迭代，这个复杂而全面的过程能够极大地锻炼学生的实践动手能力。如在全国大学生结构设计大赛中，要求团队在一定的时间内完成模型的搭建；在"挑战杯"全国大学生课外学术科技作品竞赛中，要求团队提交相应的设计方案或产品原型；在"互联网+"大学生创新创业大赛中，强调项目的落地性，即相关的产品或服务已经在运用，并产生相关数据。上海交通大学本科生向文钊同学参加了全国大学生物联网竞赛，在竞赛过程中遇到了小程序访问限制、数据发送延迟等一系列问题，最后都是在实际动手过程中不断尝试，一点一点攻克的。在比赛中向文钊深刻体会到学科竞赛是对理论教学的一个很好的补充，能极大地培养动手能力，增加实践经验，巩固所学理论。

三是培养大学生的学习能力。大学虽然有不同的专业学科划分，但真实的生产生活并没有严格按照专业或行业来划分，学科竞赛往往涉及多学科的知识，它强调不同学科之间的联系，让参赛者在竞技中体验跨学科交流的重要性，因为真实的产品是科学、技术、工程、数学、艺术等学科组合成有机整体。比如在光学镜头应用设计大赛中，它不仅仅涉及光学的知识，也涉及图像处理方面的知识，还涉及计算机编程和机械制图知识。因此往往要求组建一个团队，在这个团队里，每一个成员都是老师，每一个成员也都是学生，因为每一位成员都有自己所擅长的领域。

四是培养大学生的团队精神。学科竞赛都是围绕一个项目或作品展开，是一个系统工程，绝不是凭一两个人的力量就能完成的，这就要求组建团队。在竞赛过程中，团队成员之间需要良好的沟通与交流，能极大地培养大学生的沟通能力和团队协作精神，为将来职场团队工作打下基础。通过竞赛，可以让学生学会互相帮助、互相学习，提高共同解决问题的能力；通过竞赛，可以提高大学生与人共事，团结协作的能力，提高个人的综合素质。

五是培养大学生吃苦耐劳的品格。一场比赛往往要经历漫长的过程，要克服诸多的困难，这就要求学生能够吃苦耐劳，坚持不懈，不怕困难。学科竞赛不仅检验大学生的理论学习，更能够磨练学生的品格和心性，提升大学生的抗挫折能力。一个团队要做出很好的产品，必定会遭遇很多的困难。这种困难可能来自技术，也可能来自团队，还有可能来自资源，但都需要团队去不断尝试，不断克服困难，最后才能有好的产品呈现出来。如创新创业类大赛中主要涉及两个问题：一是项目如何呈现更好的技术和商业逻辑问题，这也是项目的核心问题。这个问题一直伴随着备赛全程，往往是前两天梳理好的逻辑，可能到了第三天就被评委否定或被内部讨论推翻了。这个问题的解决主要依靠多次打磨，依靠外部评委提问、团队内部反思，是不断推进、提升、完善的过程。二是团队成员在一次次遇到困难之后，如何凝聚战斗力，持续奋战的问题。在参赛过程中，当通宵达旦、冥思苦想而找不到好出路时，团队个别成员难免有懈怠情绪，这种时候就需要弘扬坚持、团结的创业精神，发挥超越项目本身的力量。

2. 有利于推动教学改革

一是学科竞赛促进教学改革。学科竞赛作为第二课堂的重要组成部分，是学校实践教学的重要组成部分，是课堂教学的延伸和重要补充。通过学科竞赛，能够提高学生的实践动手能力，提高学校实验室对学生的开放程度，提高了学生的科学研究水平。伟大的教育家陶行知主张教育要"教、学、做合一"，也就是说，学习不能仅仅停留在理论上，停留在书本上，而是要把知识运用于实践中，只有在实践中去运用理论，才能加深对理论的理解，才能去拓展更深的理论。学科竞赛是课堂教学的升华，通过竞赛能够巩固学生所学的理论知识，检验书本的理论知识，继而发现未被掌握的理论知识。

二是学科竞赛有利于营造浓厚的创新氛围。著名的心理学家Bandura Albert指出，从心理学的角度来看，个人、行为与环境之间存在三元学习论，他认为，在社会环境中，个人因素、行为和环境因素相互影响，共同决定个人的学习行为。构建良好的学科竞赛体系，让不同专业的学生投入到学科竞赛中来，可以普遍培养出具有创新人格特质的学生，会催生更多的学生做出创新性的成果，同时也能够营造校园良好的创新人文氛围，而这些又将吸引其他教师和学生融入其中，促使更多的师生个体做出创新性行为。

二、构建工程训练实践平台

现代工程训练中心作为学校综合性基础实践教学平台，是高校创新型人才培养的重要一环。工程训练中心的创立，给予学生一个良好的动手实践平台。通过实际操作，锻炼了学生的实践能力和工程素养，这一过程还可以激发学生的创新意识。同时，在工程实践教学的基础上，强化了理工科学生的创新实践能力培养，打造了课外科技创新活动支撑平台,向学生提供专业舒适的实验实训场地、全面周到的工程服务,助力创客实现创意,全面支撑学生创新创业。

(一) 工程训练中心的建设

大多数学校的工程训练中心前身是学校的金工实习工厂,伴随着时代的发展,经历了金工实习基地、校办工厂和工程训练中心三个发展阶段。工程训练中心是培养学生实践操作能力、应用能力、理论联系实践能力和基本职业道德的重要实践教学场所,是孵化高素质创新型人才的教学基地[1]。随着科技的发展,工程训练中心传统的教学模式已不能满足新时代人才培养的需求,在实践教学中,不仅要有传统金属工艺设备的练习,也要综合时下较为流行的科技手段,综合多学科交叉、多工种配合、多技术融合的要求,不断加强理论到实践的转变,激发学生的创新创业意识。

工程训练中心普遍面临两方面短板。一方面,校企合作成效不理想。工程训练中心与企业合作尚不深入,并没有有效借助企业资源优势,自身建设短板仍非常明显。同时,学生的训练技术水平不能满足企业和社会的需求,特别是企业技术创新在不断飞速发展,而工程训练中心在基础设备条件和技术水平等方面止步不前。另一方面,多学科交叉融合不够,教学模式单一。以教为主的单一的教学模式导致学生缺乏学习的兴趣和积极性、自主性和创新性,同时,铣工、磨工、车工等教学训练内容至今未突破单一零件、单一工序的限制,使学生形成了固化的思维定式,限制了学生自主创新能力的开发。

清华大学杨斌教授认为"不动手,无工程。对学生而言,自己动手是一门必修课"。只通过理论和课本学习成不了优秀的工程师,很多"卡脖子"问题,不仅卡在材料、原理上,还卡在工艺上。如何把它做出来、做出批量、做出质量,这具有很大的挑战。理论学习与动手实践

---

[1] 田双,梁毅,吕林. 本科院校工程实训中心规划建设[J]. 实验技术与管理,2017,34(2): 205-208.

要结合起来，在竞赛中提高学生自身的综合能力、团队凝聚力。

(二) 工程训练中心的建设转向

面向创新型人才培养的需求，要全面加强校内外训练中心的建设。

1. 校企合作，促进产学研联合培养模式

高校和企业建立长期合作的关系，聘请企业专业技术员给学生讲解，给学生提供先进技术和设备资源，让学生在实际生产中培养学生的创新实践能力，以防止人才培养和产业需求脱节的现象出现。若企业能与学校达成合作培养共识，学生可进入企业进行培养和实践。这样，不仅学校实现了综合型人才培养目标，企业也获得了技术型员工。另外，学校可通过引进企业的研发基地、共建实验室、设备捐助等方式，将企业先进的技术装备、训练内容引入工程训练中心，共建实训平台；也可以引进企业研发项目，作为学生创新创业实践内容[1]；训练中心的教师队伍也可以进入企业实训，时刻了解社会需求动向，及时调整实训内容，更好地与社会需求接轨[2]。

2. 改革工程创新教学模式，实现多学科交叉融合

面对新技术新工艺的大量涌现和多学科信息化交叉融合的新时代背景，特别是新工科要求下的工程教育必须适应新时代的发展需要，高校应顺势建立科学的符合新时代要求的工程训练中心，主动应对新一轮科技革命和产业革命浪潮。新时代背景下的高校工程训练中心应与时俱进，不再局限于部分学科学生的学习实践，整合多学科创新教育资源，因此教学内容和教学对象上将更加丰富。不同专业之间的课程开设也应当与专业和学生的兴趣爱好相关联，教师做好引导学生实

---

[1] 王秀梅，韩靖然. 新工科背景下工程训练中心存在的问题与实践转向[J]. 实验技术与管理，2019，36(9)：8-11.
[2] 田双，梁毅，吕林. 本科院校工程实训中心规划建设[J]. 实验技术与管理，2017，34(2)：205-208.

践的工作，不同专业学生可以共享各种资源，互相交流经验。多个专业学生共同完成一个实践任务，大家发挥各自所长，将理论知识和实践相结合。

高校在遵循"宽口径、厚基础、重创新、重能力、可持续发展"的基础上，努力摆脱传统制造理念的束缚，努力发挥自身优势，做到"物尽其用，人尽其才"。院系之间要通力合作，实现院系资源配置最优化，将多学科交叉融合，突破高校人才培养的单一维度，将学生培养成为新时代的创新型人才。

(三) 工程训练中心实例

1. 清华大学创客空间i.Center

清华大学创客空间i.Center是融合科技孵化、先进加工制造、三创实践等多元化发展的教学平台，是由基础工业训练中心与校内各院系和校外合作单位联合成立的，其定位于跨学科、国际化、面向社会需求的创意创新创业实践基地，努力让学生成为"梦想的实现家"，在创意挖掘、产品设计、原型制作、量产服务、创业孵化等方面为学生提供支持[1]。同时i.Center支持多个学生社团活动，包括学生创客空间协会、学生技术娱乐设计协会、校园极客社、微创造协会、碳立方实验室——未来石墨烯、增强现实与工业仿真开发小组等，给学生提供合作交流、创新创业的空间和资源，进驻在i.Center的各个社团通过举办独具特色的活动，激发参与者的发散性思维，促进学生创新创业能力的进一步提高。例如学生创客空间协会举行的创客大赛，参赛选手在两天内通过跨学科团队共同开发具有原创内涵的产品原型，同时挑战赛也将激发创客的创新意识与创新能力，为学生提供一个展现创新精神的舞台。

---

[1] 宋述强，钟晓流，焦丽珍，等. 创客教育及其空间生态建设[J]. 现代教育技术，2016，(1)：13-20.

2. 江西理工大学3D创客空间

江西理工大学的"3D创客空间"成立于2016年,由江西理工大学机电工程学院的朱花老师创立。这是一个多学科交叉的课外实践平台,以机械设计、3D技术和电控技术为特色,因高质量的打印产品,深受同学和老师们的喜爱。

1) 团队组成

"3D创客空间"致力于创新创业,接纳不同学科和专业的工作室成员,重点培养每位成员的技能和协作精神,以及分析和解决问题、沟通和表达等方面的能力。工作室分工明确、物尽其用、人尽其才、各司其职,确保每位成员都能享受最终成果。

在工作室中,工作室成员朝着共同的目标,发挥各自专业优势,碰撞出智慧的火花,让创新达到新的高度;同时,高年级学生带动低年级学生,在传承中创新,不仅保证了双创项目的持续性,还使双创项目更上一层楼。

2) 运营模式

(1) 产教融合,校企协同。为更好地培养"创新—创造—创业"型人才,"3D创客空间"与企业形成了联动,为大学生双创教育和实践活动提供保障机制。工作室充分利用校友资源,开启校企协同育人的模式,与厦门等多家3D打印企业建立长期合作关系。工作室定期派学生到企业进行培训学习、考察交流,真正做到与时俱进,为国家培养出一批适应社会需求的创新型人才。

(2) 严格管理,高效运行。首先,工作室管理严格,要求工作室全体成员每学期初制定本学期的个人目标与团队目标。每周举办一次交流研讨会,定期总结和分享经验,及时地提出问题,共同商讨解决问题;在期末会议中进行目标达成对照与反思交流,发现自己的优势和不足,在反思中成长自己。其次,工作室运行高效,管理制度规范合理。部门岗位的分配尽量做到人尽其才,充分发挥成员自身优势,促进成员之间相互学习,增强凝聚力,确保工作高效运行。

工作室构建"导师+学生+项目"的大学生双创实践团队新模式(见图6-1),强调导师的指导、学生的参与和项目的实施。在这个模式中,导师起到指导和支持的角色。导师通常是有丰富经验和专业知识的人士,可以是学校教师、企业专家或创业者等。导师与学生建立密切的合作关系,提供指导、建议和反馈,帮助学生在创新创业项目中克服困难、解决问题和提高能力。学生是双创实践团队的核心成员。他们通过参与具体的创新创业项目,进行实践操作和团队合作。学生在导师的指导下,负责项目的策划、执行和评估等工作,通过实践不断提升创新思维、实践能力和创业素质。项目是实践团队的具体实践内容。项目可以是学生自主创办的创业项目,也可以是与企业、机构合作的实际项目。通过参与项目,学生能够深入了解市场需求、行业情况和商业运作,并通过实际操作提升创新能力和创业技能。

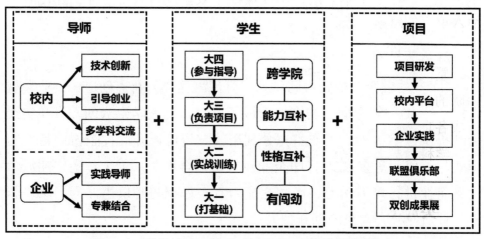

图6-1 "导师+学生+项目"的大学生双创实践团队新模式

(3) 以赛促学,积极传承。工作室积极为学生搭建、提供实践的平台,组织、调动学生参加各类项目、课题和科技竞赛,以赛促学,其成效主要体现在以下几个方面:①激发了学生的学习热情和求知欲望,巩固了课堂理论教学效果,扩充了知识面;②培养了学生独立运用所学知识解决实际问题的能力,增强了创新实践能力;③有利于学生沟通能力、协调能力、团队合作精神的培养；④扩大影响面和学生受益面，有力地促进理论教学、实践教学、第二课堂建设等方面的教学改革，充分发挥学生的积极主动性，形成一个良好的氛围，促进人才培养模式的不断完善。

3) 工作成果

自2017年"3D创客空间"成立以来，参加的科技竞赛类型不断增加，获奖等级与数量逐年增多；工作室申报国家专利数量与级别也在逐年提升，目前已授权7项国家发明专利、12项实用新型专利，获国家级奖励28项、省部级荣誉52项。工作室已培养出"十佳大学生"和"毕业生十大典型人物"6人、推免保送研究生超过10人，参与考研学生人数逐年递增，考上研究生的比例从2017年10%到2020年的65%；每年至少有一名学生推免保研。其中，选择直接就业的学生在面试过程中所体现出的扎实的基础、敏捷的思维、较强的综合能力等，均给用人单位的招聘人员留下较好的印象。

"3D创客空间"通过这种以团队模式的建立带动大学生参与第二课堂的方式，成功地提高了大学生参与课外实践的积极性，同时让团队的综合能力、竞赛水平均得到进一步提升，还为指导教师更好地完成各项课题、指导科技竞赛提供坚强后盾，为项目课题的可持续发展、学科竞赛水平的不断提升指出了一条有效且较好的途径。

三、实施创新创业训练计划

实施大学生创新创业训练计划，旨在使本科生了解和体验科学研究整体的过程，激发学生对科学研究的兴趣，同时将所学知识与经济社会发展紧密结合，提高创业的意识和能力；同时实现个性化培养的目标，发现和培养一批适应创新型国家发展建设需要的具有创新思维和创业潜力的优秀人才，并在此基础上促进高校创新创业教育的蓬勃发展。

(一) 创新创业训练计划的设立

教育部于2007年启动了"国家大学生创新性实验计划",并于2012年将其调整为"国家级大学生创新创业训练计划"(即大创计划)。大创计划包括创新训练项目、创业训练项目和创业实践项目三类。创新训练项目是本科生个人或团队在导师指导下,自主完成创新性研究项目设计、研究条件准备和项目实施、研究报告撰写、成果(学术)交流等工作。创业训练项目是本科生团队在导师指导下,团队中每个学生在项目实施过程中扮演一个或多个具体的角色,通过编制商业计划书、开展可行性研究、模拟企业运行、参加企业实践、撰写创业报告等工作。创业实践项目是学生团队在学校导师和企业导师共同指导下,采用前期创新训练项目(或创新性实验)的成果,提出一项具有市场前景的创新性产品或者服务,以此为基础开展创业实践活动。

近几年来,部分高校将大创项目的成果与各平台竞赛相结合,探索建立各学科创新竞赛长效机制,使大创项目的成果不仅有实际工程应用意义,还具有促进各类比赛创新的意义。在创新创业项目如火如荼进行的同时,项目实践中的创新成果和创新思维也应用到各学科各专业平台的比赛中,取得了良好的成绩。依托大创项目实践成果,大创计划把专业人才培养模式、学科建设方案、实践课程教学环节等有机结合起来,利用创新创业项目成果,鼓励和引导学生主动地参与设计,并且积极参与项目的申报与实施,在实践中全面提高创新能力。

(二) 创新创业训练计划的作用

通过大学生创新创业计划,可以激发大学生的学习兴趣,促使其更好地运用所学知识解决实际问题。大创计划在提升大学生综合能力方面发挥着重要作用。

1. 有利于提升大学生分析问题、解决问题的能力

学生在指导老师的指导下,对计划可行性进行分析,撰写项目计划书。或者说,在项目申请之前,学生已经在老师的指导下开展了一

些工作，结合所学专业知识，对自己的工作和需要解决的问题有一个全面了解。大创计划让学生走进实验室，参与实验进行的每一个过程，提出实验问题，制定实验方案，开展实验，总结数据，撰写论文。面对每个步骤的问题与挑战，学生要转变学习态度与观念，化被动学习为主动学习，通过分析项目环节中的问题，提升自己解决问题的能力。同时，通过实验数据分析、撰写总结报告和学术论文、开展中期检查及结题答辩的过程，不仅提高了学生的沟通与表达的能力，还培养了学生严谨的科学态度。

2. 有利于提高大学生工程实践能力，强化系统思维

大创项目可以让学生参与工程实践，锻炼学生的实践能力与工程素质，明白解决工程问题可以通过不同的方法。书本上的理论知识是离散化、不系统的，在参与项目时，学生才能够把之前学到的知识运用到实践中，令本来很抽象枯燥的内容变得真实具体，容易理解。

3. 有利于提升大学生的团队意识、协作精神

项目的顺利实施会涉及众多环节，要顺利完成项目，就需要项目组成员在每个环节中彼此相互配合、通力协作。因此，在初期确定项目时，需要先对每位成员进行分工，再一起相互交流讨论，这样才能在较短的时间内获取大量信息。通过团队一起完成项目，学生们学会了合理安排时间，更加理解团队意识和协作精神的真谛。同时，通过实验中遇到问题时共同查阅资料、相互讨论解决，增强了团队成员的责任心，提升了成员的团队合作能力和分析解决问题的能力。

(三) 创新创业训练计划存在的问题

1. 项目覆盖面有限

虽然各所高校都积极推进大学生创新创业计划项目，但是能够参与项目评选的团队数量有限，最终能够获得支持的计划项目也是少数。创新创业计划项目覆盖的学生数量有限，无法提升学生整体的创

新创业能力。

2. 学生缺乏主动性

创新创业计划项目的主体应该是学生，教师只起到指导作用，当学生在项目的运作过程中遇到问题时，导师给予引导和帮助。但在项目具体实施过程中，由于学生学识有限，很容易出现过度依赖导师的情况，创意想法、实施方案等均来自导师，学生只负责按步骤实施。与此同时，在创新创业计划项目与教师职称评定挂钩的条件下，导师对于大创项目的积极性远大于学生，导致导师担负起选题、组建团队、分工的工作，有的导师甚至直接将自己的科研成果作为项目的核心内容，一手操办。导师承担了本应该由学生完成的内容，违背了创新创业项目的初衷。

3. 学生投入时间和精力不足

大部分课程修读时间主要安排在大一和大二学期阶段，而学生在大一和大二期间，学习任务较重，由此，分配到创新创业项目活动的精力和时间就非常有限；而高年级学生把更多时间和精力花费在考研、实习、就业等事情上，参与项目的积极性递减。

4. 缺乏健全的评审体制

创新创业计划项目的等级虽然分为校级、省级和国家级，但是等级的评定权由学校负责。由于创新创业计划项目与教师的评岗和职称聘任挂钩，而学校又没有一套严谨的项目评选流程，导致评审结果受到质疑。缺乏公平公正公开的评审制度不但影响项目的水平，更会打击学生和教师参与项目的积极性，不利于创新创业计划项目的开展。

5. 资金投入有限

国家、政府、高校对大学生创新创业计划项目投入有限，社会资金对在研项目投入动力不足，许多项目因资金短缺无法深入研发、寻得突破。大学生在人脉资源、技术资源、资金融合等多方面存在短板，创新创业过程中缺乏创新创业资深人士、技术专业人士的指导，项目成果生成困难。

6. 可投资性价值高的项目极少

社会投资机构及个人对在校大学生的创新创业计划项目投资热情低，投资意愿弱。原因主要有以下几点：项目同质化严重，大部分项目没有创新性内容，复制他人成果；项目不够接地气，实用性不强；项目无法盈利，根本无法进行商业化投放；项目发展前景很不乐观。

(四) 创新创业训练计划改革方向

1. 强化学生的主体地位

创新创业训练计划一定要明确学生在创新创业项目中的主体地位，激发学生的主动性。创新创业项目是以学生为主体，以项目为引导，以教师为辅助，逐渐提高学生创新创业能力的活动。创新创业训练计划一定来自学生，而不是来自老师，这点非常重要。只有创新创业训练计划来源于学生，例如学生自己基于市场的痛点或生活中遇到的问题，他才能全身心地投入项目，去探寻解决方案。在这个过程中，学生逐步解决所遇到的问题，如缺少编程的人才，就会去找擅长编程的学生；碰到设计的问题，就会去找到懂设计的学生；缺少资金，就可以去申请大创项目资助。学生是这个项目的提出者、团队构建者、实际运营者。如果教师构建好团队，教师主导申请项目，就有可能成为一个科研项目，学生成为挂名者，这样就偏离了创新创业训练计划的初衷。

2. 强化兴趣驱动作用

创新创业训练计划一定要遵循兴趣驱动的原则，学生选题的起点应该是兴趣。创新创业训练计划要坚持兴趣驱动，提倡知行合一，要先学后做、边学边做，学中做、做中学。兴趣的源泉在于把知识加以运用，使学生体验到一种理智高于事实和现象的"权力感"。每一个人的内心深处，都有一种根深蒂固的需要，就是希望自己是一个发现者、研究者、探索者[1],如果这种需要在学习实践中长期无法满足,那么这种兴趣会逐渐萎缩。

3. 注重实践能力培养

任何以提高学生实际动手能力和自主学习能力的研究计划,都强调过程,而非结果。大创项目是针对本科生的创新创业训练项目,希望在创新创业训练过程中提高大学生的创新创业能力,因此要更加倡导一种"注重过程,宽容失败"的精神。

陶行知曾说:"行动是老子,知识是儿子,创造是孙子。"他也曾说:"行动生困难;困难生疑问;疑问生假设;假设生试验;试验生断语;断语又生了行动,如此演进于无穷。"这说明我们人类的创造、知识、经验都是来自真实的实践,大学生创新创业能力的提升,思维的养成都有赖于学生真实的实践。大创项目提供的是一个项目,没有标准的答案,而是通过一个相对终极的宽泛的目标,让学生自主探索路径,去实现目标,更看重的是探索过程,而不是结果。

比如在创新创业训练计划"定焦成像镜头设计"中,选题源自全国光电设计大赛的题目:设计了一款F/#≤4,焦距F=5.95mm定焦成像镜头。这就要团队根据镜头指标,来计算该镜头的具体指标参数,进而确定一个原始镜头结构,再基于这个原始结构来设计镜头。在这个过程中,学生要掌握各种像差理论、像质评价方法、光学系统的优化设计,但如果停留在理论教学上,学生会感觉特别空洞,难以激发学生的兴趣,即使有兴趣也都是表面的,停留在五彩斑斓的色差以及诸如望远镜、显微镜等光学仪器上,而不知道如何真正设计光学系统或光学仪器。唯有在讲理论的同时,让学生利用光学设计软件去模拟各种光学像差,他们才能真正感知各种像差是什么样子的,是怎么产生的,它如何影响成像的质量。如果更进一步,在学完光学设计理论之后,让学生自己去设计一个光学系统,老师给定设计指标,给出像差

---

[1] 夏正江. 论有效教学的标准及特征[J]. 基础教育,2008,(9):10-19.

要求，让学生自己用软件去设计，设计出来后让他们去网上买玻璃、利用学校实习工厂打磨镜头，做出一个光学系统的实物。在这个过程中他们会遇到很多问题，比如初始结构如何得来，怎么来设置变量，如何优化，如何评价各种像差的大小，如何评价成像质量的好坏。他们可以去看书，去检索文献，去问老师，去问学长，去逛相关的论坛，他们也可以自己大胆去试。在解决这些问题的过程中，学会了分析问题和解决问题，学会了沟通交流，学会了检索、编程以及制作PPT，学会了演讲答辩等。在这个过程中他们会感到理论及现象可以为自己驾驭，就会体验到一种无可比拟的自豪感，这就比任何东西都能更强有力地激发学生的求知欲。所以我们教的知识不能仅仅停留在考试上，要设置相应的教学环节让这些知识应用起来，在应用中巩固理论知识，同时在应用中去自学更深的理论知识，形成理论与应用的良性互动。在这种学习过程中，学生学会自学，学会判断，学会分析问题和解决问题。

4. 强化团队协作意识

一个创新创业训练计划的实施，其研究内容和实验过程是项目最为重要的部分，但完成这些工作有赖于有一个稳定高效且互补的团队。创新创业训练计划是一个系统工程，其中涉及各个方面的知识。如以上定焦成像镜头设计，这里面最主要的是光学专业的知识，同时也涉及光电转换、制图与光学加工、计算与算法等方面的知识，需要有精通电子信息方面、机械和计算机的学生。而单个的学生极难掌握各个方面的知识，这就需要有一个知识结构与能力互补的团队，发挥各自的所长。首先，团队合作能更好地解决复杂问题，因为一个人的智慧始终是有限的，终究是不足的，集体的力量总能更好地去解决。其次，团队协作更能够促进个体的成长。通过团队合作，能够更好地让每位成员找到自己的优势，在发挥自己的优势和擅长之处的过程中，让每个人变得更自信，在贡献团队过程中赢得团队的尊重，有效地激发同学们的学习动力和提升自信心。另外，团队协作能更好地促进个体养成自律习惯。团队都有着一定的内部约束机制和团队文化，集体的荣誉感能够有效约束团队成员的行为，能够使团队成员站在团队的角度思考问题。特别是对于团队负责人，由于承担着团队负责人的角色，促使他以领导者的身份来推动项目的落实、困难的解决、协调团队成员的工作，有利于其领导力的形成。

四、开设创新创业实验班

创新创业实验班能够召集一批有创业热情和潜质学生，通过创业课程学习、创业实践活动以及与创业先锋的交流，培养具有国际化视野、系统掌握创新创业理论和方法并具有创业能力的创业者。

首先，各大高校竞相推出的形式多样的创新创业实验班是探索改革的重要载体。高校的创新创业教育急需建立社会、学校和产业三方联动的协同机制，建立通识教育、专业教育、创新创业教育融合的培养模式，构建创新创业通识课程、专业课程、实践课程三阶课程体系，完善从第一课堂到第二课堂、从创新创业实践训练到创业孵化的教育生态链。其次，创新创业实验班是建立校地、校企、科教协同培养的双创教育体系支撑，能够着力锻造政产学研一体的双创实践教育集群，有效解决创新创业教育无平台资源、实践能力培养无基地、综合素养提升无抓手的问题，打造多元化的创新创业教育新模式和新路径。目前，浙江大学、上海交通大学、武汉大学、天津大学等都已经开设了各种类型的创业实验班。

(一) 浙江大学创新与创业强化班

1999年，浙江大学在全国大学中率先创建了"创新与创业管理强化班"，由竺可桢学院和管理学院联合创办，时至今日，取得了许多骄人的成绩。每年从各个专业的大二学生中选拔60人(2010年起改为40人)，聘请知名教授学者讲授课程。在"培养具有强烈创新意识、优秀创新素质及创新技能的高科技产业经营管理创业型人才"理念下，将企业家精神的培养和相应管理知识与技能的复合，在两年时间里进行12门精心设计的课程学习和相应的实践，学习的课程有管理学基础、经济学基础、创业管理、商务沟通、企业法与知识产权管理、创业投资与创业财务、电子商务前沿、技术创新管理、新产品开发和项目管理、创业设计、企业实习等。在学生管理方面，学生的政治思想和生活管理工作仍由学生所在学院负责，学生的教学管理由竺可桢学院负责。强化班内部运作与具体班级事务安排由选任的学生班干部组织同学自行管理。学员亦被鼓励随时反馈教学效果，提供教学建议。强化班的日常管理运作也常常采取项目化管理方式，由针对每一次任务专门形成的快速行动小组带动整个集体分工协作而完成。在项目的完成过程中，不仅课程中的管理理念得到运用，每个成员也得到了充分发展。

(二) 上海交通大学宣怀班

2010年，上海交通大学成立了创业学院宣怀班，旨在培养能适应经济发展的创新人才和企业家。上海交通大学创业学院创业人才培养体系包括创新与创业大讲堂、创业教育通识课程建设以及夏季小学期选修课等的教学体系，还包括学生创业计划大赛、创业沙龙、海峡两岸创新创业交流营和创业训练计划等实践体系(见图6-2)，培养人才的理念在于"创"而非"管"。

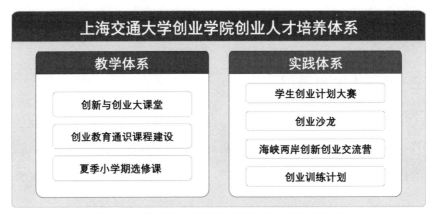

图6-2 上海交通大学创业学院创业人才培养体系

上海交通大学创业学院宣怀班培养理念可以从广义和狭义两个方面解读，其广义的培养理念是一种面向在校全体学生的、以培养学生的创新精神、创造理念和创业意识等为目的；而狭义的培养理念是一种面向有这方面需求的部分同学、在创业苗圃预孵化和资金支持下培养成有潜力的创新人才和未来企业家[1]。上海交通大学创业学院宣怀班采用"教师""讲师"和"导师"制度(简称为"三师制")，构建了一支实力雄厚的高水平师资队伍，既有德高望重的老一辈学者，也有初露锋芒的青年专家。在每年九月，学校面向全体学生招收新学员50人，从2011年至今，累计招收学员近500人。宣怀班的学员具有强烈创业意愿，并明确以创业作为生涯规划。"宣怀班"的学员可申请"预孵化资金"大约2万元，进入创业苗圃进行有关实践体系的学习；学员在毕业前后，按实际情况申请"天使基金"，带领自己团队在校内几个园区科技园进行创业孵化。学校与企业、政府一起为在校师生、校友以及社会各界人士搭建平台，将世界科技前沿与国家重大战略需求结合起来，不仅给师生提供创业需求，还培育和孵化科技型创业企业，更推进了学校创新发展和创业教育。

宣怀班培养模式既有继承也有创新，一方面继承前期成功经验，继续采用"雏鹰计划"和"雄鹰计划"对学员进行高效精准化培养；另一方面开门办学，联合ZBM、百度两大IT巨头，新增"百度计划"和"IBM计划"。其中"百度计划"和"IBM计划"是由公司提供专门的课程，提供学员大量实践机会，校企结合，一起助力学生实现高科技创业。

(三) 武汉大学自强创业班

武汉大学自强创业班(以下简称自强班)是武汉大学探索创业教育与专业教育深度融合的试验班。自强班属于辅修性质，在创业学院管理下，依托经济与管理学院开展教学，聚集校内外优质创新创业资源参

---

[1] 李瑜.大学生创业支持体系研究[D].天津：天津大学，2015.

与建设。自强班秉持"学而优始创"理念，旨在凝聚专业成绩优秀、具有强烈创新创业意愿和潜质的大学生，通过系统的创新创业课程学习，丰富的创新创业实践，培养具有强烈的社会责任感和使命感，具备强烈的创新意识、创业精神和优秀创新创业能力的高素质创业型人才。

自强班拥有一支雄厚的师资队伍，师生比高于1∶2，课程设置以创业流程为主线，涵盖了案例分析、情景模拟、头脑风暴、小组讨论等多种教学形式，课堂充满了互动与交流。课程构建了基于实践的教学模式，教学突出实践导向，开发了创业项目设计、创业运营模拟、企业见习、孵化器创业体验行、海外创新创业学习项目等实践课程，打造了从课堂到实验室、从校内到企业、从国内走向海外的课程体系。近五届自强班学生中，共有12名学生前往帝国理工大学、康奈尔大学、新加坡南洋理工大学、杜克大学开展创新创业项目实训。

自强班举办一系列的特色活动。一是暑假期间组织全体学员前往"武汉大学苏州创客中心"，开展为期两周的"创业体验行"；二是参加未来领袖峰会，旨在搭建不同届学生间沟通交流平台，促进信息共享与知识外溢，发扬团结互助的创业班精神，打造一场属于武汉大学自强创业班的思想盛宴，并为长期沟通交流平台的搭建做出有益的探索；三是积极参加中国"互联网+"大学生创新创业大赛和挑战杯大赛，通过大赛，以赛促学，以赛促创；四是走访知名企业，组织学生前往阿里云、微医、中诚信、神州数码等企业参观学习，让学员们深入了解企业的生产经营状况及创业过程中的注意事项，为自己的创业项目发展集思广益，引导学生将创业思想和能力转化为实际行动和成果；五是参加"创客马拉松"。创业班的"创客马拉松"包含开题、组队、设计、开发和展示5个环节：来自不同专业和年级的小伙伴们聚在一起，由主办方公布一个选题方向，然后自由组成3~5人的队伍，展开头脑风暴，围绕特定的问题设计解决方案，制作PPT和尝试开发原型并最终参加展示和评比。

(四) 天津大学创业宣怀班

2011年，天津大学创业宣怀班，助力学员创新创业实践。天津大学创新创业教育中心服务链如图6-3所示；宣怀班创业人才培养模式如图6-4所示。第一，利用智慧空间站和科普节激发学员创意；第二，提供充足的场地(共35个大学生创新创业实验室)和宽裕资金(每年学员科研经费突破500万元人民币)来支持本科生自主科研实践计划，让学员可以安心地搞科研；第三，进行专门的理论教学、竞赛模拟，建立创业苗圃和创业基地，提高学员创业能力。

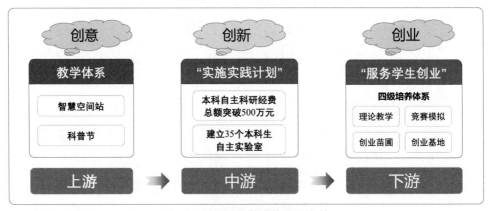

图6-3　创新创业教育中心服务链

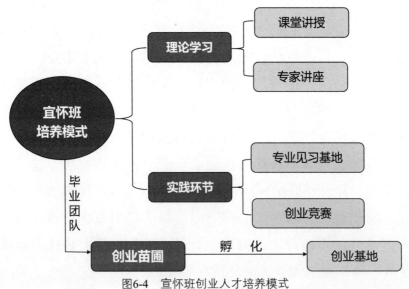

图6-4　宣怀班创业人才培养模式

在资金方面，学员可以在创业路演活动中获得体验金，金额总计可达9.9万元。这笔体验金以纯公益的形式支持学员的创业活动，使用期为一年，若受助学员项目运行态势良好，学员应把资助体验金等额返还给基金以此来保证公益活动的延续性发展；若受助学员项目运行态势不乐观，学员可以参加创业公益活动进行"抵偿"。

五、组建创新创业社团

高校学生社团是由大学生依据特定的爱好兴趣，为共同实现成员目标，按照其章程开展自主活动的学生组织，是大学培育、弘扬和发展校园文化的重要载体，更是增强创新意识和培养实践能力的重要路径。社团组织由于其自身所具有的组织性、专业性、实践性和自律性，成为大学生提升综合素质能力的助力。各级社团组织的相关负责人通过策划、组织和参与一系列活动，有效提升了项目策划能力、资源整合能力、资金筹措能力、团队领导能力、沟通能力、协调能力和执行能力，这些能力与创新创业的能力高度匹配。因此，社团骨干经历是提升大学生的创新创业核心能力的一个重要途径。

创新创业社团作为高校学生社团的一种组织形式，是大学生创新创业实践的有效载体。创新创业类社团重在培养学生创新思维、创业意识、团队精神和实践能力，同时开展丰富有效的学生活动，为广大热衷于创新创业的大学生提供一个展现自我风采、锤炼个人品格、提升个人能力、实现人生价值的平台。

(一) 创新创业社团的重要意义

1. 高校创新创业教育的第二课堂

对于高校而言，创新创业社团不同于传统的第一课堂，具有自由自主、内容新颖和充满活力的显著特征，是新形势下进行创新创业教育、素质教育的新载体。创新创业社团能够充分发挥全体成员的积极性、主动性和创造性，利用丰富多彩的活动、自由自主的氛围和科学合理的激励机制，激发学生的内在学习动力，以学生喜闻乐见的形式传播创新创业文化，与第一课堂之间形成互补，推动学以致用、学用结合。

2. 学生提升综合素质的重要平台

对学生而言，社团成员年龄相仿，有更多的共同话题和相同的兴趣爱好，社团成员在实践过程中完成项目协作、分工、设计、组织、运作、协调等工作，使自身能力得到有效提升。社团成员关系平等、和谐，有相对灵活的运作方式和组织结构，可以在相互了解、相互支持、分享信息的过程中互相发现对方的兴趣、优势。在交流和处理事务的过程中，成员能更好地锻炼自己的心理素质和抗压能力，面对突发事件能自主解决问题，在进入社会后有更强的适应能力和生存能力。社团是兴趣培养的摇篮，利用社团的人脉、资源和氛围，能进一步使学生的兴趣爱好得以发展，甚至潜在培养未来职业的方向。

3. 学生创新创业训练的练兵场

就诸多社团活动来说，创新创业社团是为数不多的能够在高校当中举办独立大型活动的学生组织，能为社团成员提供一个活动策划、组织、实施的平台。学生可以在创新创业活动的策划与组织过程中，积累丰富的团队协作、人际沟通等经验，锤炼创新创业品格。社团是学校广泛的学生群体乃至社会相关组织，大大开阔了成员的视野，丰富了成员的社会经验。企业与社团间各种各样的项目合作为学生发展提供了重要平台。企业与社团合作是高校推行产教融合的重要组成部分，是学生接近市场、了解社会现状的重要窗口。创新创业社团强调实践式、体验式的隐性教育理念，对培养学生的创新意识和创业能力具有重要意义[1]。

---

[1] 郭一凡. 高校社团建设助力大学生创新创业能力培养[J]. 创新与创业教育，2020，11(6): 20-29.

(二) 创新创业社团的重要作用

1. 传播创新创业理念

教育的本质是育人，创新创业社团通过丰富的活动内容和新颖的组织形式，承载创新创业的理念，以互动的方式传达给学生，让学生真真切切地感受创新创业。

2. 培养创业素质与创业精神

尽管不少学生认同和肯定创新创业的必要性和重要性，但由于保守的观念以及较差的执行力，大部分学生在入学之初往往采取中立的观望态度。而创新创业社团通过一系列的展览、宣讲、竞赛、路演等活动，为学生提供了零成本、低门槛的机会去获得创新创业体验，从而消除了成本高、资源不足和机会渺茫的参与顾虑。在真正的实践过程中，学生会遇到各种各样的问题和困难，但其营造的模拟环境激发了学生的兴趣和不服输精神，也为学生提供了认识和了解创新创业活动的窗口，调动他们踊跃参与的热情和积极性，提升其自我效能感和个人成就感，进一步深入了解创新创业的真实的含义，提升学生的创新创业精神和素质。

3. 提高创业必备能力

当下许多大学生面临就业难的问题，归根结底，就在于他们无法判断自我的职业定位，而创新创业社团对于大学生的自我认识方面的培养起到了极其重要的作用。在社团的活动组织中，学生可以进行许多突破性的尝试，深化自我认识，对自己的优势和短板有更准确的评判。同时，在创新创业社团工作中所经历的成功与挫折，都能使学生提高心理承受能力，以便进行科学合理的心理调控，促使他们积极面对外界的各种挑战，进而找准职业定位。

(三) 创新创业社团典型案例

1. 清华科技创业者协会

清华科技创业者协会(简称创协)成立于1997年1月,以"培养未来兴业之将"为宗旨,以"投身大赛、关注产业、体验创业、锻炼能力"为理念,激励学生在创业方面接受教育、提高素养。清华大学是中国创新创业社团建设的先行者和探索者。

创协设有创赛中心、公益中心、创业支持中心、公益支持中心、办公室、宣传部、外联部、新闻部以及基层与顾委会部共9个部门,组织架构完善,活动分工明确。创协的主要职责有以下几个:组建系统完整的创业素养教育科学体系,通过多种途径推动创业教育,举办课程、讲座、沙龙、比赛、暑期训练营等;继承清华大学创业计划大赛的良好传统并发展;加强与其他高校的联系与交流;为全国创业计划大赛选拔优秀团队;对优秀大赛项目的实际创业提供各种咨询等服务,在团队和投资者之间搭建桥梁融资,促使成果转化。

第一届清华大学创业计划大赛于1998年5月至10月成功举办,该赛事被誉为"清华园中的创业启蒙",是亚洲首个创业计划竞赛,该赛事孕育了全国首批由大学生创业的企业,例如乐都、视美乐、易得方舟等,颇具影响力的中国"挑战杯"大学生创业计划大赛也由此发展而来,现已成为最具影响力、最具权威性、最具含金量的双创大赛之一。其后,清华大学于2009年举办创业实践大赛,开创以公益实践活动培养广大学生创业实战能力之先河,为后来的创新创业实践活动提供了蓝本。

2. 温州大学大学生创新创业联盟

温州大学大学生创新创业联盟(简称创盟)是由温州大学创新创业学院领导的官方校级学生组织,成立于2014年,致力于开展创新创业活动、营造良好校园创业氛围、服务大学生创业者。2016年,团中央授牌创盟"全国十佳创业组织";2018年,创盟获全国高校创业社团十强并成功进入GCC；2019年，创盟再度夺得"全国高校创业社团十强"，在十佳百优评选中荣获"十佳创业社团""最佳人气奖"。现创盟主席团下设6个部门，并组建了温州大学未来企业家俱乐部、温州高校大学生速卖通俱乐部、温州大学大学生微商俱乐部等专业协会以及"524创盟之翼"基金。

创盟的主要职能是帮助全校大学生开展创业实践活动，参与温州大学大学生创业园和众创空间(国家级)的管理与服务，协助学校开展各类创业教育活动等。创盟曾参与承办"2015联合国教科文组织中国创业教育联盟理事会会议""2016全国高校创业教育高峰论坛"等国家级大型创业教育活动，定期举办"温州大学创业文化节"与"温州大学创业嘉年华""温州大学大梦想家创新创业比赛"三大品牌活动，每周举办创客学堂系列活动、沙龙分享会，累计参与接待五百支国内高校、两百支国外高校交流访问团队。同时，创盟为联盟成员提供各种与国内外高校交流考察、参加各级创业大赛、与企业家面对面接触等机会，并定期开展"浙南高校洽谈会""浙江省创新创业高峰论坛"等延展性高校洽谈活动。

3. 西南财经大学大学生创新创业俱乐部

西南财经大学校党委、校团委领导及其创新创业学院以创新创业为主题共同成立创新创业俱乐部(简称创俱)。创俱作为学生校级组织，积极响应国家"大众创业，万众创新"的号召，以提供大学生双创指导、服务和交流为宗旨，以开展学生双创交流、教育、活动实践和预孵化创业项目为关键职能，使创业意识、创业能力在学生中得到普遍激发和提升。创俱获得的主要荣誉有以下几个：全国"大学生百佳创业社团"、全国"高校创业社团百强"、四川省"大学生创新创业示范俱乐部"。

创俱设有办公室、宣传部、联络部、活动部、众创空间管理部、教育培训部等部门。创俱的主要职能有以下几种：承办光华创业大赛、中国国际"互联网+"大学生创新创业大赛、"挑战杯"中国大学生创业计划竞赛以及财经类高校创新创业大赛等双创赛事；通过不定期邀请知名企业家、天使投资人和成功创业者开展双创沙龙，打造覆盖双创全流程的系列精品活动，为西南财经学子创业实训搭建优良平台；对接各大高校双创基地并举行联谊交流会，搭建双创交流平台，承办"全国高校大学生创新创业社团发展论坛"等双创交流特色活动，运营"双创比赛川内跨校组队群"等双创交流合作平台；筹备组织西南财经暑期创业班"鲲鹏创业实验班"，不定期组织开展创新创业培训会，为青年创客培养和提升创新创业能力提供宝贵机会、搭建有效平台，促进其取得优秀创新创业成果；负责入驻项目的选拔、管理与服务，发掘团队运营中的发展瓶颈，组织创业政策宣讲，针对性开展创业培训，筹办扩大团队创新创业影响力的交流展示活动，助力孵化一批具有代表性和示范性的重点创业项目。

4. 江西理工大学创新创业服务中心

创新创业服务中心(简称双创服务中心)是江西理工大学创新创业学院为服务学生双创工作开展而成立的校级学生组织。双创服务中心以"激励学生创造精神、创新意识、创业行动，培养学生双创能力，提升学生综合素质"为宗旨，以营造浓厚的创新创业校园氛围为工作中心，大力开展内容丰富、形式多样、特色鲜明的创新创业活动。双创服务中心参加的代表活动有"双创活动周"、"创新、创意、创造"思维能力大赛、"创想家"青创训练营、"互联网+"大学生创新创业大赛、"演讲比赛"、"PPT设计大赛"、"创业案例大赛"、"VR大赛"等。

双创服务中心由主席团负责，下设办公室、组织部、宣传部、外联部和创新竞赛部等5个部门，组织架构完善，活动分工明确。

双创服务中心始终围绕服务于学校创新创业教育中心工作，与创新创业学院工作深度融合，在贡献学校双创工作中，谋求组织的发展，学生能力的提升。双创服务中心坚持学生主体地位，坚持开拓创新，坚持实践导向、价值导向和目标导向，充分发挥创新创业服务中心的支撑作用，不断构建新平台、探索新模式、走出新路径。

大学生创新创业服务中心机构及其职能如图6-5所示。

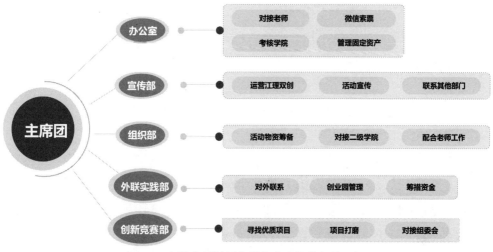

图6-5 大学生创新创业服务中心机构及其职能

同时，双创服务中心加强自身建设，力求打造具有江西理工大学特色、创新水平一流、模式科学先进的创新创业社团。一是社团内部必须结构合理分工明确，防止扯皮推诿现象，不断提高工作效率；二是坚持创新创业学院的领导，保证社团发展的正确方向，确保融入学院工作大局；三是服务创新创业中心工作，加强对创新创业大赛和各类学科竞赛的支撑作用；四是注重考核，检验成果，不断总结经验；五是整合创新创业资源，打造创新创业高地，为学生创新创业提供平台；六是坚持合作交流，借鉴他人先进经验，不断内化为自身储备的方法和特色。

双创服务中心下设创客知行书院，由江西理工大学赣州校友捐赠建设，收藏了由校友捐赠的各式书籍。书院环境清雅，设施齐全，藏书数量丰富，涵盖创业、商学、文史、数理、艺术等多个类别，是丰富个人精神世界的绝佳场所。书院面向江西理工大学全体校友、学生和老师全天免费开放，并不定期举办创业读书分享会、创业文化沙龙等活动，努力打造校友、创业者和普通大学生聚集交流的平台。通过举办读书分享会、文化沙龙等多种活动，书院引导学生回归到经典的创业、文学、艺术、历史等书籍阅读分享中，养成良好的阅读习惯、提升个人涵养、丰富自己的精神世界。在这里，学生有机会聆听青年创业者、成功企业家们的经验分享，与他们面对面交流创新创业的相关问题。书院为我校大学生创新创业提供了极大的支持。

六、建立创新创业实践学分制度

2015年，国务院办公厅发布的《关于深化高等学校创新创业教育改革的实施意见》明确提出，要在高校深化创新创业教育改革，合理设置创新创业学分，建立创新创业学分的积累与转换制度，设置个性化培养课程模块。随后，各高校将创新创业教育融入人才培养体系，制定了创新创业实践学分管理办法，将学生开展学科竞赛、科学研究、发表论文、发明专利和社会实践等情况折算为学分，同时，也支持学生休学创业，边工边读。

(一) 创新创业实践学分简介

为进一步鼓励普通全日制本科生创新创业与实施本科生多元化评价，教育部颁布的《普通高等学校学生管理规定》第十七条明确指出，学生参加创新创业、社会实践等活动以及发表论文、获得专利授权与专业学习、学业要求相关经历、成果，可以折算为学分，计入学业成绩。

学生在校期间根据自己的特长和爱好，积极参加学科竞赛、科研训练或创新创业实践活动，所取得具有一定创新意义的智力劳动成果、其他优秀成果，或参与的与创新创业有关的各类实践活动，经认定均可获得相应的创新创业实践学分。创新创业实践学分充分满足了学生的兴趣和个性化发展的需求，促进了学生自主选择性学习和自由探索发展，有效地激发了大学生投身创新创业实践的热情，同时也为提高大学生的创新精神、创业意识、创新创业能力提供了强有力的保障。

(二) 创新创业学分认定

创新创业实践学分的主要作用是引导广大学生积极参加各类创新创业实践活动，在实践中激发学生的创新思维、创业意识，提升其创新创业能力。高校应搭建好创新创业实践平台，创造良好的软硬环境，提供多元的创新创业实践形式，让大学生可以根据自己的需求及兴趣爱好，选择自己喜欢的方式进行创新创业实践。各高校普遍设计了以下几类可以认定创新创业实践学分的创新创业实践活动。

一是大学生创新创业训练计划项目。创新创业训练计划项目分为创新训练项目、创业训练项目、创业实践项目三种类型，通常设有国家级、省级和校级三种级别，项目立项并顺利结题后，项目组成员可根据项目级别获得一定的创新创业实践学分。

二是创新创业类竞赛，包括"互联网+"大学生创新创业大赛、"挑战杯"全国大学生课外学术科技作品竞赛、中国创新创业大赛、电子商务"创新、创意及创业"挑战赛、中国大学生服务外包创新创业大赛、创青春中国青年创新创业大赛、"中国创翼"创业创新大赛、"创客中国"中小企业创新创业大赛等一系列创新创业大赛，根据获奖级别可以获得不同的创新创业实践学分。

三是各类学科竞赛。全国大学生数学建模竞赛、美国大学生数学建模大赛(含MCM/ICM竞赛)、全国大学生电子设计竞赛、全国大学生广告艺术大赛等学科竞赛，根据大赛档次、获奖等级及排名顺序可获得不同的创新创业实践学分，集体奖项与个人奖项有重复的，取最高值计分，不重复统计，同一年度同一项目按照就高原则认定统计。

四是学术论文。在SCI，SSCI/A&HCI或CSSCI等学术期刊发表学术论文，根据论文级别与排名先后可获得一定的创新创业实践学分。

五是专利授权。鼓励学生发明创造，对于学生获得的发明专利授权、实用新型专利授权、外观设计专利授权或软件著作权，第一发明人和其他主要发明人可认定相应的创新创业实践学分。

六是自主创业。学生进行真实的创业，其创业项目入驻学校大学生创业园且项目运行状态良好，经学校认定，项目负责人和团队成员可获得不同的创新创业实践学分。

(三) 创新创业实践学分制存在的问题

1. 部分学生的实践学分难以达到毕业要求

从江西理工大学双创实践学分统计数据来看，参加学科竞赛、创新创业类大赛、创新创业讲座和创业培训是学生获得创新创业实践学分的主要渠道，一部分同学可以通过科研论文、专利、专著等科研成果或真实创业项目获得双创学分。多数同学在毕业前都可以按要求获得2个创新创业实践学分，但少数同学在毕业前难以达到2个学分毕业要求。一方面，学习消极的同学极少参与科研方面的活动或获得科研方面的成果，并且学科竞赛指导老师在选拔学生时也倾向于性格开朗与情商高的同学。因此，对于消极学习或是比较内向的学生，获取创新创业实践学分较为困难。另一方面，部分学校创新创业活动质量不高，停留在形式上，导致学生产生消极情绪或拒绝参加相关双创活动。所以，很多学生往往面临毕业才想到要去完成创新创业实践学分。

2. 学分认定标准不够清晰

学分制的实施需要明确学分积累与转换制度。如发表论文、参与并完成创新实验活动、参与自主创业并获得相关专利等技术成果，这些都可以折算成学分。而学分的认定，则需要构建完善的认定制度。对学生所取得的学分进行认定、积累和转化，以实现学生创新创业学习成果与其专业的衔接。

在创新创业实践学分中，成果类的创新创业学分认定标准较为清晰，而对于一些创新创业讲座来说，部分二级学院站位不高，把关不严，许多无关活动被赋予双创实践学分。此外，判断一场活动是否为双创实践活动，也没有清晰标准，这样给学分认定工作带来很大困难。因此要聚焦于激发大学生创新思维、创业意识，提高大学生创新创业能力这个主题，制定严格的创新创业认定标准，严格按照标准执行。

3. 创业活动流于形式

不可否认，创新创业学分制有效激发了高校创新创业氛围，吸引了大批学生参加创新创业实践活动。但也存在为学分而学习的问题，出现了许多奇怪现象，例如，不是创新创业类的讲座，冠以创新创业讲座的名称。正是由于大家的认识不到位，执行不到位，才导致一些活动表面上热热闹闹，但实际效果平平，不但没有达到应有的目的，反而产生了一定的危害。

(四) 创新创业实践学分制的改革

1. 提供多元化的创新创业活动

创新创业学院作为学校创新创业教育的主管部门，一定要从顶层上做好学分设计，为学生提供足够且多元的活动选择，满足不同类型同学的需求。以江西理工大学为例，每届本科生约为6000人，每位学生毕业前要完成2个双创实践学分，那么每年要提供大约12 000个学分的活动才能够满足学生的需求。但考虑到有些学生会超过2个学分，很多学生对某一类双创活动没有兴趣，因此每年按照2倍的标准提供，即每年要提供24 000个学分的双创活动供学生选择。其中，大创项目有1000个学分，SYB(start your business)创业培训有4000个学分，"互联网+"大学生创新创业大赛有4000个学分，学科竞赛有5000个学分，创新创业讲座和创业沙龙有4000个学分，创新创业活动周、创新创业展、双创学生组织、创业孵化，以及学生科研成果等有6000个学分，每年大致提供24 000个学分。这样，提供足够多的创新创业实践活动，满足学生的个性化需求，学生可以根据自己的兴趣来选择相应的创新创业实践活动，极大地调动了广大学生的积极性与创造性。

2. 提供高质量的创新创业实践活动

创新创业学院要按照高标准举办创新创业活动，确保每一场活动都是精品，每一场活动对学生都有足够的吸引力。在举办双创讲座时，一定要请到真实的且有一定演讲水平的创业者或企业家。同时，创新创业学院要做好充分的前期准备，确保讲座能够吸引到足够多对该嘉宾及内容感兴趣的学生。好的演讲嘉宾能够激发学生的创业兴趣，而学生投入的状态以及活动中的积极互动，同样能够有效地反馈给嘉宾，形成良性互动。在创新创业培训中，创新创业学院应对讲师进行严格审核，同时也要做足活动准备与服务工作，吸引真正对创新创业有兴趣的学生参与，坚决杜绝为了获取学分参加培训的现象，让学生真正有所收获。创新创业培训不仅有利于促进学员就业观念的转变，更能激发他们的创业意识，掌握创业技能，找到志同道合的创业伙伴。江西理工大学通过举办此类活动短时间内造就了一小批学生成为微型企业的老板。

3. 明确创新创业学分认定标准

明确创新创业学分认定标准，就要改革创新创业实践学分认定管理办法，建立简单可操作的学分认定办法，严格将认定范围限定在创新创业范围内。一个活动的主题是否为创新创业，要看其是否有利于激发大学生的创新思维、创业意识，能否提高大学生的创新创业能力，而不能因为相关的活动与创新创业有些许关联就认定。

(五) 江西理工大学创新创业实践学分制度

为了更好推进创新创业教育实践学分制度的实施，江西理工大学制定了《江西理工大学关于深化创新创业教育改革的实施方案》，基于此文件创新创业学院又制定了《江西理工大学本科生创新创业实践学分管理办法》，一是建立了有利于创新创业教育的弹性学籍制度，将创新创业实践取得的学分纳入毕业学分要求，放宽学生修业年限，支持学生休学创业，允许调整学业进程，对创业学生在学校规定的修读年限基础上可申请延长两年毕业；二是建立了创新创业学分认定与转换制度，学生参加各类创新创业活动(科技竞赛活动、科研活动、讲坛讲座、创业实践等)均可折算为学分，且可在跨专业、跨学院课程学分中进行转换和积累；三是鼓励学生毕业后创业，允许创业学生毕业后的户口和档案继续在学校保留两年；四是学生因创业休学保留学籍，其在校学习期间所修课程及获得的学分最长保留期为4年。

《江西理工大学2016版本科专业人才培养方案修订指导意见》明确指出，四年制本科毕业生应修创新创业教育4学分，其中"大学生创新创业基础(必修)"为2学分，"创新创业实践(创业实践、科学研究项目训练、发明创造等)"为2学分。在满足本专业人才培养方案规定的创新创业学分基础上，超出的学分可以申请免修本专业选修专业课程1门。学校出台《江西理工大学关于本科人才培养实施全面学分制的管理办法》，允许学分互认。学生在与我校签订了学分互认协议的境内外高校或在我校认可的境内外高校或慕课等网络学习平台修读课程获得的成绩和学分，可以转换为本校课程成绩和学分。学生参加各类学科竞赛可以获得创新创业学分，根据学生参加的学科竞赛项目和获得的等次给予不等的学分。例如，参加国家级"互联网+"大学生创新创业大赛或"挑战杯"竞赛获得金奖的，可获得8个学分；获得银奖，可获得5个学分。参加国家级A类竞赛获得金奖的，可获得4个学分；获得银奖，可获得3个学分。通过创新创业教育实践学分的实施，大大提高了学生参加学科竞赛的积极性，提高了学生的创新创业能力，促进了创新创业教育的开展。

第七章　创新创业孵化

2021年9月，国务院办公厅印发的《关于进一步支持大学生创新创业的指导意见》明确指出，要加强大学生创新创业服务平台建设，优化大学生创新创业环境；学校各类创新创业实践平台须面向在校大学生开放，鼓励创业孵化器面向大学生创新创业团队开放免费的孵化空间，完善成果转化机制，加快落实以增加知识价值为导向的分配政策，加大对创业失败大学生的宽容扶持力度。所以，高校应建立大学生创新创业孵化平台，形成"创业苗圃+孵化器+加速器"的大学生创业孵化完整链条，提供融资渠道，解决大学生创业融资困难、创业条件不完备等问题。下面着重从国内外创业孵化的成功案例来分析孵化平台对于大学生创业的意义。

一、创业孵化

创业孵化是完善的创新创业教育生态体系的重要内容，只有建好创业孵化平台，才能行之有效地让大学生提出创意，完成创新，实现创业。创新创业教育的开展，离不开产业界的支持和参与。以美国为例，产业界为大学创新创业教育提供大量的实践场地、创业指导和实习岗位，与大学联合建立创新创业教育实践中心、设立捐赠创新创业教师席位等，以支持大学开展创新创业教育。同时，大学的创新创业教育也孕育了许多世界知名企业，为区域经济社会发展做出贡献。借鉴国外成功经验，我国高校应积极探索产学研合作的创新创业教育新模式，搭建创新创业实践平台，建立政府、大学和科技产业园区的联动机制，推进创新创业实习实践基地和创业孵化基地建设。创业孵化基地可以在设备、资金、场地等方面提供创业扶持,并提供专业的创业咨询和创业服务,使创新创业教育真正落到实处[1]。

(一) 大学生创业的痛点

大学生有着蓬勃的朝气,一往无前的勇气,以及初生牛犊不怕虎的精神,对未来充满希望,这些都是一个创业者应该具备的素质。但是,仅仅具备以上素质还远远不够。创业充满了不确定性,创业之路布满荆棘,需要社会各方面的支持。目前,大学生创业的痛点主要包括有以下几个。

1. 缺乏必要的创业资金

有关调查显示,自主创业资金不到10万元的大学生占74.32%,因此有六成以上的学生认为,"缺乏必要的创业启动资金"是大学生自主创业的最大阻力。

2. 对相关创业支持政策不熟悉

现行的创业政策机制还不够完善,我国在提供的就业创业信息和就业指导服务中,营造的就业创业舆论和相关文化氛围还不浓厚,在产品研发、工商注册、税务登记、风险评估、市场营销、规划设计等方面为青年就业创业的服务还不够规范、健全,往往使想创业的大学生找不到相应的政策支持。

3. 创业素养和知识能力欠缺

创业者的法律、财务、审计、评估、专利、金融、管理专业知识能力,不是一时一地短期自学就能掌握的,但又是创业过程中必需的应用能力。因此,大学生创业者急需创业政策咨询、创业培训、创业场地、小额贷款、项目推介、市场论证、专家指导、市场拓展、成果

---

[1] 刘伟,邓志超. 我国大学创新创业教育的现状调查与政策建议——基于8所大学的抽样分析[J]. 教育科学,2014,30(6):79-84.

展示等创业服务。

(二) 创业孵化体系

大学作为创新创业教育的高地，理应在创新创业人才培养和区域协同发展上做出自己的贡献，而创业孵化是高校创新创业活动的关键一环。从创意到创业实践，学生创新的思维犹如种苗，怎么寻找适合种植的土地？胸怀创新思维的学生团队，如何合作才能发展为一家创业公司？学生创新的思维如何生产成一个商品？学生初创企业如何从小到大？这些问题的解决要有系统的培养计划和长期的发展计划，必须在目前创新创业教育体制的基础上进行调整，更高效地推动大学生创新创业步入稳健发展阶段。实践层面的高校创新创业培育支持系统，主要包括创业苗圃、孵化器和加速器等，而这几个实践形态，目前最主要的载体就是大学生创新创业园和大学科技园。

大学创新创业园是高校开展大学生创新创业教育与实践的重要场所。创新创业园主要建设在高校内部或者毗邻学校的位置，场地较小，主要为大学生创新创业实践提供基本的创业空间和创业指导服务。创新创业园在管理上一般隶属于创业学院，依据学校赋予的职责开展创业管理和服务工作。

大学科技园一般建设在校外，在物理形态上是独特的空间区域，包含更大面积的区域和多幢建筑。而大学科技园在管理体制上也比较灵活，主要面向国际市场，并向技术相对成熟的师生创新方式提供公共服务。大学科技园也是中国高校创新孵化系统构建的最高级阶段。

创业孵化服务是科技服务的重要内容之一，创业孵化服务是科技成果转化、科技企业孵化、科技型企业家培育的重要内容，主要为初创企业及其创业者提供公共办公场地、政策引导、资金支持、成果转化鉴定、项目咨询策划和人才培训等多类服务。企业孵化服务的主要任务有以下几个：一是建设一个以专业创业孵化器和创新型孵化器为重点、综合孵化器为支撑的创业孵化生态体系；二是强化创业教育，厚植创业文化，营造良好创业氛围，办好创业大赛，充分发挥创业孵化器在大学生创新创业和高校科技成果转化中的重要载体作用；三是引导企业、社会资本积极参与投资建设创业孵化器，促进投资机构与创业孵化紧密结合，整合创新创业服务资源，加快建设"创业苗圃+孵化器+加速器"的创业孵化服务链，为促进产业升级、培育新兴产业提供源头支撑[1]。

二、创业孵化链

大学要构建从初创期的"创业苗圃"，到成立公司的创业孵化器，再到中试基地的加速器，形成一条科技孵化成长的"创业苗圃+孵化器+加速器"大学生创业孵化完整链条。

(一) 创业苗圃

创业苗圃，又称为预孵化器，它是创业孵化体系中的重要部分，是传统创业孵化器前向发展的结果。创业苗圃一般从创意激发开始，通过对创意的发生、思路的提炼以及实践流程的全方面实训，推动创意或想法市场化落地。

创业苗圃以创新创业项目和创业团队为服务对象，创新的种子在这里孕育、发芽、成长。在这里，学生在导师的指导下，针对社会需求进行市场调研，从中获取灵感，找到创业机会，形成可行性创业方案。在创业苗圃，创业导师与学生的关系是更紧密的教练和运动员的关系，甚至导师也可以作为创业团队的一个核心成员，导师针对学生的特征、能力和创新意识，结合学生的创业项目，对创意进行评估，对学生创新创业项目进行充分论证，与学生团队一起沟通，找出存在的问题，整合与优化创业资源，从而为创新创业项目提供专业化、系统化的全过程孵化服务。

---

[1] 曾境舒. 湘潭大学生科技创业园创新创业服务体系完善研究[D]. 湘潭：湘潭大学，2017.

创业苗圃是一种现实物理要素的集合或虚拟的空间，是"创业苗圃—孵化器—加速器"创新创业服务链条的源头，它更关注的是想法和灵感，通过整合资源，为大学生创业者提供零成本的创业办公环境和创业过程中所需的系列化服务，帮助学生创新创业方案向成熟转化，帮助创业项目、创业团队健康快速成长，完成创业项目构思[1]。创业苗圃是企业和校园融合的产物，作为一个校园式服务团体，提供便利周到的服务是基础，引导学生开展创新、推动学生明确创业目标。

创业苗圃主要吸收创业初期的创业团队(项目)，这阶段主要是针对创意进行预孵化，从创意到实现创意，开展全过程推进，为创业项目的商业化实施奠定基础条件。创业苗圃的核心任务是发现创业项目、寻找创业团队、发现创意产品和寻找商业模式。

1. 校内创业苗圃

有的创业苗圃建设在校园内，与校园教学活动、课外活动联系密切，学校能够及时发现学生的创意，为学生提供免费的办公空间，并辅之以基本的办公设备(如计算机、打印机、网络等)。在这一阶段，创业导师的角色非常重要，学校要安排专门的创业导师对学生各环节进行指导。

复旦大学的IC创新工场就是校内创业苗圃的典范。它充分利用复旦大学的集成电路学科优势，主要面向集成电路产业，以激励大学生技术创新为主要目标，致力于帮助大学生完成创新创业梦想。它的整个培育工作流程如下所述：学生根据专业知识学习和生活中的发现形成创意，同时拥有把创意实现的热情和兴趣，经过学校相关筛选程序，创意项目入驻创新工场；在创新工场内，学校提供先进的研发资源，包括实验室、设备、专业导师和创业导师，最终实现创业项目的培育。IC创业工场是完全免费的，学生的创新创业几乎没有什么门槛和阻碍，创新创业试错成本大幅度降低，从而消除创业学生的顾虑，

---

[1] 姚晓芳，陈功. 合肥市创业苗圃发展现状及对策研究[J]. 安徽科技，2013，26(10).

大大提升机会型创业的成功比例，最终促进创新创业型人才的培育。

2. 校外创业苗圃

创业团队可根据自己项目的特点灵活申报地点。之所以选择校外，必然与创意产品以后的推广和发展有关。无论是校内还是校外，创意项目都应围绕产品开展后续工作，重点把握创新性、可行性和经济性，让创业活下去、活得久、活得好。这些经学校批准的苗圃团队，每月可获得一定的房租补贴，以及水电、物业等其他费用补贴，同时也将免费获得创业导师的指导。创业导师应当根据不同的创业项目，提供不同的指导服务，并及时向学校创业部门报告苗圃项目进展以及存在的问题，切不可生搬硬套。

合肥科技创新创业苗圃就是校外创业苗圃的典范。该苗圃是安徽省于2013年启动的首个创业苗圃，位于合肥市高新区合芜蚌自主创新综合试验区，占地面积1640平方米，主要服务对象是自主创业的大学生，为他们从无到有的创新创业项目提供3~6个月的预孵化服务，包括创业政策辅导、创业课程培训、投融资对接以及建立个性化的成长培养档案等，引导和帮助潜在的创业者将创意点子转化为实业。苗圃提供场地免租，提供免费的电话、网络、传真等公共商务服务，基本上实现了只要有想法、有团队，就可以"拎包创业"。

(二) 创业孵化器

1. 孵化器特征

1959年，纽约贝特维亚城的曼库索家族买下了一片废弃工厂，分割成若干个小单元，出租给不同的小企业。园区里，有一家养鸡场，曼库索家族的长子乔带人参观时说，这里孵化的不是小鸡，孵化的是商业，孵化器的经营模式因此得名。

孵化器通过提供研发、生产、经营的场地，通信、网络与办公等方面的共享设施，系统的培训和咨询，政策、融资、法律和市场推广等方面的支持,降低创业企业的创业风险和创业成本,提高企业的成活率和成功率。孵化器旨在对高新技术成果、科技型企业和创业企业进行孵化,以推动合作和交流,使创业者将发明和成果尽快形成商品进入市场[1]。

高校中的孵化器主要由政府和大学提供资金,由科创基金或校友基金来投资项目。这里对大学生创业主要有三个方面的吸引力:基础设施、创业辅导和创新网络。科技企业孵化器一般应具备4个基本特征:一是面向特定的服务对象,为新创办的科技型中小企业;二是有孵化场地,为企业提供物理空间;三是有公共设施,为企业提供基础设施服务;四是提供孵化服务,降低创业者的创业风险和创业成本,提高创业成功率,促进科技成果转化,培养成功的企业和企业家。

很多孵化器都会给创业者提供免费的办公场所,但它的角色更像是学校,而不是房东。进入孵化器,创业者可以获得创业导师、投资人和各领域专家的指导,把半成型的创业项目孵化出来,启动公司化运营。全球最著名的孵化器就是YC(Y Combinator),YC每年举办两次创业培训课程,为期3个月。课程结束后,进行项目路演,并提供投资。与主流的天使投资相比,YC的投资金额和占股都要小得多,它最大的价值是给没有经验的创业者提供信用背书。

2. 孵化器提供的服务

(1) 高性价比的办公环境。办公环境对创新创业者来说非常重要,如果没有好的办公环境,势必会影响他们的创新创业绩效,所以很多创新创业者把办公环境作为重要的选择因素。这里良好的办公环境不仅包括基础条件,还包括创新创业氛围的营造,比如创新创业人才之间的交流和创新资源的集聚。

(2) 支持风险规避。创新创业者缺乏更深层的社会认知和风险准备,需要独立面对生存风险的过渡,而社会没有对失败建立一个保障

---

[1] 杨路. 论淮安科技企业孵化器的建设与发展[J]. 科技风,2012,25(7).

机制。很多时候，不是没有好的创意，而是缺乏成熟的配套制度，很多没有孵化成功的产品，就被扼杀在摇篮里。而孵化器则可以给创新创业者提供一个与公司内部成功者进行投资经验共享和沟通的平台，从而有效预测并避免可能发生的投资风险。同时，孵化器还能够为创新创业者提供更多的技术、法律和财务等帮助，并且提供最新政策资讯，以辅助项目申报。而实际上，很多创新创业者埋头单干，独自承担了许多的风险，缺乏外界充足的支持，导致创意流产，辛苦和努力付诸东流。这也从侧面印证了创业孵化器的重要性——好的孵化器能够为创客提供更加稳定的发展。

(3) 资源共享。孵化器给创业者提供了一个平台，给每个新入驻创业者都带来了人脉资源、推广资源，这对刚涉足创业的人而言无疑是最好的安排。企业孵化器能够创造条件，使同时被孵化的创业者很方便地进行交流，分享经验和信息，互相鼓励，甚至结成业务合作伙伴。创业者充分利用现有平台，完成资源共享，在有限的校园空间内完成最大程度的资源利用。

3. 国内大学孵化器案例

(1) 清华大学启迪之星，属于"孵化器+基金"模式，依托启迪控股，进行年度滚动式投资，持续投资初创企业孵化和天使投资基金。该孵化器的孵化过程分为3个阶段：第一阶段，为期3个月，提供免费场地，对接资源，获得种子投资10万～50万元人民币；第二阶段，如果团队素质好，引入天使基金，再投入50万～100万元人民币；第三阶段，与其他天使基金对接。该孵化器的退出机制：A轮开始小幅回撤，B轮盈利，C轮完全回撤，象征性地留下部分股份。

(2) 上海交通大学慧谷创业中心，是由上海交通大学、上海市科学技术委员会、徐汇区人民政府共同创办的公益性国家级科技企业孵化器。该创业中心旨在为高新技术企业技术创新创业提供全方位服务，促进科技成果转化，培育高新技术企业。为了给孵化企业提供一定的R&D(research and experimental development，研究与试验发展，简称为

"研发")资金，许多具有政府和大学背景的创新基金通过上海交通大学丰富的资源进行投资，帮助企业获得外部融资。

(3) 复旦大学国家大学科技园，由复旦大学、上海洋浦科技投资发展有限公司、上海陆家嘴金融贸易区发展有限公司、上海尚可科技投资有限公司、上海科技创业中心、上海新江浦置业有限公司六家股东共同投资，注册资本1亿元。该孵化器聚焦中小电子信息企业，为孵化企业提供办公场所和融资服务平台。

(4) 同济大学创业谷，依托同济大学的学科优势、教学资源和学科优势，从前瞻性、市场化、跨学科三个方面对项目资质进行综合评价。该孵化器为入驻项目提供实验室、场地、设备等硬件支持，工商、税务、法律、地方政策咨询等软件支持。根据项目的成熟度和可行性，该孵化器为初始项目提供政府支持咨询、小额资金投入和陪读导师，为中期项目提供培训课程和外包服务。

4. 国外大学孵化器案例

(1) 斯坦福大学Start X是一个教育性的非营利组织，不持有其帮助启动的公司股权。Start X 的工作人员主要由来自斯坦福的学生志愿者组成。Start X的核心使命是支持斯坦福的创业者，通过来自学校、校友以及企业捐赠，创始人平均可筹集到450万美元创业资本。从2011年成立以来，该孵化器已孵化了近400个初创团队，包括Periscope、Branch Metrics、Poloarr、2Redbeans等，培养了700多名斯坦福大学的校友成为企业创始人。

(2) 麻省理工学院创业中心，成立于1993年，是多组织开放创业生态系统建设的代表。该孵化器由麻省理工学院校友资助，被细分为6个独立机构，分别在创业过程的不同阶段提供指导，通过合作组织、创新资助、产业联合研究、科技成果转化等方式，有效促进科技成果转化和创业孵化，实现大学与政府、产业与资本的有效互动[1]。

---

[1] 刘文澜，聂风华. MIT多组织、开放式创业生态系统探析[J]. 清华大学教育研究, 2019, 40(5): 97-104.

(3) 牛津大学创业空间，由牛津大学赛德商学院创办，为牛津学生提供公共创业空间，提供办公空间及相应物品，可预留会议室和活动场地，强调培养学生创业领导力和合作能力。

(4) 剑桥大学创业学习中心，成立于2003年，前身为剑桥创业中心。剑桥大学创业学习中心是一家非营利性组织，设立在剑桥大学贾奇商学院，是领导和推动多元化创业项目发展的核心机构，其主要职责包括创业及创业教育项目的设置、督促实施与评估。多年来，创业学习中心通过各类项目、研讨会、讲座等方式不断激励潜在创业者参与其中。

(三) 创业加速器

项目孵化后，企业的核心任务就是如何实现增长。加速器就是实现企业加速成长和发展，为新兴企业提供支持和资源的组织或计划，其目的在于应对初创企业面临的多重挑战，包括资金短缺、市场准入、导师指导、行业连接以及企业管理等方面的问题。与孵化器不同，加速器通常持续时间短，企业会有一个明确的方向和目标，帮助团队打造第一款产品或是融到第一资本，通常进入加速器的初创公司须在3个月内"毕业"。创业加速器的发展受到了多个因素的推动。首先，全球范围内的技术创新和数字化转型催生了大量的初创企业，但这些企业在市场竞争中面临着巨大的不确定性和风险。其次，投资者对于寻找有潜力的初创企业来说，需要更高效的渠道，以便投资于具有创新和增长潜力的项目。因此，创业加速器的出现填补了这一市场需求的空白，为初创企业提供了机会，也为投资者提供了更广泛的选择。

1. 加速器的特征

加速器的核心特征包括以下几个。

(1) 导师支持。导师在加速器中扮演着至关重要的角色。他们通常是有丰富经验和成功创业历程的人士，为参与的初创企业提供指导和指导。这种导师制度不仅为初创企业提供了宝贵的经验教训，还帮助他们建立信任关系和有力的导师网络。导师可以就战略规划、市场定位、产品开发、融资策略等各个方面提供反馈和建议，有助于初创企业避免常见的错误，提高决策质量。

(2) 资金投入。加速器通常向入选的初创企业提供资金投入，以帮助他们启动或扩展业务。这些资金可以是直接投资，也可以是以股权交换、可转换债券或其他形式提供的资金支持。这有助于初创企业筹集资金，以推动产品开发、市场推广和扩张计划。

(3) 教育和培训。加速器的培训课程和教育内容通常根据入选的初创企业的需求进行定制。这意味着创业者将接受与其特定行业、市场和业务挑战相关的培训。这些培训可以涵盖市场研究、产品开发、运营管理、团队建设等各个方面。这些培训通常由行业专家、学术界人士和成功的企业家讲授，以确保内容的实用性和适用性。这样的定制培训能够帮助创业者迅速提升知识水平，提高业务竞争力。

(4) 资源和网络。加速器的合作伙伴网络对初创企业来说非常宝贵。这些合作伙伴包括风险投资者、大型企业、政府机构和其他创业生态系统的重要参与者。初创企业可以通过加速器获得与这些合作伙伴的接触，有机会获得资本投资、合作机会和市场准入。此外，与其他创业者和同行建立联系也是非常有价值的，因为可以互相学习、分享经验，甚至形成战略伙伴关系，推动彼此的业务增长。

2. 国外创业加速器的案例

(1) Seedcamp是一家总部位于伦敦的欧洲创业加速器，成立于2007年。它专注于支持欧洲初创企业，为入选的公司提供种子资金、导师支持和一系列的培训和活动。Seedcamp不仅在伦敦设有加速计划，还定期举办欧洲各地的活动和工作坊，以建立创业者社区。一些知名的Seedcamp投资项目包括Revolut(金融科技)、UiPath(自动化软件)和TransferWise(汇款服务，现在更名为Wise)。

(2) Techstars是一家总部位于美国科罗拉多州的全球性创业加速

器，成立于2006年。它在全球范围内运营加速计划，涵盖了多个行业领域，包括科技、健康科学、能源、食品和农业等领域。一些知名的Techstars毕业企业包括Sphero(教育机器人)、SendGrid(电子邮件服务)和ClassPass(健身订阅服务)。

(3) 500 Startups是一家全球性的创业加速器和风险投资基金，总部位于美国旧金山，成立于2010年。它已经投资了数百家初创企业，覆盖了多个国家和领域，重点关注技术和数字化领域。一些知名的500 Startups投资项目包括Canva(设计工具)、Credit Karma(信用评分服务)和Udemy(在线教育平台)。

(4) Antler是一家全球性的创业加速器，成立于2018年，总部位于新加坡。它的目标是发现并培养创业领域的新人才，而不仅仅是已有的初创企业。该加速器还鼓励创业者在早期阶段合作，以发现共同兴趣和潜在合作伙伴。一些知名的Antler投资项目包括Cleo(金融健康助手)和Xailient(计算机视觉技术)。

3. 国内创业加速器的案例

(1) 创新工场成立于2009年，总部位于北京，是中国领先的创业加速器和风险投资公司，由李开复博士创办。创新工场致力于支持技术创新和创业项目的发展。创新工场的成功案例包括小米、滴滴出行和美团等知名企业。它还积极支持人工智能、生物科技和新能源等领域的创新项目。

(2) 阿里巴巴创业者基金是阿里巴巴集团设立的创业加速器和投资机构，支持中国和亚洲地区的初创企业。该基金提供资金、导师支持和市场准入等服务，帮助初创企业在电子商务、云计算、人工智能等领域取得成功。阿里巴巴创业者基金的投资项目包括菜鸟网络、云从科技和盒马鲜生等公司。

(3) 国创空间是一家中国的风险投资和创业加速器，成立于2017年，总部位于北京，专注于支持科技创新和新兴产业的发展。国创空间提供资金支持、导师指导、战略合作和全球网络，帮助初创企业快速扩展业务。该加速器关注人工智能、生物医药、智能制造等前沿领域的项目，并已投资了多家领先的创新企业。

(4) 蓝湖创投是一家总部位于北京的风险投资公司，同时也运营创业加速器，专注于移动互联网、人工智能和消费科技领域。蓝湖创投的创业加速器不仅提供资金，还提供了导师支持。导师团队由行业专家和成功企业家组成，为创业者提供宝贵的战略建议和市场见解。此外，蓝湖创投的创业加速器还为初创企业提供全球化资源和网络，助力他们实现国际化扩张。蓝湖创投的投资案例包括Mobike、蘑菇街和美柚等。

三、创业融资

(一) 大学生创业融资困境

企业创立初期，有场地租赁、经营材料、办公设备、税费、人工成本等开支，故资金充足是企业正常运转和保证项目顺利进行的基本条件；创业成熟阶段，人工成本的消耗、技术的迭代更新、企业规模的扩大等需要大量的资金，此阶段如出现资金链的断裂，将对企业、创业者带来严重的影响与损失，故充足的资金是保证创业过程中的各个环节顺利进行的必要条件。而在实际运营中，资金不足是创业者的常态，创业融资势在必行。

现阶段，我国创业融资处于发展期，二级市场没有真正成熟，中小企业融资渠道狭窄。大学生拥有较强的创业意愿，但融资较为困难，融资方式单一、融资渠道缺乏、融资资金不足等原因，使许多优秀大学生创业者无法实现真正的创业。

大学生创业融资困境表现为以下几点。

1. 创业者初期资金规划不足

目前大部分大学生创业者对公司资金缺乏规划，盲目认为初始资金后，只要企业运转正常，形成了现金流，资金问题就迎刃而解，而后期企业出现资金需求时，融资者不得不对投资方进行妥协，造成"出小钱买高股"现象。一些大学生创业者甚至为了资金不惜出让技术及创意，当双方后期合作出现毁约行为，必定会对大学生创业者造成严重影响，相关的行为可以使技术持有者在市场中严重失信。

2. 融资对象选择盲目

处于创业初期的大学生通常融资资源稀缺，加之企业资金紧张，因此急于促成融资，对于投资者的资金能力及业务能力是否满足企业的发展了解较少，即使投资者在增值性服务等方面出现相违背的情况，依然选择捆绑。严重的经济不对称现象使融资者对投资者盲目产生信任，双方合作没有得到有效支持，最终企业的可持续发展无法完成。

3. 缺乏风险意识

大学生创业者未形成良好的企业家道德风范，资金使用方面往往容易忽略风险控制，在没有风险分析下展开的投资活动，将会影响投资回报率，一旦风险事故突发，投资者的利益将严重损害，严重影响投资者的信心。简单理解，就是使用他人的钱圆自己的梦想，而最后自己的梦想也未实现。

4. 融资门槛高，贷款手续复杂

由于大学生创业贷款风险高，国内大部分国有银行或商业银行均未设置此类贷款业务，对于银行贷款要求担保或抵押，大学生既没有创收能力，也没有足额的抵押物，加之创业信用低，所以很难完成担保。银行专业人士认为，大学生贷款风险高，缺乏可靠性，很容易导致投入与产出不成正比。另外，对于创业的大学生，银行在贷款过程中设置了很多门槛来规避风险，一般贷款人需办理烦琐的贷款手续，放贷周期较长，使得资金运行失去及时性。

5. 扶持政策不完善、渠道单一

目前，国家支持中小企业的资金规模与实际需求之间存在显著差异，创业大学生无法按照预期需求进行创业资金申请。从中央到地方出台的一些帮扶措施可以看出，这些政策带有显著的倾向性特征，大多倾向于小额贷款业务，对于风险投资、创业基金涉及较少，同时政府在激励大学生创业的措施方面缺乏力度，激励措施未制定细节，相关融资政策的成效未达预期效果。

6. 创业融资教育缺乏

近年来，我国高校创业教育才逐渐展开，高校创业课程设置并不多，且创业理论体系还有待进一步完善，校企合作制度需进一步提高，大学生创业不仅需要学校提供创业课程，建立学生的创业知识框架，还需要参与具体的实践活动中，积累创业经验，降低创业风险。对于融资教育与培训，各个院校的相关方面培训较少，导致大学生创业者在创业过程中面临融资困境时，无法寻找有利的融资途径。

(二) 大学生创业融资方式

大学生创业融资方式主要有以下几种。

1. 政策基金

政府提供的创业基金通常被称为创业者的"免费皇粮"。政府作为项目投资方，其信用问题有所保障；政策基金一般由政府部门免费提供，降低或免除了创业者的融资成本。但政策基金的申请需要有严格的申请程序，政府每年的投入有限，融资者需面对其他融资者的竞争。如杭州市为吸引国内外优质创业资本、项目、技术、人才向杭州市集聚，建立和完善了大学生创业投资体系，杭州政策基金对于普通创业者提供10万元到50万元的创业基金，同时对于创业失败者设置了较为宽容偿还政策，贷款10万元以下的，全部由政府代偿；贷款10万元以上的，10万元以下部分由政府代偿，10万元以上部分由政府偿还

80%。对于从事养老、家政以及现代农业的创业者，杭州市政府给予10万元补贴，并且创业前三年每人每年提供1万元的就业补贴。大学生到浙江实习的，提供生活补贴。对家庭困难的毕业生，发放每人3000元的求职创业补贴。

2. 高校创业基金

高校对大学生在校创业持鼓励态度，大多数高校都设立相关的创业基金，以鼓励本校学生进行创业尝试。但该资金规模不大，支撑力度有限，面向的对象不广。

2020年华米科技创始人、董事长兼首席执行官、中国科学技术大学92级校友黄汪在母校设立"华米创新创业基金"。该基金面向拥有中国科学技术大学学籍的在读学生及毕业5年内的校友组成的项目团队(毕业5年内科大校友团队应为注册企业，企业法人须为毕业5年内科大校友且团队中校友持股比例需达到或超过50%)，支持其开展创新创业类项目。批准立项的项目可获得华米基金经费支持10万元到50万元，基金支持项目正式立项后，首批拨付70%资助，通过中期验收后，再拨付剩余30%资助。经费主要用于技术研发、产品设计、团队组建、市场调研、专家咨询、产品推广等方面。原则上获得过中国科学技术大学"双创基金"支持并顺利结项的团队，以及获得过"互联网+""挑战杯"等国内外重点双创赛事省级比赛金奖或全国比赛银奖及以上奖项的团队，可优先获得支持。对于顺利结项的项目，华米科技(含华颖基金)将优先给予商业性投资考虑。

复旦—云锋创业基金由云锋基金捐赠，由复旦大学创新创业学院负责管理，旨在鼓励复旦大学在读学生依托科技自主创新、自主创业，培育技术创新人才，拓宽毕业生就业渠道；同时为复旦大学毕业8年内的校友提供资金支持、创业培训和辅导支持等。该基金以无偿资助的方式，鼓励学生参与各领域自主原创性科研探索项目、技术发明或产品研发，为具有创业意愿和潜力的复旦大学在读或毕业8年内的学生提供创业资金扶持，只要满足公司注册时间为3年之内，项目基金资助年限为1年，每个项目就得到不超过15万元的资助。该基金面向各个领域、行业，重点审查项目的科学性、创新性、可行性、商业模式和申请者的研究能力等。

3. 亲情融资

亲情融资即向家庭成员或亲朋好友的筹款，这个方法筹措资金速度快，风险小，成本低。但向亲友借钱创业，会给亲友带来资金风险，甚至是资金损失，如果创业失败就会影响双方感情。

4. 合伙融资

寻找合伙人投资是指按照"共同投资、共同经营、共担风险、共享利润"的原则，直接吸收单位或者个人投资合伙创业的一种融资途径和方法。合伙融资有利于对各种资源有效整合，有利于降低创业风险。但合伙制也容易产生意见分歧，降低了办事效率，特别是股权相对平均的，很容易因为意见的不一致，导致企业危机。也有可能因为权利与义务的不对等而产生合伙人之间的矛盾，不利于合伙基础的稳定。

5. 创业贷款

大学生创业贷款是指银行等资金发放机构对各高校学生发放的无抵押无担保的大学生信用贷款。为支持大学生创业，国家各级政府出台了许多优惠政策，涉及融资、开业、税收、创业培训、创业指导等诸多方面银行贷款。

6. 风险投资

风险投资主要是投资者向初创企业提供资金支持并获取该企业股份的一种融资方式。企业可将投资资金用于发展企业、开拓市场，风险投资人在企业达到一定规模时可将股权变现，进行下一轮投资。风险投资可以助力微小企业在创建初期顺利发展。

风险投资人不仅能给初创企业带来丰厚的经济资源，还能提供行业知识，拓展企业创业资源库，进而提升企业在金融圈的信誉，建立企业的战略资源和核心竞争力，这些关键因素可以快速推动企业成长。

7. 天使投资

天使投资是个人投资者或非正式投资机构对拥有专门技术、独特概念而缺少资金的企业进行的投资。天使投资一般只提供"第一轮"的小额投资，因为投资人代表自己进行投资，中间没有复杂而烦琐的投资决策行为，所以天使投资具有融资速度快、操作程序简便等优点。

天使投资人大多数为有一定成功经验的创业者，他们的进入往往会参与企业的战略设计与战略决策，帮助企业招聘管理人才，为企业提供咨询服务以及协助公关等，同时天使投资人的进入也会给企业带来功能性知识和隐性知识，提高企业信誉。

8. 创业众筹

1) 什么是众筹

众筹是一种通过互联网平台向大众公开募集资金的方式，个体或组织为了实现一个计划、理想等采取面向公众筹集资金的融资方式。通过互联网，个人或团体都可以将自己的计划、愿望、产品和创意等作为众筹项目展示在众筹平台，而项目的浏览者可以根据自身的偏好、兴趣、经济实力等对这些项目进行赞助或投资，同时，项目发起人也会给予支持者精神或物质的奖励作为回报。这种方式能够实现聚少成多，帮助个体或组织快速获得资金，有效消除传统融资模式中的中间环节、提高融资效率，降低交易成本，分散融资风险[1]。

众筹的兴起源于美国网站kickstarter。2009年kickstarter.com上线以来，互联网众筹发展迅猛，该网站通过搭建网络平台面对公众筹资，

---

[1] 王正沛.众筹平台生态系统及关键主体行为研究[D].哈尔滨：哈尔滨工业大学，2018.

让有创造力的人可能获得他们所需要的资金，以便使他们的梦想有可能实现。这种模式的兴起打破了传统的融资模式，每一位普通人都可以通过该种众筹模式获得从事某项创作或活动的资金，使得融资的来源者不再局限于风投等机构，而可以来源于大众。

2011年，"点名时间"的正式上线标志着中国互联网众筹正式开启；2014年，中国互联网平台众筹迎来井喷式的增长，仅2014年就上线了154家众筹平台。

互联网众筹对于推动"大众创业，万众创新"具有重要的意义，创业资金对于推动创业创新至关重要，尤其是大学生创业者，大学生创业者有好的创意，但大学生缺乏资金，无法将创意落地，而众筹不需要提供产品，也不需要复杂的商业计划书，只需要将自己的创意和想法通过文字、图片和视频展现给公众，就可以获得公众的支持与投资。

众筹主要由项目发起人、互联网平台以及投资人三方构成，如图7-1所示。众筹过程中，项目发起人和投资人借助互联网平台建立关系网络，项目发起人在关系网络中发布项目计划，大众投资人通过互联网对该项目进行投资，此模式中大众网民为资金提供方，项目发起人不再是从专业的金融投资机构或专业的投资人中获取资金。根据众筹模式的不同可分为产品众筹、股权众筹以及公益众筹，其中公益众筹在国内主要以轻松筹与水滴筹两家为主。

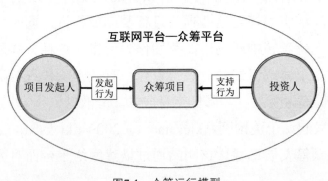

图7-1　众筹运行模型

2) 产品众筹

产品众筹是项目发起人用所筹资金完成产品并将产品作为回报交付给投资人的方式，整个过程中，投资人获得的是非财务性收益，创业团队、企业或个人将有需求或感兴趣的消费者转化为投资人，利用"团购+预售"的模式，获取项目部分启动资金，待产品具备对外销售条件后，依据双方规定，将开发完成的产品作为回报补偿给投资人，其中，国内较为成熟的产品众筹平台有淘宝众筹、京东众筹以及苏宁众筹。

产品众筹主要关注4个方面的商业模式：一是如何锁定产品消费群体以及产品定位和服务；二是如何控制产品成本获取收益；三是如何获取产品服务所需的资源及能力；四是如何与消费者进行双向信息交流，弥补产品设计不足。

产品众筹适合不同生命周期的企业，初创公司可通过众筹将自身核心竞争力充分发挥，成长期公司可为迭代产品寻找设计灵感，成熟期公司可寻找合作伙伴，同时进行低成本宣传。

3) 股权众筹

股权众筹是私募股权互联网化，即通过互联网向普通投资人募集资金，同时公司出售一定比例股份，与产品众筹以产品作为回报不同，股权众筹投资人可享受公司未来收益。股权众筹资金需求方需将项目放置于互联网网站，并通过路演、宣传等方式获得投资人的认可，从而申请认购。现如今，我国较大的股权众筹网站有天使汇、众筹之家、人人投、人人创以及大家投等。

总而言之，众筹作为一种新兴的融资渠道，逐渐成为大学生创业和创新项目的重要选择。在大学生融资方面，众筹为他们提供了独特的机会。首先，众筹能够帮助大学生创业者克服传统融资渠道的限制，降低创业门槛。相对于传统的银行贷款或风险投资，众筹更加灵活，更容易获得初创项目所需的启动资金。其次，众筹提供了一个有效的市场验证机制。通过众筹，大学生创业者能够测试产品或想法的市场需求,并与潜在用户进行互动和反馈,进一步改进和优化项目。因此,这些优势使众筹成为大学生创业者获取资金和资源的一种有吸引力的选择。

第八章　数字时代的创新创业教育

以互联网、物联网、大数据、区块链、云计算和人工智能等为代表的数字技术正在深刻影响并逐步主导着世界的经济、社会和生活领域的变革，世界正在进入数字时代。数字经济正在成为未来主要的经济形态，成为推动全球资源要素重组、改变全球竞争格局的关键力量，成为引领世界经济转型和增长的核心动力。中国更是走在数字经济发展的前列，数字经济已占据中国经济的重要位置。数字经济是继农业经济、工业经济之后发展起来的基于数字信息技术的一种主要经济形态，是以数据资源和数据技术为关键因素，以现代信息网络为主要载体，以信息通信技术融合应用为路径，以社会经济数字化转型为重要推动力，促进虚拟与现实、时间与空间、公平与效率更加统一的新经济形态。数字经济发展速度快、辐射范围广、影响程度深，正在推动生产方式、生活方式和治理方式深刻变革[1]。

创新创业是推动经济社会发展最重要的力量，数字时代的创新创业是基于数字经济发展并以数字技术为基础的创业，数字时代的创新创业既有与工业经济时代创新创业相同的基本内涵，更具有其自身的内涵和特点。数字时代的创新创业已成为数字经济增长的新引擎，成为一个国家赢得全球经济竞争的关键因素所在。高校作为创新创业人才培养的基地，开展着创新创业教育，培养造就千千万万的创业生力军，为"大众创业，万众创新"注入新生力量。创新创业进入数字时代，数字经济发展对高校人才培养提出了新要求，高校的创新创业教育必须顺应时代发展，在这个时刻变化和充满不确定性的时代，研究

---

[1] 朱太辉，林思涵，张晓晨.数字经济时代平台企业如何促进共同富裕[J].金融经济学研究，2022(11)：26.

推进数字时代的创新创业教育，培养出更多适应数字时代需求的创新创业人才，是实现中国经济的高质量发展、重塑我国经济发展新格局的战略选择，也是当下高校创新创业教育义不容辞的时代使命。

一、什么是数字经济

(一) 数字经济的定义

数字经济是一个内涵宽泛的经济学概念，一般认为凡是基于数字信息技术，直接或间接利用数据资源的作用，推动社会生产力发展的经济形态都可以归为数字经济的范畴。数字经济可以极大地优化生产过程、降低社会生产和交易成本、优化资源配置效率，提高产品、企业、产业附加值，推动社会生产力快速发展，同时为工业化国家提供经济发展变道超越的可能。数字经济包括数字产业化和产业数字化两个重要方面。在技术层面，数字经济包括物联网、云计算、大数据、区块链、5G通信、人工智能等新兴技术；在应用层面，主要包括"新服务""新制造""新应用""新模式""新零售""新生活"等新型的经济方式。

产业数字化是指在新一代数字技术支撑和引领下，以数据资源为关键要素，以价值释放为核心，以数据赋能为主线，对产业链上下游的全要素数字化升级、转型和再造的过程[1]。产业数字化是数字化技术向生产、商品与服务等传统产业进行多方向、多层面与多链条的融合过程。产业数字化使得原来需要大量劳动力的传统产业实现了智能化。一是用智能机器代替了人工；二是生产全流程再造，提高了生产效率和产品质量；三是产品的大量化标准化生产转向个性多样化生产；四是实现产品的生产、流通、使用到消失的全生命过程跟踪。

数字产业化就是由数字技术和数据资源带来的产品、商业和服

---

[1] 翟涛，晋晓磊，胡辉，等.关于提升全民数字技能的研究报告[J].职业，2021(10)：11-16.

务,比如把传统的通信技术、信息技术产业化,如信息通信业、电子信息制造业、软件服务业、互联网,这些均为数字技术出现后才诞生的产业。腾讯科技拥有的数字政府、智慧金融、智慧交通、智慧出行、智慧医疗、智慧教育、智慧零售、微信、QQ、应用生态、数字文创、信息流、安全、AI及量子技术等腾讯数字产品,是典型的数字产业化的案例,构成了腾讯的数字产业生态,成为庞大的数字产业。

(二) 数字经济的特征

数字经济受到三大定律的支配。一是梅特卡夫法则,网络的价值等于其节点数的平方,即$V=N^2$(V表示网络的价值,N表示用户数)。网络的用户越多,价值增值越大,其增值方式以指数级增长。例如一个网络对网络中每个人的价值是1,网络规模增长10倍,则网络总价值就是100;规模增长100倍,则网络的总价值就是10000。二是摩尔定律,计算机硅芯片的处理能力每18个月就翻一番,而价格以减半降低,它反映的既是信息处理能力和速度的快速增长,也反映信息技术硬件生产成本的降低速度。生产成本不断下降,而信息数据资源快速增长,直接反映出数字经济的高价值增长。三是达维多定律,进入市场的第一代产品能够自动获得50%的市场份额,如果一家企业要在市场上一直占据主导地位,就必须第一个开发出新一代产品,还必须第一个淘汰自己的产品,不断更新迭代自己的产品,只有这样才能一直占据市场的主要份额。以上三大定律决定了数字经济具有以下基本特征[1]。

1. 速度极快

互联网技术突破了传统的国家、地域的空间界限,整个地球就是一个网络,快速互联互通,使世界任何地方的信息传输、经济往来都可在极短的时间实现跨度。数字经济突破时空的限制,实现了以接近于实时的速度收集、处理和应用各种信息。

---

[1] 孙德林,王晓玲. 数字经济的本质与后发优势[J]. 当代财经. 2004(12):22-23.

2. 渗透性高

迅速发展的信息技术、网络技术、数字技术，具有极高的渗透性，使信息服务业迅速地向第一、第二产业扩张，使三大产业之间的界限模糊，出现了第一、第二和第三产业相互融合的趋势，甚至可能产生新的产业形态。

3. 自膨胀性

数字经济的价值增长等于网络节点数增长的平方，这说明网络产生和带来的效益将随着网络用户数的增加而呈指数形式增长，这种快速膨胀会造成"强者更强，弱者更弱"的垄断局面。直播带货的案例可以很直观地说明这个问题。

4. 边际效益递增性

边际效益递增性主要表现为两点：一是数字经济边际成本递减；二是数字经济具有累积增值性。数字技术硬件生产成本在不断加快降低，而数据信息资源却在快速增长。

5. 协同效应性

每个用户从使用某产品中得到的效用与用户的总数量有关。用户人数越多，每个用户得到的效用就越高，这种效用既可以是正效应，也可以是负效应。因此，数字经济较容易实现共赢或出现共输的局面。

6. 发展可持续性

数字经济依赖的是数字技术和数据资源，而不是传统工业经济所依赖的工程技术和自然资源。数字技术的绿色化和数据资源的海量与无形，在很大程度上能有效回避传统工业生产对有形资源、高能源消耗的依赖，有效控制环境污染和生态恶化，实现经济社会的可持续性和绿色发展。

7. 联系可直接性

网络的发展使经济组织结构扁平化，处于网络两端的生产者与消费者通过移动网络可直接联系，加上快捷的现代物流，没有必要再经过传统的中间商层次进行交易，这种方式既可以更好地满足消费者的个性化需求，也可以显著降低交易成本；既提高了经济效益，又提高了社会满意度。

二、数字时代创业新范式

(一) 数字时代的创业新情境

数字时代的创业是一种运用互联网、数据技术、信息和通信技术等方法和数字资源而产生的创业现象。一般来说，任何把数字技术应用于传统产业改造或任何将资源、资产、服务或业务的主要因素转换为数字并创造新的价值的创业活动都可以被称为数字创业[1]。针对数字时代的特征，数字时代对创新创业要素的判断不再从宏观环境出发，而是由微观事物开始集聚，进而影响宏观，以微观决定宏观。数字时代创业新情境呈现以下几个特征。

1. 依靠数字技术和数据资源

现代社会领域人类的所有生产、生活过程和场景等都可以应用数字技术进行数字化，这种数字化的过程和应用就是一种创造，这种创造可以转化成为商业经济，服务于人类的生产、生活，这样就产生了数字经济，这种产业的数字化及商业化过程就成为数字创业。

2. 数字创业迭代升级快速

数字经济，意味着每个人每件事物的生存空间都在快速变化和调整中，如年纪大的教师可能要向年轻教师学习，因为年轻教师适应新

---

[1] 李巍. 公司数字创业的四种模式[J]. 清华管理评论，2021(11)：41-53.

事物快速迭代的时间更短,能够更好地利用数字化技术或手段进行创新创业教育教学工作。又如,从微信到抖音是语言文字升级到图像和视频的过程,也是事物发展的快速迭代。快速迭代既是创业的急剧加快,也意味着创业机会的急剧增多。

3. 所有生产生活都能转换成数据

生产活动产生数据,数据再汇集成信息,信息又可转换成知识和智慧,这种知识和智慧可以转化为商业价值,这是一个递进的过程,在数字经济中数据是创造的起点。例如,在传统服装产业,是设备和材料设计生产销售这个流程;而数字时代的核心变成了客户数据和版型数据库,把客户数据和版型数据库匹配起来,就可以为一个人量身定制,并可以承诺送达时间,改变了整个行业的基础逻辑,把数据资源作为创造源头和关键。

4. 现有事物的重组也是创新

有些创新可以说并不是做出全新的东西,只是把现有存在事物进行了重新组合,这种创新的关键是我们能否改变司空见惯的思维方式,从一般中发现特别,运用现有的事物去进行重组创新。"时间是商业竞争的秘密武器,因为由于反应时间导致的优势将带动其他各种竞争优势。在最短的时间内以最低的成本创造最大的价值,是企业成功最新的模式。"这是斯托克和豪特在《与时间竞争》一书中对竞争战略的解释。

5. 有深度互动和深度学习的机会

数字经济领域有很多全新的事物,我们需要通过深度学习去不断了解新事物,把新的事物与我们所处的领域或所有的资源组合就会出现新的机会。国货美妆品牌相宜本草是数字化转型较早的美妆品牌之一,其将数字化进程上升到公司战略层面,不断实现服务和品牌价值的提升。相宜本草通过企业微信平台把办公室自动化系统、营销费用系统、商业智能系统进行整合打通,通过融合实现了复杂系统的灵活应用和资源的快速整合。

6. 协作协同成为创业常态

区块链的底层技术逻辑是以协同为主的,通过区块链技术可以实现整个网络的交易,使大规模的合作与协同成为可能。今天人类的生产生活过程不断被细分和个性化,不断被细分和个性化的背后是大规模的协作协同。

7. 联结数据比拥有更重要

今天的创业者一定注意到,拥有什么并不重要,最重要的在于你能与多少人联结,因为所有的机会都来源于联结。这种联结既有物理空间的联系,也有虚拟空间的联结,联结点的数据越多,就意味着拥有的客户资源越多。

8. 所有可量化、可衡量、可程序化的工作都会被机器智能取代

当数字化转型成为企业安身立命的核心命题,如何快速响应、持续创新、打造护城河优势,并能够捕捉机会,跑赢未来,成为数字化管理领域公认的硬核能力。数字化时代到来时最大的变化是开始淘汰人,淘汰进行可量化、可衡量、可程序化工作的人员。

(二) 数字时代的创业思维变革

1. 认识不确定性是创业的重要思维

不确定性原理(uncertainty principle)最初是由物理学家海森堡提出,指的是在微观世界里,有些物理量是永远不可能确定的,如位置和速率两个物理量,在宏观世界是可以准确测量和描述的,但在微观状态下是不可能同时准确测量的。也就是说,一个变量测量越准确,另一个则越不准确。如今,学界把充满变数、不确定性、"黑天鹅"事件频发的时代,称为乌卡时代。面对不确定性越来越高的外部环境,"黑天鹅"事件之父——纳西姆·尼古拉斯·塔勒布认为,最成功

的企业就是懂得接受事物的内在不可预测性并利用它的企业，这些企业懂得确保企业与持续变化的环境一起进化。

一份来自埃森哲的调查显示，在面向全球3200名企业业务与信息技术高管的调查中，超过80%的受访者认为，企业内部应营造"预见性"的创新文化，为企业员工提供诸如智能数字技术工具，辅助他们捕捉并"预见"新业务的发展轨迹。引入数字化工具的目的，就是使企业内外资源实现无缝对接，从产品制造、需求供给到用户，连接企业运营的每个环节。通过信息连通帮助企业告别内外"信息孤岛"，超越不确定性因素，构筑起超强的企业竞争力和预判力。

譬如企业微信通过加载移动办公SaaS(software as a service，软件即服务)应用，通过对数字资源的深度分析和挖掘，让管理者快速获得反馈和决策依据，提高企业资源配置和动态适应的准确性、预见性、时效性和有效性，帮助企业不断拓展连通能力，构建移动生态圈体系，支持企业在不确定环境中走得更远。

对于数字时代的创业者来说，不能用传统的固定思维来看待创业问题。传统的创业总是要在找到创业的可行性和确定性后才开始，而数字时代的创业是在考虑创业的不确定性的概率，如果这种不确定性在可预料的范围内，而且是可控的，那么可以开始创业。数字时代的创业者要有洞察不确定性存在的概率性思维，只要成功属于大概率性事件，就值得去做。

2. 认识数字时代的创业逻辑

数字时代与工业时代在发展逻辑上有很大的不同，它会在传统行业打开一个断点，并重新定义这个行业，比如零售业。传统零售行业的核心价值点是人、货、场，就是一定要有客流、货品要多、要有卖场，最核心的一件事情就是要选一个货物进出便利、客流量大的卖场，同时要确保货品足够和物流及时。而新零售先是应用线上线下技术解决货的问题，使得新零售的货比传统零售多得多，然后是在支付和配送上，给消费者更多选择和便捷；其不强调卖场，而强调快捷和顾客体验。新零售模式的出现使原有的商业逻辑发生了根本性的变化，商业逻辑的变化必然要引发创业模式的变化。

数字化意味着一切被重新定义，数字化生存意味着一切都可能被重新定义，包括所有行业和人类活动。整个商业逻辑的改变意味着价值创造和获取方式发生本质的变化。例如，原来买东西必须去卖场，而新零售把货送到家里，在获取和交易方式上重新定义了零售；又如，特斯拉让汽车不再只是汽车，重新定义了汽车行业价值创造的方式。

数字时代的产品、市场、客户、行业的价值理解都发生了完全不同的改变。如今迭代和改变行业的并不都是大企业，更多的是小微企业。大企业往往倾向于守住自己原有的优势、不愿重新被定义，而是小微企业在重新定义新的行业。因为一旦这个行业被重新定义，边界被突破、行业游戏规则被打破，大企业很快就会遭遇到巨大的挑战，小企业反而涨势很猛。

数字时代的行业会被重新定义，重新定义的方式就是打开行业断点，识别出新创业逻辑，把握住创业机会。所以从价值创造和获取方式去思考，深刻认识数字时代的商业逻辑，创业者才能创造出更多的机会。

3. 数字时代创业发展的战略空间

数字时代的战略空间中，"创造需求"的空间比"满足需求"的空间更大。在激烈的个人计算机竞争面前，苹果公司决定，直接开始做移动终端产品，它重新定义电脑的价值，创造出iPad。iPad电子产品一经面世，其功能定位是一部最为便携式的触屏电脑，并受到了全美甚至全世界客户的喜欢。当这个需求被创造出来的时候，战略空间就全变了。也就是说，一旦把机会转向创造需求的空间时，战略思考的起点就要从行业转移到客户。因为行业的发展取决于行业对于客户价值创造的贡献，所以真正属于企业的空间一定是客户。

在数字时代，企业不仅要满足客户需求，还要创造客户需求，思考如何把本来没有的需求通过数字技术创造出来。有了新的需求，就有了市场；有了市场，就可以开展商业活动，这就是创业的开始。

三、数字时代的创新创业模式

(一) 促进新创意新消费的产生

"数字化"作为一种新的生产生活方式，改变了制造者和消费者的需求内容、需求结构和需求方式，创业者可以通过反映社会生产和生活方式这些变化的新闻、事件等数字分析，找到新的创意机会。比如，数字文化产业是一个与小微企业相互依存、共同发展的产业。从创意创作方来看，无论何时何地，人们进行文化创意的意愿遍布各类人群，虽然大部分创作的出发点是非商业化的，可能只是为了自己娱乐，或是实现自我表现，或是加入社群维系某种关系等。但将它们汇聚起来，就能够拥有文化产业发展的巨大价值。创意文化平台能够汇聚巨大的创作能量，海量内容以令人惊叹的速度被生产出来，各种具有独特性并搭载各类情怀、想象力的文化产品，不受时空的限制，向全世界消费者提供服务。

(二) 增强对创业机会的识别和把握

"数字化"作为一种新的资源和新的能力，为企业发现价值、创造价值、解决问题提供了新的基础和路径，数字时代以数字平台、数字基础设施和数字网络为内核的数字技术，大大降低了创业门槛并引发创业活动。

未来20年，人工智能、智能机器人、自动驾驶汽车等技术的进步，将使中国就业净增长约12%。技术进步也显著降低了创业门槛和创业成本，减少从发明到市场的障碍。不仅如此，数字技术有利于消除时空障碍，为创业者提供全球化市场。数字时代，各行各业都在发生重大突破，新的商业模式出现，现有商业模式被颠覆，生产、消费、运输与交付体系被重新定义。新一轮数字产业革命的数字化、网络化、智能化和服务化，将催生就业创业的新业态和新模式。

(三) 提升创业项目的技术创新及预测能力

"数字化"作为一种新技术，创业者可以通过专利信息和实验数据扫描、专业技术研讨会、研发等网络数据，对创业机会进行识别和判断。数字时代为创业者带来更多机会，提供更多可能。

数字时代使许多职业消失，同时也创造出许多新的职业。世界经济论坛《2020未来就业报告》(*the future of jobs report 2020*)提出，预计到2025年，由于新技术的引进和人机之间劳动分工的变化，世界将有8500万个工作岗位消失，同时将产生9700万个新的工作岗位。目前，大量传统的工作岗位已被数字化产品、数字化服务所代替。

(四) 促使创新决策由事实驱动向数据驱动转变

"数字化"作为一种新的创业思维方式，基于这种思维模式创业者可以实现对传统资源、市场、价值的重构，对创业边界、结构、关系进行重新定义，推动创新创业模式发展，推动商业模式、营销策略、发展战略的进化。例如，绿色有机农产品本是传统的产品资源，但若赋予其数字化思维，就可实现传统有机农产品国际化市场的快速发展。

(五) 加速由传统创业到数字创业的新发展

1. 创业要素

传统创业需要创业机会、创业资源、创业团队三种关键要素，但数字创业突破了蒂蒙斯经典创业框架，数字创业企业需要数字技术、数字创业能力、数字创业机会、数字创业资源、数字商业模式5种要素。数字创业更多集中在创新思维和数字技术上。

2. 创业团队

传统创业主体是相对单一且明确的创业个体或团队，但数字创业主体呈现多层次、多样化、多形式、可持续演化的特征，数字时代的创业团队可以跨越时空、地域、人群等各种限制，数字技术可以赋能加速创业团队的构建和成长。

3. 创业机会

传统创业机会主要来自创业者的个体经验或创业团队对某一市场机会的深挖，但数字创业机会具有碎片化和识别过程动态化的特征，同时数字化加速了以市场和用户为导向的创业机会识别及评估过程。数字时代的创业机会有很多是创造出来的，只要创业者敢于去做，就有创业成功的可能。

4. 创业资源

传统的创业资源相对有限，资源结构和组成明确，沟通成本和资源聚集成本较高，但数字创业资源相对广泛，可获得性和可替代性更高，资源获取的门槛往往较低、成本较小。传统的创业资源是有形的、可见的和现实存在的，而数字创业的资源很多是无形的、多样的、看不见的和虚拟的，需要创业者去挖掘和创造。

5. 创业过程和结果

在传统创业过程中，其产品或服务具有清晰稳定的边界，创业产出具有可确定性，但数字创业过程具有开放无边界性和动态迭代性，创业产出具有自生长性。

6. 理论基础

传统创业涉及的理论包括创新理论、资源基础、创业理论和不确定性理论等，但数字创业涉及诸如数字技术、平台理论、数据资源、数字创新等理论。

传统创业与数字创业的区别如表8-1所示。

表8-1 传统创业与数字创业的区别

比较方面	传统创业	数字创业
创业要素	创业机会、创业资源、创业团队	数字技术、数字创业能力、数字创业机会、数字创业资源、数字商业模式
创业团队	单一且明确的创业个体或团队	多层次、多样化和可持续演化
创业机会	创业者的个体经验或创业团队对某一市场机会的深挖	创业机会碎片化和识别过程动态化
创业资源	资源有限，获取成本高	可获得性和可替代性高，获取成本低
创业过程和结果	创业过程具有清晰稳定边界，创业产出具有确定性	创业过程具有开放无边界性和动态迭代性，创业产出具有自生长性
理论基础	创新理论、资源基础、创业理论和不确定理论	数字技术、平台理论、数据资源和数字创新等理论

四、数字时代创新创业教育的特征

(一) 创新创业教育理念的数字化

创新创业教育与数字时代的融合，首先是要建立数字化的教育理念。数字经济已经成为世界经济发展的常态，成为推进经济社会发展的关键路径，更是持续激发市场活力和社会创造力的必然选择。数字化是经济社会发展的必然趋势，高校要培养出更多面向未来的高素质人才，就要适应经济社会的数字化发展趋势和特点，对教育教学内容和模式做出相应的转型升级，甚至是变革。创新创业教育的管理者、实施者必须要有清醒而正确的认识，树立数字化教育教学新理念，深入思考如何开展数字时代的高校创新创业教育。

数字化理念反映在行动上，就是要探索创新创业教育的数字化运行模式，善用数字化工具和数字资源，为大学生提供更高效、更便捷的实时数字化学习，结合产业升级充分挖掘用户需求和项目潜力，更加清晰地将项目过程进行数字化沉淀和呈现，更好地借助数字化技术进行复盘和迭代，培养大学生的数字化素养和能力，促进教学效果和成果的产出。在这种背景下，高校应当加大创新创业教育数字化的探索力度，以资源共享为途径，进一步发挥新工科和新文科建设的知识共享、资源共享、平台共享等理念，通过建立创新创业数字化课程体系和教育教学方法，持续推进数字化资源建设与更新计划，持续提供教学服务计划，实现校内外教学资源、实验平台、教学经验、教学资源等的共享[1]。

(二) 创新创业教育内容的数字化

创新创业教育内容可以分为三个层面：第一层次是面向全体学生的，主要是普及性课程内容，旨在培养学生创新精神、创造思维和创业意识，激发学生内在的创新创业潜力；第二层次是面向有较强创新潜质和创业意愿的学生的，主要培养学生的创新创业实践能力的系列课程，旨在通过课程学习提高学生的创新创业技能和实践能力；第三层次是面向有创业强烈愿望或已经有创业公司的学生的，旨在培养学生的创新创业实际操作能力，提高创业的成功率，主要通过各类创业实践活动课程或以创业项目为主体的研讨课，通过创业实践活动引导或具体创业项目研讨，教学与实践相结合，有针对性地加强对学生创业过程的指导。创新创业教育针对以上三个层次，构建了相应的数字化课程模块。

1. 通识课程模块

在这一课程模块，把数字经济、数字技术有关创新创业的主要内容、形式和特征等融入大学生的创新创业基础课程教学内容中，通过数字经济内容的融入实现创新创业基础教学内容的数字化，培养学生的数字化创新创业意识、数字化创新创业思维，塑造具有数字化素养的创新创业人才。

2. 专业课程模块

在这一课程模块，把数字资源、数字技术直接融入创新创业相关

---

[1] 房晓东. 基于新工科理念的创新创业数字化资源共享平台建设的探索[J]. 软件工程，2018，21(05): 57-59.

专业课程中，形成数字化的创新创业专业课程体系。例如设置"数字化创新战略思维""数字时代的风险投资""大数据时代的创业营销与市场调查""数字时代推销技巧"等课程，通过创新创业教育专业课程的数字化，实现专业教育与创业教育的融合，使学生有效理解数字时代的创新创业理论、方法和模式，提高其创新创业的数字化实践能力。

3. 实践课程模块

在这一课程模块，主要基于大数据资源和数字技术的数字创业项目案例、数字创业公司实例的研讨分析，强化学生创业的数字化意识和能力培养，通过学习数字创业项目分析、数字创业方法与实践等相关课程，帮助有创业意愿和潜质的学生走向数字创业。

在数字时代，不能按照传统的思维方式来教学，不是在现有教育的基础上或者按照现有教育的方法上加一些数字内容，而是教育教学范式的彻底转型。这意味着，要顺应数字经济发展趋势，大胆突破固有的课程教学内容、传统的教学形式，推动创新创业教育与数字经济的交叉融合，快速适应数字化教学服务形式，全面升级数字化教学内容，提升创新创业教育质量和培养学生面向未来的竞争力[1]。创新创业课程教学内容的数字化是全面的，要求我们按照数字经济和数字技术重新定义课程、设置教学内容、制定教学方法、设定教学目标和评估方法，建立数字化教育教学模式。

(三) 创新创业教育技术的数字化

当前，高校创新创业教育还存在对数字化认识不到位、数字化应用能力弱、项目孵化率低等问题，阻碍了高校创新创业教育的数字化发展。在方法手段上，创新创业教育一直在致力于解决教育信息不对称、教育资源不均衡、教学方法不现代、教师能力不匹配等问题。数

---

[1] 高思，赵云建. 创新创业教育与未来教育——访美国堪萨斯大学教育技术专家赵勇教授[J]. 中国电化教育，2017(08)：7-12.

字化的创新创业教育将为此打开新局面,高校要不断反思创新创业教育的现状,树立数字化理念,借助数字化技术进一步优化创新创业教育,提高大学生创新创业教育质量。

目前,各个高校都在努力探究数字化时代高校创新创业教育的改革措施,提出适应数字经济发展需求的优化方案。例如,有的高校推出基于微信生态的数字化工具(创客Map)的应用,依托创客Map搭建"全天候、全时空"创新创业教育数据化管理服务平台,流畅完成项目创建及辅导沟通,高效且有序地完成创赛组织、数据管理及创新创业课赛一体平台建设。又如,有的高校通过现代企业商务运营虚拟仿真中心建设,探索虚拟仿真技术与创新创业教育的深度融合,将虚拟仿真技术用于实验教学中,为创新创业教育搭建起学生实践的平台,实现虚拟仿真教学与经管类实验课程、实训教学、跨专业综合实习、创新创业活动等方面的融合,使学生能够在开放、交互的虚拟环境中开展自主实验,培养其实践能力和创新创业能力。

五、数字时代创新创业教育的内容

(一) 数字时代创业意识的培养

创业意识是形成和推动创业行为的内驱力。创业意识是一种心理状态,这种状态可以使创业者更加关注与创业有关的内容并引发创业行动。培养创业意识是在整个创新创业教育当中最为基础的部分,创业教育的根本就是要对学生的创业意识进行启蒙和激发。对于大学生而言,想要在大学毕业后选择自主创业,第一步要做的就是培养创业意识,对创业有正确的认识,包括创业态度、创业社会责任、创业可能的失败和挫折,只有这样才能够使创业目标更加明确,从而投身创业直至创业成功。高校应构建创新创业文化氛围,通过校园创业文化潜移默化影响学生,创业教育开展得好的高校,普遍重视培养学生的创业精神和创业特质,而不是简单地传授创业技能。创业教育要从

"创业技能"学习的一般创业教育中摆脱出来,向培养和锤炼"创新精神、创业意识、创造能力"转变。数字时代,创业门槛相对较低,各种孵化器层出不穷,数字创业与传统意义上的创业存在巨大的差异,数字创业具有无边界性、数据化技术性、低成本性、高回报性、高虚拟性、资源易整合和创新先导性等特征。数字创业已成为当前创业的主流,在推进创新创业教育过程中,很有必要加强数字创新创业教育。目前学生的数字创业意识不够强,数字创业能力培养有待提高,加强数字化创业意识与创业精神的培养是当前创新创业教育的重要内容。

要加强大学生的数字时代创业意识和创业精神的培养,具体包括以下内容:对数字时代创业意识和创业精神的实质内涵的理解,摒弃原来落后的就业观念,利用自身所学的专业知识,强化自己的综合素质,探究数字时代大学生创业的普遍规律,澄清错误认知;承载数字时代创业精神培养的有效载体与路径,如以数字时代创业案例、研究数字创新时代的创业、参与数字创业实践、阅读数字独角兽创业者传记等方式培养学生的数字创业精神。高校要通过实施数字创新创业教育,构建数字创业文化、输入数字创业理念、设置数字创业课程,培育学生的数字创业意识,提高学生的数字创业能力,向社会提供创新创业服务、创新创业型人才和与数字经济相适应的新型创业文化。

(二) 数字时代创业能力的培养

创业能力是指创业者或创业团队在一定的条件下,发现和捕获创业机会,将各种资源组合起来并创造出更大价值的能力,即潜在的创业者将自己的创业设想成功变为现实价值的能力。从科技成果转化的角度,创业能力是将自己或他人的科研成果转化为现实生产力或商业价值的能力,包括专业知识运用能力、创新能力、社会洞悉能力、市场化商业能力。创业能力是影响创业者是否发起创业行动的一个重要因素,大学生创业者有学习能力强、精力旺盛等优势,但也存在创业意识和能力不强的问题,即捕获市场商业机会、承受创业挫折、管理创业团队等能力不足,因此,高校创新创业教育要切实提升学生的创业能力。与传统的创业能力相比,数字创业在创业机会、整合资源和创业团队等方面具有了数字属性,但当前高校的创新创业教育还是停留在传统的创业教育。高校应专注数字创业这一细分领域,就如何提高学生的数字创业意识和数字创业兴趣进行深入的研究,从而促进更多的大学毕业生能投身于数字创业。

要加强大学生的数字时代创业能力培养,具体包括以下内容:明确数字时代大学生数字创业能力的内涵意义;从数字化技术、商机开发与利用、领导力等方面研究并提升大学生数字创业能力,即能够运用互联网、大数据、人工智能等数字技术的能力。高校要从创业课程、创业大赛、创业孵化三个角度研究和构建数字化创业能力的培养路径和手段,构建更为具体、更可操作的数字化创业能力培养路径。

(三) 数字时代创业生态体系建设

创业生态体系研究始于美国,麻省理工学院较早建立了由多个项目组织和创业中心构成的创业生态系统。塞图巴尔理工学院构建了由创业课程、创业项目拓展和辅助性的基础设施三个要素组成的创业教育生态系统。创业生态系统是一个能够让创业者容易获取所需政策、资金和专家资源,并受到政府激励,宽容创业失败的环境。高校的创新创业教育生态系统中,学校是主体和核心,要通过整合学校内部组织、资源,为学生提供创业课程、学习培训、实践平台等服务,同时借助于包括政府、企业、校友、风险投资等外部资源,使高校成为创业资源的汇聚地,聚合各种资源,创造更大的价值。

数字创业生态系统由数字技术设施、数据市场、数据用户和数字企业等主体构成,通过各主体之间的交互作用,实现内部资源共享。创新创业教育生态系统以高校作为创业教育核心,创业教育主体和社会外部环境因素(主要包括政府、孵化器、企业、组织、机构等)相互作用，形成彼此依存、共同合作、协调发展的动态平衡系统。经济发达地区的数字创业生态系统已经较成熟，很多高校也构建了创业教育生态体系，但专注于数字创业细分领域的却很鲜见，要聚焦高校数字创业生态系统构建，即高校应整合数据资源、数字用户、数字技术、校友、政府、风投、行业等相关主体，构建一个数字创业细分领域的创业生态系统，为大学生打通数字创业的"最后一公里"。

构建数字时代高校创新创业生态体系，高校不仅要构建好创新创业教育的数字技术环境，还要让学生充分接受数字时代的教育，培养数字创业意识，掌握数字创业方法，让有创业意愿的大学生能够从数字创业生态体系中获得资金、场地、技术、政策、合作伙伴、专业指导等方面的支持，更要重构数字化创业生态体系的内涵、组成要素和运行机制，促使高校、政府、企业、风投等相关方能够打破物理空间，形成线下实体空间与线上虚拟空间的融合、学校资源和社会服务资源相结合、多方互利共赢共生共荣的虚实结合协同的大空间，加大数字化背景下生态体系的软硬件设施建设，从物理及理念层面使各方在共同的创业价值观和文化中产生共鸣，构建起一个良好的数字创业生态环境。

第九章　创新创业教育评价

创新创业教育是培养创造性人才的教育实践活动，是促进全社会关注大学生创业就业、推动经济社会高质量发展的重要战略举措。创新创业教育评价是创新创业教育不可或缺的环节，良好的创新创业教育评价体系不仅能够检验高校创新创业教育的质量与效果，同时还可以通过评价发现并反馈创新创业教育过程出现的问题，指引高校持续改进，进而提升高校创新创业教育成效。

一、教育评价理论发展

(一) 教育评价的兴起

在20世纪30年代，美国教育学家泰勒(Tyler)首次提出教育评价理论。泰勒早期认为"教育评价衡量教育目标在课程和教学中实现程度"，随后在20世纪80年代发表的《教育评价概念的变化》一文中提出教育评价是"检验教育思想和计划的过程"[1]。他从开始认为教育评价应先确立教育目标，在目标的基础上对课程和教学进行评价，随后转变为对整个教育过程中的教育思想及教育计划进行评价。泰勒为现代教育评价奠定了基础，被称为"当代教育评价之父"。随后有学者对泰勒的观点提出异议，斯塔弗尔比姆(Stufflebeam)认为"教育评价不应局限于评判决策者所确定的教育目标达到的预期效果程度，而应该是收集教育方案实施全过程及其成果的有关资料，为决策提供信息的过程"。1983年，美国教育学家克隆巴赫(Cronbach)将教育评价理论概括

---

[1] 辛涛，李雪燕. 教育评价理论与实践的新进展[J]. 清华大学教育研究，2005(6): 38-43.

为"一个收集和报告对课程研制有指导意义的信息的过程"[1]。

在20世纪70年代末,我国教育界才引进现代教育评价理论,随后从20世纪90年代中期开始,国内许多高校进行教育质量评价的实践探索,为构建教育质量评价体系提供了理论支撑[2]。我国教育界一般认为教育评价是"在系统地、科学地和全面地收集、整理、处理和分析教育信息的基础上,对教育的价值作出判断的过程,目的在于促进教育改革,提高教育质量"[3]。因此,教育评价是注重于对教育价值的评判,同时也作为提升教育效果、推进教育发展的重要手段。

(二) 我国教育评价的发展

我国教育评价的研究起步较晚,教育评价体系正处于发展阶段,因此,无论是理论上还是方法上,都尚未形成成熟的评价体系。我国教育评价体系发展主要表现在以下三个方面。

1. 评价主体从单一到多元

最初的教育评价主要是由教育评价专家或专门人员进行的。而当前的教育评价趋向多元化,把社会、政府以及被评价的一方也纳入评价主体,使得教育评价更为多元化、全面化、客观化及科学化。

2. 评价方法从定量分析到定性和定量分析相结合

我国早期的教育评价运用的是定量分析方法,将教育全过程要素进行指标量化分析,忽视了一些无法量化的评价指标。如今的教育评价将定性分析与定量分析相结合,在将评价指标量化的基础上,将无法量化的人文因素引入评价指标体系,从而形成更加全面、客观的教育评价。

---

[1] Cronbach L J. Course Improvement through Evaluation[M]. Boston: Kluwer-Nijhoff.1983.101-115.

[2] 李楠. 贵州省本科院校创新创业教育质量评价研究[D]. 贵阳:贵州财经大学,2019.

[3] 金娣,王刚. 教育评价与测量[M]. 北京:科学教育出版社,2002.

3. 评价内容从重结果转向过程评价和结果评价相统一

我国最初的教育评价受到国外泰勒教育评价的启发，大多关注教育的结果与教育的目标是否符合，只关注教育结果，对教育质量的提升帮助不大。因此，鉴于我国教育评价者对此问题的反思，如今的教育评价在注重结果的同时，也对教育全过程进行评价，反馈在不同阶段的教育过程中出现的问题，随后高校及时改进，最后将高校教育效果与其教育目标作对比，进而形成综合性评价。

二、创新创业教育评价的政策导向

创新创业教育是培养学生的创新精神、创业意识与创新创业能力的教育实践是建设创新型国家的重要举措，也是需要多领域协调互动、复杂的系统性工程。创新创业教育评价是提升和改进创新创业教育的基础。通过对创新创业教育进行评价，既能够监督、检验高校创新创业教育的成效，也能够反馈创新创业教育中的不足，为高校改进创新创业教育过程奠定基础。因此，创新创业教育评价是创新创业教育不可或缺的环节，也是优化创新创业教育效果、推动创新创业教育发展的基础。

2015年，在国务院印发《关于深化高等学校创新创业教育改革的实施意见》(以下简称《实施意见》)后，各地区、各高校都按照《实施意见》的要求，及时制定了符合本地、本校实际的创新创业教育改革实施方案，并向主管部门或所在地省级教育部门备案，备案后向社会公布[1]。各地区、各高校根据符合本地区本高校实际情况的实施意见进行改革，对深化高校创新创业教育改革具有重要作用。对这一系列政策文件特别是其中对创新创业教育评价的有关内容进行文本分析，对于认识和把握我国高校创新创业教育评价实践发展的未来方向非常重要。我们首先对国务院层面的《实施意见》中关于创新创业教育评价的有关规定进行梳理归纳(见图9-1)，随后从《江西省人民政府办公厅

---

[1] 王佳伟. 我国创新创业教育评价的发展现状及优化路径[D]. 杭州：浙江大学，2018.

关于深化高等学校创新创业教育改革的实施意见》中选取有关创新创业教育评价内容进行简要总结。从各级政府的文件中可以看出，国家对高校创新创业教育的期望，也从中了解到各级政府对创新创业教育的评价。

《江西省人民政府办公厅关于深化高等学校创新创业教育改革的实施意见》指出，要"加强学科专业建设，开展专业综合评价，将创新创业教育成效纳入专业综合评价指标体系"，并强调要改进教学评价机制，一是采取多种形式，整合学生、教师、校(院)以及合作办学单位等各类评价结果，建立有效的课堂教学评估的信息反馈机制，疏通反馈渠道，结合校园网开发切实可行的应用软件，将信息全面、准确、及时地传达到院系以及教师本人，确立教师在课堂教学评价活动中的主体地位，建立以促进学生发展、教师能力提高为目的的课堂教学自评制度；二是支持教师把国际最新研究成果和实践经验融入课堂教学，注重培养学生的批判性和创造性思维，激发创新创业灵

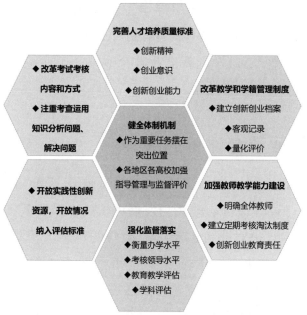

图9-1　国务院《实施意见》中关于创新创业教育评价有关要求[1]

---

[1] 彭波，王伟清，张进良，等. 人工智能视域下教育评价改革何以可能[J]. 当代教育论坛，2021，(6)：1-15.

感；三是引导教师积极开展创新创业的教学、理论和案例研究；四是针对学生建立创新创业档案和成绩单，客观记录并量化评价学生创新创业活动开展情况；五是将科技成果评价从专业评审向产业化验证转变，从节点监控向创新、产业化、示范应用的全过程评价转变，将成果是否转化作为课题评审的标准之一；六是建立在校和毕业后学生创新创业信息的跟踪机制，把创业成功率和创业质量作为评价创新创业教育的重要指标。

江西理工大学根据国务院以及江西省发布的文件要求，制定了符合本校实际的创新创业改革方案，方案强调要"推进模式改革，促进创新创业教育转型"，通过构建新的创新创业教育模式，积极鼓励教师采用新的教学模式和方法。一是通过设立教学方法改革专项资金资助，鼓励和支持广大教师积极参与创新教学方法改革；二是通过教学竞赛、"十佳百优"教师评选、教学研讨等各种激励措施和活动形式，大力鼓励创新创业教师采用案例式、参与式、探究式、启发式、研讨式和汇报式等教学方法，引导学生自主学习，促进创新创业教育的转型；三是学校大力推进考试考核改革，探索实施非标准答案开放式考试，实施新型"3+1"创新创业教育改革，毕业综合水平测试中嵌入创新创业，并取得较好效果。

三、创新创业教育评价的内容

评价的目标不同，评价的内容也就不同。评价内容主要有四大类：结果评价、过程评价、政策与发展评价，以及影响力评价。

结果评价主要是对高校创新创业教育的产出效果进行评价，包括高校毕业生的"就业率""创业率"和"创业成功率"等指标。然而，只对创新创业教育的结果进行评价是片面的，因为只看重创新创业教育结果，而弱化过程性评价，对提升高校创新创业教育效果帮助有限。

过程评价是对创新创业教育整个过程进行考察与检验，包括教师授课情况、学生参与创新创业活动情况、创新创业环境等，通过过程评价发现教育过程中存在的问题，进而改进创新创业教育效果。

政策与发展评价主要是对高校创新创业教育的政策与发展状况进行评价，因为只有了解高校创新创业的发展状况，才能对其创新创业教育质量做出合理评价[1]。同时，以宏观政策对高校创新创业教育进行评价，能从整体上把握创新创业教育走向，促进高校创新创业教育可持续发展。

影响力评价主要包括对高校的社会声誉、社会地位、毕业生创新创业影响力等方面的评价。通过影响力评价，能够客观反映高校教育的综合实力、社会影响力以及创新创业教育水平等。

因此，在进行高校创新创业教育评价时，针对不同的评价目标应选择不同的评价方法和内容，才能对整个创新创业教育有一个多角度、全方位的、客观的评价，才能提升高校创新创业教育质量，推动创新创业教育的发展。

四、创新创业教育评价主体

在创新创业教育体系中，每个主体都对创新创业教育有不同的期望，因此，根据各个主体的期望，可将创新创业教育的评价主体分为四类：高校、学生、社会及政府。高校作为创新创业教育的施教主体，其人才培养工作是创新创业教育的核心，高校创新创业教育的核心目标是培养学生的创新精神和创业意识，提高学生的创新创业能力，培养高素质创新创业型人才。因此，从高校主体的层面评价创新创业教育，应当注重高校开展创新创业教育的所有环节，既注重教育的结果，也要注重教育的过程，摒弃"唯创业率"评价创新创业教育的思想。学生作为创新创业教育的受教主体，其表现能直接反映出高校创新创业教育效果，是评价创新创业教育的直接主体。所以，从学

---

[1] 朱密.公安院校学生创新创业教育现状及对策[J].辽宁警察学院学报，2022 (1)：16.

生主体层面评价创新创业教育,应当注重学生创新创业能力和品质的培养效果,促使能力和素质均衡发展。社会在创新创业教育体系中主要起到监督作用,所以从社会主体层面评价创新创业教育时,应当使用影响力评价方法,对创新创业教育进行较为客观的评价。政府在创新创业教育体系中主要通过相关政策起到协调与支撑作用,所以从政府主体层面评价创新创业教育时应该主要对政策进行评价,判断政策的科学性与合理性。

因此,我们主要从高校、学生、社会以及政府四个主体层面评价高校创新创业教育质量,具体评价指标体系如图9-2所示。

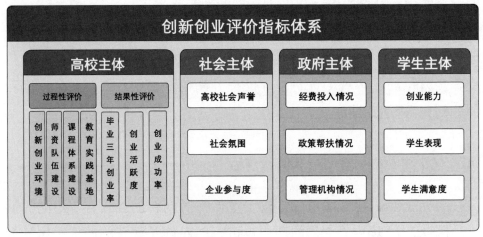

图9-2 创新创业教育评价指标结构体系

(一) 从高校主体层面进行评价

高校作为创新创业教育的主体,在创新创业教育过程中起到培养创新创业人才、教授创新创业知识和技能等关键作用[1]。从高校主体层面对创新创业教育进行评价,主要包括过程性评价和结果性评价两个维度。在对高校主体创新创业教育评价时,过程性评价主要是对在创新创业教育过程中学生创业能力、创新精神及创业意识等素质培养的

---

[1] 王鑫,姜峰,索忠源等. 新工科背景下创新创业教育与材料成型专业教育相融合模式的研究[J]. 吉林化工学院学报,2021,38(2):28-31.

评价。结果性评价主要是对接受创新创业教育后学生对知识和技能掌握状况以及学生的创业率、创业成功率等方面的评价。

1. 过程性评价

过程性评价是在推进创新创业教育的过程中进行的评价。过程性评价能够对教育进程及学生需求进行实时动态把握，及时发现问题并调整，因此在形式、时间和方法上较为灵活，同时方便在日常教学中针对某一主题进行有针对性材料的收集并形成评价，多用于学校内部教学过程中的自我总结提升[1]。过程性维度评价主要从高校的创新创业教育环境、师资队伍建设、课程体系设置、教育实践基地等几方面展开。

1) 创新创业教育环境

创新创业环境是影响创新创业教育活动各种因素的综合体。良好的创新创业教育环境能够有效激发大学生的创新思维和创业意向。高校可以通过营造良好的创新创业环境，来提升大学生的创新兴趣和自主创业行为，丰富创新创业教育内涵，提高创新创业教育的有效性。对高校创新创业教育环境评价，主要从高校创新创业教育硬环境和软环境两个方面，硬环境包括高校投入创新创业教育的设施设备、创新创业实践基地等；软环境包括高校的创新创业文化氛围、师生创新创业的思想观念等。

评价高校创新创业教育硬环境时，应当注重高校是否投入足够的资金来建设良好的教育设施，创新创业教育设施是否跟上信息化建设，高校投入创新创业教育的设备设施是否能够满足人才培养的需要，高校创新创业孵化基地数量，高校投入创新创业教育经费的比例，以及参加创新创业课程学习后学生的创业率等。在评价高校创新创业教育软环境时，应当注重高校创新创业文化氛围是否浓厚，高校创新创业相关社团及专题研讨会数量，师生是否积极参与创新创业教

---

[1] 罗兰. 高校创新创业教育评价体系构建策略研究[D]. 长春：东北师范大学，2018.

育过程，高校开展创新创业竞赛数量，创新创业实践基地孵化成果数量，高校与企业合作的创新创业项目数量等。

2) 师资队伍建设

高质量创新创业教育师资队伍对于促进创新创业教育具有重要意义。《国务院办公厅关于深化高等学校创新创业教育改革的实施意见》指出，要加强教师创新创业教育教学能力建设，明确全体教师创新创业教育责任，完善专业技术职务评聘和绩效考核标准，加强创新创业教育的考核评价。此外，高校教师应切实提高创新创业教育的意识和能力，加强教师岗前培训，提高教师的教学水平和创新创业能力。评价高校师资队伍建设时，主要从创新创业教师数量和素质以及教师参与专业研究两个方面进行。

评价高校教师数量和素质时，应当注重创新创业教育课程中师资配备数量，高校是否聘请外界创业人士、企业家来承担一定的教学任务，创新创业课程教师是否有创新创业实践经验背景，教师是否经过创新创业教育教学培训，创新创业课程教师中高级职称比例等。评价教师专业研究时，应当注重教师发表创新创业相关的论文、专著等成果数量与质量，是否成立创新创业教育专门机构，教师对于创新创业课程的考核方式，教师参与创新创业实践项目的比例，教师对于创新创业案例分析挖掘情况等。

3) 课程体系设置

完善的课程体系是创新创业教育的基础。高校要将自身办学理念与创新创业教育培养目标相结合，面向学生建立学科前沿、全方位、立体化、多学科交叉的创新创业教育课程体系。高校要加快信息化建设与创新创业教育有机融合，推出一批资源共享的在线开放课程。高校还可与校外有关机构、企业等开展合作，组织高校教师以及企业高管联合指导学生创新创业课程。此外，创新创业教育课程应当注重培养学生开创性思维，激发学生创新创业意识，根据不同学生的学习规律及需求，为学生提供丰富的教育课程资源。

评价创新创业教育课程体系设置可从课程的目标与原则、课程的内容与方法、课程的性质与学分三方面进行。首先，评价课程目标与原则时，应当注重课程是否针对全校本科生和全校研究生进行不同设置，是否是将培养学生的创新精神、创业意识和创造能力作为创新创业课程目标，以及课程设置是否注重理论与实践相结合。其次，评价课程的内容与方法时，应当注重课程内容是否是学生所感兴趣的，能否激发学生的积极性、主动性，课程方法是否科学合理，能否与理论知识有效衔接，课程教学是否与校外实践活动相结合。最后，评价课程的性质与学分时，应当注重创新创业课程是否同时设立相关的选修课与必修课，同时是否将创新创业课程与专业课结合，课程是否根据学时设置合适的学分。

4) 教育实践基地

真正的创新创业人才不仅要懂得创新创业的理论知识，更重要的是在实践中具有创新创业能力。2021年，《国务院办公厅关于进一步支持大学生创新创业的指导意见》指出，要"建强高校创新创业实践平台，充分发挥大学科技园、大学生创业园、大学生创客空间等校内创新创业实践平台作用，结合学校的学科专业特色优势，联合有关行业企业建设一批校外大学生双创实践教学基地，深入实施大学生创新创业训练计划"。高校创新创业教育实践基地不仅能够培育出师生的创新创业项目，还对提升学生创新精神、创业实践能力具有重要作用。

评价高校教育实践基地主要从创新创业项目、创新创业大赛、创新创业基地三方面进行。创新创业项目能够丰富大学生创新创业知识与实践经验，是提升学生创新精神和创业能力的有效途径；创新创业大赛能够有效营造积极的创新创业环境，激发学生创新精神，达到以赛促教的效果；创新创业基地包括大学科技园、创业项目孵化基地、创客空间等校内校外实践基地，是为在校大学生提供创业实践场地的重要平台。

评价创新创业项目时，应当注重高校是否鼓励学生参加创新创业项目，高校是否积极组织开办校级创新创业项目，以及高校创新创业项目相关成果的数量与质量。评价创新创业大赛时，应当关注高校是否积极宣传创新创业大赛(如"互联网+"大学生创新创业比赛、"挑战杯"全国大学生系列科技学术竞赛等各种创新创业竞赛)，高校是否积极组织开办校级创新创业相关竞赛，高校创新创业大赛的相关成果等。评价创新创业基地时，应当注重高校投入到创新创业实践基地的师资、资金等资源，创新创业实践基地是否将师生的科研成果、专利等转化为创新创业项目。

2. 结果性评价

结果性评价是一种事后评价，是对已经完成的教育工作进行的总结性评定，主要是对已经完成的教育教学活动及取得的成效进行统计分析，并与事先设定的培养目标进行对比，从而做出价值判断。结果性评价多用于教育部门对多所学校、某一时段等的整体情况进行把握，以用于收集素材、汇总成绩、呈现成果、全面分析并制定对策或决策[1]。在创新创业教育中，结果性评价主要是对毕业三年后创业率、创业活跃度以及创业成功率三个指标进行的评价。

1) 毕业后三年创业率

用学生毕业后三年创业率评价指标代替高校创业率这个评价指标，是因为创新创业教育存在"时滞效应"。学生在完成创新创业教育相关课程后，虽然其创业态度、创业能力、创新精神都得以提高，并形成创业意向，但由于项目启动资金不足、缺乏社会人际关系等，学生在毕业后可能会先选择就业。在经过一段时间的沉淀后，受到创业环境的影响，如政府扶持创业项目力度较大、优惠政策多，毕业生的创业意向更加强烈，进而寻求合适的创业机会，形成创业行为。创新创业教育时滞效应作用机制如图9-3所示。

---

[1] 罗兰. 高校创新创业教育评价体系构建策略研究[D]. 长春：东北师范大学，2018.

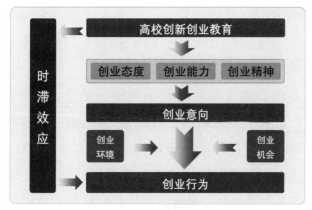

图9-3 创新创业教育时滞效应作用机制

麦可斯研究院在研究就业质量和创业率指标上均采用了毕业半年后和毕业三年后的时间段。仅以用创业率评价我国高校创新创业教育质量是失之偏颇的，创业率只能直观展示当前创业人数占总人数的比例，并未将时滞效应考虑进来，而时滞效应是大概率存在的。也就是说，选择先就业后创业的毕业生数量是普遍多于毕业后直接创业或尚未毕业就创业的人数。因此，以毕业后三年创业率作为创新创业教育评价指标适用于我国高校不同地区、不同时间创业率的变化分析。

2) 创业活跃度

创业活跃度是计算区域创业活动积极程度的重要指标。全球创业观察(Global Entrepreneurship Monitor, GEM)为了计算初创者或者初创企业参与者等占调查样本人数的百分比，提出"全员创业活动率"指标。"全员创业活动率"仅能展现国家与国家之间的创业活跃度差异，还不能展现我国各省市的创业活跃度差异。因此，根据我国国情，中华职业家企业家协会(Chinese Professionals and Entrepreneurs Association)开发了CPEA指数作为衡量我国区域创业态势的指标，并将创业活动的活跃度划分高活跃区域、一般活跃区域、不活跃区域、沉寂区域[1]。

在创业活跃度测算方面，有学者基于创业企业数量的角度将创业

---

[1] 罗兰. 高校创新创业教育评价体系构建策略研究[D]. 长春：东北师范大学，2018.

活动限定为各地区的私营企业数量，将有创业意向的潜在创业者和企业内部创业排除，仅以每万人拥有的私营企业户数代表所在地区的创业企业活跃度[1]。

毕业生创业企业数量以及创业企业的人数是评价高校创新创业教育的重要指标，能够在一定程度上体现出创新创业教育的目标与效果。因此在评价创新创业教育时，不仅要关注高校创业率指标，也要注重不同地区、不同高校创业情况的差异性，根据不同地区创业活跃度的差异来评价不同高校创新创业教育质量，进而提出有针对性的解决方案。

3) 创业成功率

教育部在《关于大力推进高等学校创新创业教育和大学生自主创业工作意见》中指出："要把创业成功率和创业质量作为评价高校创新创业教育效果与质量的重要指标。"从结果导向来看，创业成功率是高校创新创业教育的最终目标。成功的创业者不只是创办企业，而是企业能够在一段时间内生存发展。

在当前我国高校创业环境下，大学生创业率和创业成功率均普遍较低。这种局面受到多方面因素的制约。首先，政府扶持政策和外部环境是影响大学生创业能否成功的重要因素。政府在提供创业支持和激励政策方面的作用不容忽视。有效的政府扶持政策能够为大学生创业提供资金支持、减轻创业风险、创造有利的创业环境，并与市场形成合力，促进创业项目的成功发展。其次，大学生创业需要获得资金、人脉等资源的支持。创业是一项资金密集型的活动，需要投入大量的资金用于产品研发、市场推广、团队建设等方面；人脉资源对于创业者的成功也至关重要，良好的人脉关系可以提供合作伙伴、投资机会和市场渠道等重要资源，助力创业项目的实施与发展。最后，大学生自身的创业素质和能力对创业成功起着决定性的作用。成功的创业者需要具备良好的决策与规划能力，能够识别机会与风险，具备创

---

[1] 李长安，苏丽锋，谢远涛. 影响城市创业活跃度的成本因素分析[J]. 山西财经大学学报，2012，34(10)：10-18.

新思维和创造力。此外，创业者还需要具备团队管理、市场营销和财务管理等多方面的综合素质，以应对创业过程中的各种挑战和变化。

因此，要提升大学生创业成功率，需要综合考虑政府政策与外部环境的支持、资金和人脉资源的获取，以及培养学生的创业素质和能力。只有综合推动这些因素的发展，才能为大学生创业提供更加有利的条件和机遇，提高创业成功的概率。在评价创新创业教育质量时，创业成功率也应作为一个重要的指标，以反映创业教育的有效性和创业者的实际创业能力。

(二) 从学生主体层面进行评价

大学生是高校创新创业教育的主体，创新创业教育的核心目标就是培养学生的创业意识，培养学生敢于创新、坚持不懈的创新精神，其本质是培养学生的创新创业能力，为大学生终身可持续发展奠定基础的实用教育。学生的创新精神、创业能力的表现能直接体现出高校创新创业教育的效果。通过学生主体层面评价创新创业教育质量，可以为改进高校创新创业课程、推动高校改革创新创业教育提供参考。从学生主体层面评价创新创业教育主要从学生创业能力、学生表现、学生满意度等几个方面出发。

1. 学生创业能力评价

培养大学生的创业能力对于提高创业成功率、促进大学生创业就业、推进创新驱动发展战略具有重要作用，同时也是高校创新创业教育的核心目标。因此，对学生创业能力评价是创新创业教育评价的重要部分。这里借助杨晓慧的大学生创业能力结构模型(见图9-4)来对学生创业能力进行评价。该模型把创业能力分为创业人格、基本创业能力、核心创业能力、社会应对能力四个一级指标。每个一级指标又可分为多个二级指标，创业人格包括了勇气胆识、责任担当、踏实执着、自信乐观；基本创业能力包含实践能力、学习能力、分析能力；核心创业能力包括创新能力、机遇把握能力、资源整合能力、领导能力；社会应对能力包含人际交往能力、团队协作能力和抗压能力[1]。

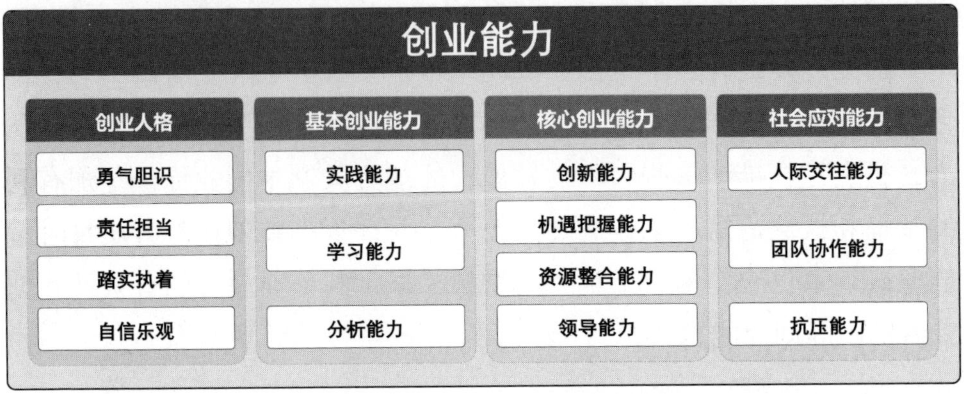

创业能力			
创业人格	基本创业能力	核心创业能力	社会应对能力
勇气胆识	实践能力	创新能力	人际交往能力
责任担当	学习能力	机遇把握能力	团队协作能力
踏实执着		资源整合能力	
自信乐观	分析能力	领导能力	抗压能力

图9-4 大学生创业能力结构模型

1) 创业人格

创业人格是创业者内在的个性品格，对于创业者的创业行为以及成功与否起着关键作用。我国创新创业教育起步较晚，同时创新创业教育大多注重培养学生创业实践能力，弱化甚至忽视了对学生创业人格和创新精神的培养。事实上，创新创业教育不仅是教授创新创业知识与技能的教育，还是从创新精神、创业人格、创业知识等多方面进行培养的实用教育。

对创业人格的评价，应当注重学生的创业激情是否强烈，是否有很强的创业动机；应当关注学生是否对自己创业有足够的自信心，是否怀疑自己的创业能力；应当注重学生在创业时是否具有较强的竞争意识，是否具有冒险精神和责任担当；应当注重学生创业意识是否薄弱，是否具有执着进取精神，在经历创业挫折时能否一直踏踏实实地坚持自己创业的梦想。

2) 基本创业能力

创业并非易事，需要忍受难以想象的艰难和困苦，因此更加考验创业者的基本创业能力。衡量基本创业能力主要从创业者的学习能力、实践能力和分析能力等几个方面出发。

---

[1] 杨晓慧. 大学生就业创业教育研究[M]. 北京：经济科学出版社，2015：127.

(1) 学习能力不只是学习新知识、新思想的能力，还包括将学习的新知识、新思想运用起来，为创业行为做辅助决策。

(2) 实践能力即执行力，是个人或者企业为达到某一目标而开展一系列活动的能力。对于个人而言，执行力代表办事能力、办事效率的高低；对于一个企业而言，执行力反映了整个企业的经营能力，代表着企业核心的竞争力，是将战略计划、规划目标转化成企业经济效益的关键。

(3) 分析能力是指创业者既能够对创业相关事物的表面现象有一定的把握，也能够深入研究事物的本质特征；既能够对创业活动每个要素有一定的了解，也能够整体把握创业活动。借助分析能力，创业者可以对决策对象的认识由表到里、由浅入深、由难到易、由繁到简，从而把握决策对象的本质，为科学决策打下基础[1]。

评价学习能力时，主要关注学生在学习新知识后是否能够运用知识来改造自我、思考分析创业问题、为创业做出决策等；评价实践能力时，应当关注学生是否具有高效的执行力，是否能够按时、按质完成创业规划任务；评价分析能力时，应当注重学生能否预判事情走向，对事物的本质是否有一定的掌握。

3) 核心创业能力

想要创业成功，创业者除了要拥有基本的创业能力，还要拥有核心创业能力。评价学生的核心创业竞争力时，主要评价创新能力、机遇把握能力、资源整合能力以及领导能力。

最能反映学生核心创业能力是创新能力，创新能力是推动企业技术创新、经济高质量发展的关键力量。评价学生核心创业能力时，还应当关注学生的机遇把握能力，注重学生对机会和风险的识别能力；也应当关注学生的资源整合能力，注重学生对于寻求最优资源配置的决策能力；同时应当关注学生的领导能力，能否领导团队实现利益的最大化。

---

[1] 萧浩辉. 决策科学辞典[M]. 北京：人民出版社，1995.

4) 社会应对能力

社会应对能力包含人际交往能力、团队协作能力和抗压能力。评价人际交往能力时，应当注重学生表达理解能力、人际融合能力以及学生解决问题的能力；评价团队协作能力时，应当关注学生的团队精神，与其他团队成员协调合作程度；评价抗压能力，应当关注学生对于创业压力以及创业风险的承受能力。

2. 学生表现评价

评价学生表现主要从创新项目成果转化、受教育后转变度评价等方面出发。

1) 创新项目成果转化

促进创新创业成果转化是提高高校创新创业教育质量、推动创新驱动发展战略的重要举措。在促进创新创业项目成果转化过程中，政府可以对大学生创新创业项目成果转化给予一定的资金和政策支持，高校可营造良好的环境，引导学生进行创新创业成果转化。所以，评价学生创业项目成果转化主要关注学生创新创业成果转化率。

2) 受教育后转变度

借助增值评价法，通过学生在完成创新创业理论课程和实践课程后，在创新创业学习上发展的增量来评价受教育后转变度。这种增量包含了学生在受教育前后的创业态度、创业意识、创业能力的转变。所以，在进行转变度调查时，应当关注学生在受创新创业教育前后两个时期对创业的态度、认知等方面的变化；应当关注学生对创业失败所带来风险的认识变化，是否能够正确看待创业失败现象。

3. 学生满意度评价

学生满意度评价包括对学生参加创新创业课程及相关实践活动参与度调查和对创新创业教育体系满意度调查。

在一定程度上，高校创新创业教育对学生的影响取决于学生主体的主动参与创新创业教育活动程度和学生自身努力程度。

1) 对学生参加创新创业课程及相关实践活动的参与度调查

对学生参与度调查，主要是对学生创新创业课程的出勤率、学生主动参与创新创业教育课程情况进行调查，如学生在课堂上与教师互动程度、学生在创新创业课程学习上的主动性、学生投入创新创业教育课程的时间和精力等。同时高校里所有的创新创业教育资源配置、校园文化环境也在一定程度上影响着学生参与度。

2) 对创新创业教育体系满意度调查

学生满意度是指创新创业教育课程是否满足学生的需求以及期望的主观性评价。学生对创新创业教育体系满意度调查能够为高校改进创新创业教育提供参考性意见。在20世纪90年代初，由美国教育委员会研发的"全国大学生满意度调查"(National Student Satisfaction Study, NSSS)在美国高校盛行，旨在了解全美本科生对校园的总体满意情况。

在创新创业教育方面，对学生满意度进行调查，主要调查学生对学校创新创业教育的预期评价，学生对教师授课方式以及教师素质状况的满意度评价，学生对创新创业教育的教学设施满意度调查，在达到学生预期的情况下学生是否愿意向别人推荐自己的母校，或是愿意继续在母校深造，为母校发展做出贡献。

(三) 从社会层面进行评价

社会公众在创新创业教育评价体系中常常被忽视，尽管从高校和学生层面评价创新创业教育质量已经较为全面，但要使高校的创新创业教育可持续发展，社会公众对其的评价至关重要。从社会层面评价创新创业教育，主要从高校社会声誉、社会创新创业氛围、社会企业参与创新创业教育程度三个方面来进行。

1. 高校社会声誉

高校的社会声誉代表着社会公众对高校教育使命的总体期望,能够反映一所高校的地位和底蕴[1],是社会公众对高校教育质量的重要评价指标。社会声誉对高校的发展尤为重要,直接影响着高校整体竞争力,包括生源质量、师资力量以及政府和社会对高校的投入等。

对高校社会声誉的评价,应当注重社会公众对高校创新创业教育的认可度,对教师、学生的创新创业能力的认可程度;应当注重包括企业、机构在内的社会团体是否积极与高校创新创业教育开展合作;应当关注高校举办创新创业教育相关的重要学术活动;应当关注高校是否孵化了较为知名的创新创业项目,是否有创业成功的知名校友;等等。

2. 社会氛围

良好的创新创业社会氛围有助于积极引导学生参与创新创业教育活动,有助于加强高校对创新创业教育的投入度,有助于提高政府对创新创业教育的关注度。评价高校创新创业氛围时,主要关注高校是否大力宣传实施加强创新创业教育,出台创新创业政策的数量;同时,也应当关注企业、教育机构等社会团体对创新创业教育的参与度等。

3. 企业参与度

企业作为创新创业教育的实践载体,在参与高校创新创业教育人才培养过程中,能够全面提高大学生的创新创业能力,激发大学生的创业意识,培养大学生的创业心理品质等。所以,评价企业参与创新创业教育程度对评价高校创新创业教育质量具有重要意义。

对企业参与度的评价,主要关注企业是否积极支持高校创新创业教育,高校与企业开展合作的项目数量,企业为高校学生开展创新创业活动能否提供服务与帮助,企业建立创新创业实践平台数量,以及创新创业实践平台招收高校学生数量等。

---

[1] 赵文华,江育恒. 大学社会声誉的学理考察:国外研究进展及启示[J].外国教育研究,2020,47(4):102-115.

(四) 从政府层面进行评价

政府主要通过出台创新创业政策对高校创新创业教育起着引导、协调与支持的关键作用。政府在多元协同模式中起到了协调保障的作用，不同于市场"无形的手"，政府通过"有形的手"为高校创新教育提供支撑力量。从政府层面对高校创新创业教育质量评价，主要关注政府增加创新创业教育经费的投入情况，政府出台相关创新创业帮扶政策情况，以及政府成立相关创新创业教育管理机构情况。

1. 经费投入情况

资金是保障创新创业教育体系运行不可或缺的要素。对各级政府增加经费投入情况的评价，主要关注政府投入经费与产出效果的比例。产出效果包含创新创业教育给地方政府带来的经济效益、对区域经济增长贡献量大小、对区域产业结构升级带来的效果等。

2. 政策帮扶情况

政府相关帮扶政策包括税收优惠政策、创业帮扶政策、信贷融资政策等。这些相关帮扶政策能够为大学生创业减轻资金上的负担，同时能够激发与引导大学生积极参加创新创业活动，开展创新创业活动。对政府政策帮扶情况的评价，主要关注政府出台相关创新创业帮扶政策数量、通过政策成功引导学生创业数量、对创业成功企业的帮扶数量等。

3. 管理机构情况

组织有序运行离不开约束管理机制，约束管理机制的建立能规范创新创业教育主体行为。政府通过成立专门的创新创业教育管理机构，不仅能够直接为高校学生创业提供帮助，还能够对各个创业个体进行有效管理，要求其严守法律界限，提高道德建设，以推动创新创业教育的可持续发展。对政府管理机构情况的评价，主要关注政府成立专门的管理机构数量和管理机构的人员组成情况等。

五、创新创业教育评价优化路径

(一) 加强评价顶层设计

尽管从国务院到各地区、各高校都实行了关于深化创新创业教育的改革实施方案,但是关于创新创业教育评价的内容还是较少,创新创业教育评价中的问题还需进一步出台相关政策方案去落实与解决,尤其是要从国家层面加强评价的顶层设计,对创新创业教育的评价主体、评价内容、评价体系、评价指标等进行顶层设计,才能使得各地区、各高校更加重视创新创业教育评价相关问题,出台相关创新创业教育评价政策,真正做到"以评促建""以评促教""以评促学",进而推动我国创新创业教育的高质量发展。

(二) 评价应回归教育本身

创新创业教育评价是改进、提升高校创新创业教育质量的基础,通过创新创业教育评价提供的效果反馈及存在问题,能够进一步优化高校创新创业教育的内容、方式、过程等。因此,创新创业教育评价应回归创新创业教育本身。创新创业教育评价只有从注重社会经济效益转变为关注创新创业教育效益,从注重学生就业创业转变为关注创新创业人才培养,才能将评价回归教育本身。在进行创新创业教育评价时,不管是从高校、政府层面,还是从学生、社会层面,都要对教育的相关变量进行定性和定量的综合分析。

(三) 评价要增强连续性

创新创业教育具有"时滞效应",即学生在完成创新创业教育相关课程后,需要一段时间的沉淀积累,寻求合适的创业机会,才会真正实施创业行为。也就是说,创新创业教育的影响很难在短时间内有所显现,而长期效果主要在创新创业教育结束较长时间后,通过长期的纵向追踪才能测评学生对经济社会的贡献、创办企业行为、企业经营绩效、工作满意度等[1]。因而，强化对创新创业教育的纵向跟踪评价，提升评价工作的连续性，对准确把握当前创新创业教育改革的价值意义，实际促进和改善我国的创新创业教育，进而提高我国创新创业教育的效率与效果具有较强的指导意义。

(四) 评价要关注"自我选择效应"

"自我选择效应"是用来描述个体会根据自己的偏好加入一个群体，造成群体与群体之间的差别的现象。"自我选择效应"可能会导致难以判定各因素之间的因果关系，在社会科学研究中是一个不能忽视的重要问题。在创新创业教育评价时，也存在"自我选择效应"，对完成创新创业教育相关课程的学生评价其创新创业能力、知识、态度和行为等，其结果往往较大程度上受到学生个人偏好的影响。因此在评价时，应当关注学生"自我选择效应"，设置相应的对照组，才可能使得创新创业教育评价更为合理、有效。

(五) 评价应关注教育方式的影响差异性

经过多年的探索，创新创业教育已形成包含不同层次的目标体系，创新创业教育课程也呈现多样化发展。在研究创新创业教育方式上，大多数都是将自变量看作一个二分变量，即学生是否参加了创新创业相关课程活动，很少有研究考查哪种创业教育方法或什么内容更加有效。因此，可以认为研究不同教育方法对创业绩效的影响是一个潜在研究路径。但影响创新创业教育绩效的因素非常复杂，研究创新创业教育是否对学生、经济和社会发展产生影响本身意义不大。我们需要解答的真正问题其实是，在哪种类型的大学，由谁提供什么类型的创新创业教育是对这一类型的学生、在这样的环境设置下是最有效的。如果要回应政策制定者和社会公众的需求，创新创业教育的评价者和管理者就需要努力回答这类复杂问题。

---

[1] 王佳伟. 我国创新创业教育评价的发展现状及优化路径[D]. 杭州：浙江大学，2018.

第十章　创新创业教育案例分析

创新创业具有可教可学性已成为普遍共识,以创新创业教育为范式的大学转型发展成为高等教育变革的基本方向。随着我国大众创业、万众创新的深入推进,高校作为人才培养的重要基地,也必须适应人才培养的新形势,全面推进创新创业教育。我国的创新创业教育开展时间较短,还需要进行系统的规划与推动。因此,我们需要学习更多著名高校的创新创业教育模式,结合高校自身的特点,推进创新创业教育的高质量发展。其中,美国、德国、新加坡等研究型大学的创新创业教育起步早、研究较深入,具有鲜明的特色,成为其他国家创新创业教育学习借鉴的对象。我们在此选择麻省理工学院、斯坦福大学、百森商学院、慕尼黑工业大学、新加坡国立大学五所国外大学的创新创业教育作为案例,为高校的创新创业教育提供启发与借鉴。这些学校已经创建了较为完备的创新创业教育体系和教学方法,并引领着世界创新创业教育发展的潮流。

一、美国创新创业教育案例

美国是世界上最早开展创新创业教育的国家,美国高校的创新创业教育一直是各国大学所学习和研究的。为使创新创业教育优势不断扩大,美国政府要求高校和教育科研机构把创新创业教育扩展到社区服务上,提高普通民众对于创新创业的重视程度和实践力度。美国政府关注到创新创业教育的重要性,积极鼓励美国高校开展创新创业教育活动,美国高校不仅开设了创新创业教育课程,也匹配建设了相应的创新创业孵化中心。目前美国的创新创业教育课程主要以锻炼学生的创新思维、创业实践能力为主,学生通过课程学习提升了竞争的观念和意识。同时,学生之间在创业态度、技能上竞争,高校之间在构建创新创业教学培养体系上竞争,教师之间在创新创业教育教学质量上竞争。在竞争过程中,高校与高校之间相互学习、交流,能够完善各自的创新创业教育体系,形成具有自身学校文化的培养理念和校园特色的教学方式。学校其他专业的教师与创新创业教师相互沟通交流教学内容和教学方法,能够提高教学质量,还能够将创新创业教育融入其他专业教育,培养具有交叉学科背景的综合性创新创业人才。

美国高校从20世纪40年代开始推行创新创业教育,目前已经形成较为成熟的体系。哈佛大学是最早开设创新创业教育课程的高校,随后美国更多的高校开始重视创新创业教育,并产生了众多相关创业产业,如创业基金、创业大赛、创业孵化等,这些产业助力创业教育快速发展。美国高等教育构建的创新创业教育体系以高校为基地,政府组织、企业、金融机构等共同构建创新创业教育生态体系。整个创业生态系统是集科研、教学和实践于一体的复杂生态系统,目的是培养大学生的创新创业能力,助力大学生创新创业。高等教育创业系统主要整合多方资源,形成一个高校、社会、政府等相关主体组成的完善教育生态系统,具有复杂性、独立性、流动性等特点,促进区域经济增长和国家创新能力的提升。

(一) 麻省理工学院创新创业教育

麻省理工学院的创新创业教育是美国创新创业的典范。1996年,麻省理工学院建立创业中心,其创业中心是构建创新创业教育生态体系的关键机构。创业中心目标是支持和参与创业,组织开展具有创业属性的学术课程和实践课程。麻省理工学院的创新创业教育一开始就与企业紧密联系在一起,创业中心招募优质企业帮助有潜力的科研项目实现商业化,校外知名企业提供资金和项目力支持,既保障了高校的创新创业教育资金，也促进了学校和地区经济发展的联系。麻省理工学院创业中心覆盖全校的各个专业的学生，同时与企业合作开展创业项目，项目最终的成果具有很强的商业化属性，促进了学校支持企业发展格局的形成，帮助学生在学校学习和企业工作实习找到平衡点，提升了学生与社会之间的融合程度。麻省理工学院创新创业教育生态系统结构如图10-1所示。麻省理工学院通过创业中心的建立，不仅有效统筹指导和管理了学校创新创业教育的开展，还构建了学校、政府和企业间的联系，推动了创新创业教育深度融入区域经济社会发展。

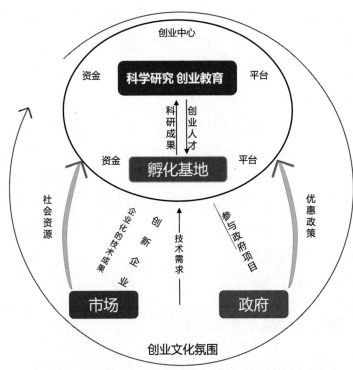

图10-1 麻省理工学院创新创业教育生态系统结构

随着社会经济和文化的不断发展，麻省理工学院的创新创业教育生态系统的稳定性不断提升。院长罗杰斯就任期间提出理论与实践相互沟通的融合办学理念，他借鉴马克思的实践决定认识的观点，认为学生需要在实践中不断地探索创新创业的规律，才能更深刻地理解创业的意义，也只有具有实践性的创新创业项目才能够被学生所接受、被社会大众所认可。可见，创新创业生态系统的核心关键就是理论和实践的融合，学生不仅要通过观察、实践认真完成项目，还要思考项目中存在的问题，最终又通过实践来解决问题。理论和实践的融合也是麻省理工学院创新创业教育一直坚持的教学理念，培养了学生包容和开放的创新思想。目前，美国高校包括世界各地知名高校开设的创新创业教育课程都借鉴了麻省理工学院的理论和实践融合的教育理念，并且很多创新创业项目进行评定时，也把麻省理工学院创新创业教育生态模式作为衡量项目是否具有潜力和可行性的核心标准。下面对麻省理工学院创新创业教育生态系统进行简要分析。

1. 课程的系统化和专业化

麻省理工学院创新创业教育生态系统保证了创新创业教育的实践性教育课程需要。目前，设置的课程既包括理论与方法学习、组织建设等基础性课程，也包括企业运营、项目计划书编写等实践性课程。所有课程均不限专业、不限年级，所有老师和学生都可以接受课程培训。麻省理工学院的课程具有鲜明的融合性特点，实践和理论都需要进行同步性教学，学生在学习创业营销、创业金融等实践性课程的同时，也必须学习创业的相关法律法规。麻省理工学院创新创业生态系统是一个培养学生创新能力的大系统，所以很多有最初创业想法的学生，可以接受创业实践课的培训和指导，将想法切实转变为现实。麻省理工学院实践作业的完成，需要不同专业的学生相互配合，所以学生需要自由组队，然后完成作业中设置的理论问题和实践问题。麻省理工学院目前推行的探索科学、技术与社会关系的课程体系(science, technology and society，STS)就是为了在社会科学、自然科学、人文历史等专业实现多领域、深层次的融合，形成交叉融合的培养体系。该校的技术与社会关系的课程体系课程包括必修课、选修课和讨论课三种，共有70门左右，包括"科学与政治""美国的科技政策""科学技术的社会研究"等[1]。

2. 教学方式的趣味性

麻省理工学院采用"情景+案例分析"的教学方式，根据学生的不同需求转变教学方式，增强了教学趣味性，提升了学生参与学习的积极性，提高了课堂效率。学校聘请企业家讲授课程，企业家根据熟知的案例和自身企业状况，以案例的方式进行教学，并结合相应的理论基础去解释产生各种现象的原因。此外，企业家还可以帮助学生解决创业项目中存在的问题，如策划案的编写、组织结构的设计、企业章程的编写等。当学生模拟创办企业过程中遇到法律问题时，可以向法学院老师咨询，也可以招募法学的学生加入团队。创办企业的过程既能锻炼学生动手实践能力，又能提高学生观察周边环境变化的能力，而这种能力是优秀企业管理者的必备能力。因此，增加创新创业教育过程的实践性、趣味性和参与性是提高创新创业教育效率的关键。

3. 师资力量的多样性

麻省理工学院创业中心招聘教师时采取"双通道"招聘模式，即学校不仅招聘学术性的教授，还招聘在创业领域上有着重要影响力的教授、企业家等，共同为创业者提供理论和实践上的帮助。1990年，学院开始在社会上大量招聘知名教授、知名企业家、投资人。通过层层筛选和考核，最终任教的都是具有丰富创业经验的业界精英。目前所有任教老师分为内部和外部两类。内部教师不负责外部事务，只负责教学和科研工作；外部各教师主要帮助学校进行外部事务咨询工作，以便拓展学院的外部资源。他们以教学为辅助，可以在学院内开展研究活动，也可以在学院外开展研究活动，但要随时与学校保持沟通。借助教师群体的多样性，麻省理工学院创新创业生态教育系统才能完成理论和实践的融合。麻省理工学院的教师基本上都有从事创业活动的经历，教师的职务晋升也和创业成果转化情况相挂钩，这样

---

[1] 曹尚伟.STS课程教育评介与思考[J].比较教育研究，1992(06)：7-11.

不仅能够提升创新创业教育的质量，还能提高教师带动学生完成项目的热情。这种"双通道"教师招聘模式已经被国内外各大创新创业教育机构所采纳，极大地提升了创新创业整体教学水平与教学质量。因此，高水平的、多样性的创新创业教师体系是保证创新创业教育质量的关键。

4. 完善的组织模式

创业中心是麻省理工学院创新创业教育机构，其主要组织模式就是运用实践与理论融合的方式把创新创业课程教授给学生。目前，创业中心的研发中心和实验室负责研发学生的课程和培养计划，以便能够提高课程的教学质量。麻省理工学院还设有专门的管理部门管理创业中心的工作人员和创业项目。对于较为优秀的学生和优秀的创业项目，创业中心将其吸纳到实验室中，完成项目的成果转化。现有的所有项目研究背景都具有现实的需求，并且组建的团队包括了各学科的学生，实现专业之间的交叉融合，提高项目的包容性和复合性。在教学工作中，教师会重视学生的思维判断能力的提升，特别是要深化学生的批判精神培养，鼓励学生在完成创新创业项目的同时，提出具有思辨性的建议，以包容的态度去看待创新创业项目的挫折和失败，因为失败中往往孕育着成功。创业中心还会持续帮助学生完善项目的后期工作，促进学生创业成功，但是创业中心不干涉创业项目的具体运营。麻省理工学院组织建立了多种学生社团，提供一个供学生信息交流、经验分享和相互帮助的平台，如学校的创业者俱乐部、服务社区团队。因此，完善的创新创业教育组织系统是保障创新创业教育活动良好运行的关键。

(二) 斯坦福大学创新创业教育

斯坦福大学(Stanford University)以卓越的研究和教学而闻名，它催生了以信息技术产业为核心的硅谷，奠定了生物技术产业的基础，影响着世界高科技的发展。斯坦福大学具有"学术企业家精神"校园文化，培养出一大批高科技领域杰出的创新创业人才，诞生了谷歌、雅虎等世界级互联网龙头企业。斯坦福大学独特的创新创业教育成为世界各国大学学习的对象[1]。斯坦福大学拥有大批具有创新创业能力和经验的教师团队，是其创新创业教育成功的关键，学校充分的创业孵化资金支持是创新创业教育不可或缺的资源保证，学生敢于尝试、不怕失败的精神是创新创业教育的灵魂，而交叉融合性极强的创新创业课程体系是创新创业教育源源不断的思想源泉。

1. 创新创业教育的核心理念

斯坦福大学强调"实用"精神，它不同于一般的以"象牙塔"自居的传统大学，是一所与社会和新技术产业高度融合的大学。斯坦福大学创立者利兰·斯坦福(Leland Stanford)是一位极具创业精神的企业家，他认为："生活归根结底是指向实用的，你们到此是为了谋求一个有用的职业。"在创立者的影响下，斯坦福大学一直注重学以致用的办学理念，主张将研究成果转化为社会生产力，推动经济社会发展，同时也为创业者创造财富。斯坦福大学高度鼓励学校师生创新，宽容失败，其校训是"让自由之风劲吹"，鼓励学生在自由的环境之下勇于尝试、敢于失败。

2. 创新创业教育的课程体系

斯坦福大学的创新创业教育课程主要分为理论型、专业型和实践型三类。不同学院结合自身的专业教育特点开设不同的创新创业课程，商学院、工学院、法学院、医学院等都设有相应的创新创业课程。在非商学院中，工学院的创新创业课程最为完善，面向本科生、硕士研究生、博士研究生不同层次的学生均开设了完善的有针对性的课程。而商学院作为创业教育的引领者，其课程更是视野广泛，不仅关注商业，更关注世界和人类。

---

[1] 成希.研究型大学创新创业教育生态系统构建研究[D].长沙：湖南师范大学.2018.

1) 斯坦福大学商学院课程

斯坦福大学商学院创新创业教育的目标包括三个方面：改变生活、改变组织、改变世界。商学院的学科方向包括了创业、创新两大方向，还创立了"社会创业"这一学科新概念。同时，商学院课程根据创新创业不同层面对课程进行细分，围绕创新创业的难点还设计出了不同的相关课程。表10-1为商学院开设的创业课程，可以看出课程特别注重现实社会生活，既有关注世界能源和高科技发展的课程，也有关注食品、医疗健康的现实生活主题。例如，开设的"清洁能源：商业模式与创新"课程，不是简单地从商业角度来思考，而是从关注人类的清洁能源出发来探讨商业模式的构建与创新；又如"亚洲高科技行业创业"从世界区域来思考高新技术的创业。

表10-1 斯坦福大学商学院创新创业课程

类别	课程名称	
教育	Disruptions in Education	颠覆式教育创新
	Entreprencurial Approaches to Education Reform	应用企业家精神和方法变革教育
	Innovations in Education	教育中的创新
能源与可持续	Energy Markets and Policy	能源市场与政策
	Clean Energy Opportunities: Business Models and Innovations	清洁能源：商业模式与创新
	Providing Safe Waterforthe Developing and Developed World	为发展和发达国家提供安全水资源
	Understanding Energy	理解能源
食品和农业	Food, Health, and Nutrition Entrepreneurship	食品与健康创业
	Food System Design&Innovation	饮食实验室：食品系统设计与创新
健康	Innovationand Managementin Health Care	医疗保健创新与管理
	Leading Sirategic Changein the Health Care Industry	医疗保健战略变革领导
技术	Creating New Venturesin Engineering and Science-Based Industries	工程和科学行业创业
	Entrepreneurship in Asian High-Tech Industries	亚洲高科技行业创业
	Strategic Management of Technology and Innovation	技术和创新战略管理

斯坦福大学商学院下设创业研究中心，主要开设创业基础理论课程，可由不同专业的学生任意选修并获得相应的创新创业学分，以便各专业的学生在不同领域进行创新创业理论的相关学习。除创业课程外，商学院还通过创业研究中心(the Center for Entrepreneurial Studies，CES)、区域创新创业项目(the Study Projects of Regional Innovation and Entrepreneurship，SPRIE)、社会创业项目(Social Entrepreneurship Program，SEP)等各种项目大力推进创新创业教育研究。以社会创业项目(SEP)为例，该项目的主要使命是培养在教育、环境、贫困和其他与社会正义相关的事业方面的世界领导人。斯坦福大学社会创新中心(Stanford University's Center for Social Innovation)为申请者提供了一个针对社会企业家和非营利组织领导人的执行项目，通过这个项目的实施，培养社会企业家和非营利组织领导者。通过这一系列的发展和实施策略，为世界各地的创新企业家提供了重要的学习渠道和路径，对于推动社会创新发展具有重要意义。斯坦福大学商学院的创业教育不仅关心商业价值教育，同时关注社会发展领域的公民责任教育，关注影响人类社会发展的环境和政策，关注贫困区域和群体。

2) 斯坦福大学工学院课程

斯坦福大学工学院主要通过科技创业项目发展，注重跨学科教学和高科技领域创新内容，为不同层次的学生构建创业教育课程，其目标是推动以科技创新项目为基础的高科技创新创业教育，培养引领未来社会发展的工程师和科学家，使他们成为高科技领域创新创业的领导者。以斯坦福大学科技创业项目(Stanford Technology Venture Program，STVP)为例(见表10-2)，该项目为本科生和硕士研究生提供一系列与创新创业相关的课程和研讨会，学生通过必修或选修课程获得相应的学分；为博士研究生提供战略研讨课、创业思想领导者研讨课。此外，工程专业还开设一些与时代背景和专业发展相结合的专业课程，如"信息处理产业战略制定与实施"课程，主要研究与信息处理行业高度相关的企业竞争战略的发展；又如开设的"组织变革领导""创造未来"等课程，让学生关注领导能力培养和未来社会发展。这些课程改变了工科学生"只注重技术学习"的传统培养方式，强调工科学生学会如何关注社会、关注未来、判断市场、发挥领导作用。

表10-2 斯坦福大学工学院创新创业教育课程开设情况

斯坦福大学工学院科技创业项目(STVP)	本科生	技术创业企业领导力、技术创业、组织变革领导、创造未来等课程
	硕士研究生	专利法与创新创业者战略、土木工程和环境工程创业、技术创业企业开发等课程
	博士研究生	战略研讨课、创业思想领导者研讨课

3. 教学模式多样化

斯坦福大学的创新创业课程的教学模式灵活多样，多采用小班制的教学模式，注重师生之间的互动。学生通过工作研讨、案例研究、实验室教学、企业实习教学、团队合作以及专家课堂讲解等来体验"创造"的内涵，并在课堂上用自己的创意来展示学生的心得体会。下面介绍斯坦福大学几个具有典型特色的教学模式。

1) 团队学习模式

在斯坦福大学，很多课程都采用团队学习的组织形式，以加强不同学科之间的交流合作，同时培养学生的团队合作能力和领导能力。例如，学生团队可以与高科技企业的相关管理人员一起交流学习、合作，获得具体的创新创业的经验，体会创办企业和管理企业的过程。这种课程对激发学生的求知欲望、探索更多未知领域有很大帮助，但对教师也提出了很高要求。所以，每个学院都会选出优秀的教师组成创新创业教学团队，并聘请业内的创新创业精英作为兼职教师给学生提供创新创业实践方面的指导。

2) 基于真实项目的模式

斯坦福大学特别注重以创新创业教育项目为主导的教学模式的创

新与改革。其中，设计学院基于实际项目的创新创业教学是非常有代表性的，如图10-2所示。

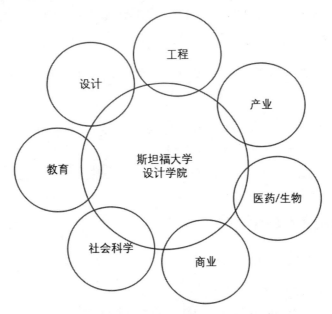

图10-2 斯坦福大学设计学院创新创业人才培养模式

斯坦福大学的目标是培养创新者，所有的教学都以项目为基础，项目主要来自非政府组织和企业，强调"与真实世界的联系"和"突破性合作的文化"。设计学院的课程突破了传统思维的界限，没有固定的模式，持续时间和内容不断调整，真正以创业项目为基础，将创新转化为基于现实生活的产品和服务，可以直接引入社会，为商业、工程和设计专业的学生提供一个创新的舞台，发展新设计理念和策略。尽管一些成熟的项目可以商业化，但设计学院的教学不是针对业务或让学生们立即开始一个业务，更多的是让学生体察客户的实际需求，关注社会实际问题的解决。

3) 案例教学模式

案例教学是斯坦福大学创新创业教育课程中常用的教学模式。案例导向课程是商学院的一门经典课程，主要是对当前重要的创业案例和成果进行分析和讨论。以商学院的"新企业的形成"课程为例，几乎每节课都邀请案例的主角亲自讲解详细的创业过程，并与学生进行互动讨论。除了每周固定时间的讲座外，商学院还会邀请一位企业家或投资者每周进行一小时的讲座。对于非商学院的学生，商学院还提供了斯坦福的业余课程，通过不同国家的创新创业案例讲座与团队合作实践相结合，帮助非商学院学生实现从基础商业知识到个人商业素养的全面提升。案例是沟通课程学习与社会实际的纽带和桥梁，案例来自社会现实，通过提炼形成教学案例。案例教学不仅提升了课程教学的实践性和趣味性，更重要的是让学生了解社会，了解真实的创新创业，建立课程学习与真实的创新创业间的联系，实现学做结合的目的。

4) 丰富的竞赛活动

斯坦福大学的创新创业活动可以分为两类：创新创业竞赛活动和学术研讨会活动。"斯坦福大学创业挑战赛"和"斯坦福大学社会创业挑战赛"等创新创业比赛受到该校学生的青睐，来自教育学、历史学、社会学等人文学科和许多理工科专业的学生聚集在一起，进行团队合作。斯坦福大学创新创业竞赛鼓励每位大学生自由组合团队，团队成员根据市场调研分析、产品创意、设计、制造并完成产品生产和业务流程分工合作，让学生真实体验从"创意"到"创新"再到"创业"的过程。例如斯坦福的社会创新项目(global innovation for impact lab，GIIL)，旨在充分激发学生的洞察力和决策能力，为社会提供更具创新、扩展性及革新意义的方案。GIIL联合众多企业和机构，与团队紧密合作，相互交流，碰撞出切实有效、有价值的方案。整个项目以真实创业案例作为分析样本，培养学生社会创新的思维与技能，助力其成为优秀的社会创新者。

此外，斯坦福每年定期举办创新创业教育圆桌会议、创业周等学术研讨会，为学生提供良好的学习平台。学生可以用俱乐部和社团的名义邀请知名企业家和投资者参与，学校相关部门还可以组织学生参观硅谷的创新企业，让创新创业活动的形式更贴近学生生活，促进学生以这种方式获得无法在课堂上获得的机会和掌握的技能，学习到战略管理的方法和营销等。

(三) 美国百森商学院创新创业教育

百森商学院(Babson College)位于美国东海岸波士顿郊区，建于1919年，为国际著名的商学院。这是一所小而精的大学，2017年，其师生比为1∶12，拥有4万多名校友[1]。该校的创业学及企业管理学课程连续26年位列U.S.News全美第一，其建立的创新、实践、开放、进取的企业胸怀作为其核心价值观贯彻到学校开设的所有商科及文理通识课程上。百森商学院的知名教授、创业教育之父杰弗里·蒂蒙斯(Jeffry Timmons)对20世纪60年代美国经济社会结构的变革进行了前瞻性的研判，认为在全球范围内即将兴起一个新的时代，即"创业一代"，与之对应的则是传统产业的衰退。基于此种预见，美国的创业教育在蒂蒙斯的带领和实践下如火如荼地开展。"在百森商学院，创业不仅仅是一门学科，它还是一种生活方式。"百森商学院的创业教育之所以如此成功，离不开前瞻性的教育研判与培养目标、完备的课程体系与课堂教学模式、体验式的学习模式、专业化的师资队伍和丰富的合作资源。

1. 前瞻性的教育研判与培养目标

百森商学院认为，创业精神是"一种思维、推理及行动方式，其核心是创造或识别机会，并抓住机会的能力"。在百余年教学中，百森商学院融入了创新实践的企业家精神。百森商学院率先在该领域开辟了系统实践的教学课程(sophomore management experience，SME)，连续20多年位居创新创业教育领域的世界顶端。百森商学院拥有前瞻性的教育研判与培养目标主要体现为两方面。

一是时间上的前瞻性。20世纪中后期，美国社会发生的深刻变革

---

[1] 熊华军.百森商学院创业教育的运行机制[J].比较教育研究，2018，40(2)：19-25.

及其引起的产业结构变化让以杰弗里·蒂蒙斯为首的学者深刻意识到创业教育势在必行,为其在百森商学院开展创业教育提供了先机[1]。近半个世纪以来,在"美国梦"精神的号召引领下,美国"创业一代"通过开创新产业、创造新就业机会,在推动国家经济发展的同时,也推进了高校创业教育的继续向前发展,百森商学院就是最具代表性的例证。

二是理念上的前瞻性。百森商学院的创业教育一直坚持着创业教育家杰弗里·蒂蒙斯主张的创业教育要着眼构建"创业遗传代码"的理念。杰弗里·蒂蒙斯认为,高校开展创新创业教育不是培养速成型的企业家,而应致力于培养学生适应未来社会发展需要的能力、企业家精神和专业素质。为此,蒂蒙斯结合实证研究提出了成功企业家的主要特质以及企业家面临的要求[2]。

2. 完备的课程体系与课堂教学模式

百森商学院将创新创业教育的课程分为公选课程与核心课程,前者面向全校学生,课程设置能体现科学与人文精神的统一,后者面向相关专业的本科生和研究生。百森商学院拥有系统而完整的创业教育课程体系,将本科课程独特设计为发现、探索、专注三个阶段。通过百森商学院本科生必修课程设置(见表10-3)可以发现,课程体系符合学生认知发展规律,体现出鲜明的层次性、递进性,体现了思想价值与文化的引领、科学与技术的结合、思维逻辑与定量分析的培养等要求。百森商学院的课程学习注重的是面向未来,提升学生的素质和能力,而不是短期的操作性技能和方法。

---

[1] 向东春,肖云龙. 美国巴布森创业教育的特点及其启示[J]. 现代大学教育,2003(2):79-82.

[2] TIMMONS J A. Characteristics and role demands of entrepreneurship[J]. American Journal of Small Business, 1978, 3(1): 5-17.

表10-3 百森商学院本科生必修课程设置一览表

课程类别	课程名称	总学分
基础课程	修辞1、修辞2、商业分析的定量方法1、商业分析的定量方法2、管理与创业基础(第一学期，3学分)、管理与创业基础(第二学期)、AHS 文科基础、财务会计概论、第一学年研讨会(第一学期，1学分)、自然科学与技术1、商业法	40学分
中级课程	宏观经济学原理、历史与社会、文化与价值观、文学与视觉艺术、第四中级文科课程(可选择"自然科学与技术 2""商业分析中的案例研究"任一课程)、管理会计(3学分)、技术与运营管理(3学分)、营销原理"(3学分)、管理信息技术系统(3 学分)、财务原理(3学分)、微观经济学原理(3学分)	38学分
高级课程	4门高级选修课、3门高级文科选修课、3门自由选修课、战略问题解决、高级文科课程	48学分

注：表中课程代码后未标注学分的均为4学分。

针对不同年级不同专业的学生，百森商学院设计并实施循序渐进的分级课程，从基础到各个层次逐步深化和完善创业教育。百森商学院本科各年级的创业教育课程特点如表10-4所示。

表10-4 百森商学院本科各年级创业教育课程特点

年级	课程重点	阶段特点
大学一年级	管理和创业基础类(foundations of management and entrepreneurship，FME，必修课)	引入
大学二年级	针对创业培训的强化课程项目 (选修课)	强化
大学三年级 大学四年级	阐述新建企业的创新精神、合伙型企业的企业财务、家族型企业的成长与企业管理、社会型企业的企业成长战略	定制

此外，学生在专业选择的同时，学校继续提供相关教学课程帮助以及相关管理课程的选修课，并在该阶段提供更深入，更个性化的商业实习以及创业实践机会。百森商学院的创业教育由第一课堂和第二课堂共同完成，第一课堂侧重于对不同对象传授与创业有关的有针对性的理论知识与方法；第二课堂主要开展具有独特设计和运营模式的相关实践活动，包括百森商学院商会、企业家博览会、风险融资小组、技术创业团队以及创业名人堂等。课程的成功实施由导师和专业的评估体系来保证，可从课程内容、教学参与等方面跟踪课程的学习

和实施效果，并根据结果进行课程计划的实时修改与完善[1]。提供高水平的课程体系及教学质量是百森商学院创业教育的最大特点。

3. 体验式的学习模式

百森商学院开创了创业学教育方法"entrepreneurial thoughts and action"，现已成为百森商学院的品牌和核心教育法。通过体验式学习模式与实践性教学模式相结合，百森商学院将企业家思维融入相关的课程以及课外活动中，运用理论与实践相结合的教学方式激发学生的企业家意识，从而培养学生的创业技能，增强学生的创业兴趣。通过体验式学习，学生可以学到真实的创业经营管理的知识和方法，学习如何在充满挑战性的全球经济中发挥作用，展现商业技能。在百森商学院，共有三种体验式学习方式供学生选择：一是管理问题咨询，即学生能够作为顾问对一家公司的业务问题进行分析并提出相关的解决方案；二是见习赞助，即学生通过从事见习工作来开发自己的创业意识相关技能，同时缓解自身的经济压力；三是短期外出实习，即为学生提供最长为期三天的创业实习机会。通过创业体验式学习，学生可以强化自身的社会阅历和培养自身的职业洞察力，从而有助于团队意识培养，管理技能提升，强化课堂外的学习效果。

4. 专业化的师资队伍

百森商学院创业教育的成功离不开专业化的师资队伍。该校配备了相关领域尖端的师资力量，鼓励在教学的同时继续从业以积累实践经验，从行业一线看商业知识。百森商学院官网数据显示，创业学院有23名全职教师和30多名企业家兼职的教师。其中，87%的专职教师拥有博士及以上学历，创业课程的讲授均由一位资深教师和一位具有创业经验的企业家共同完成。重要的是，给学生讲授创业有关课程的许多教师都具有实际的创业经验，并具备创业所需的分析能力、职业洞察力、解决问题能力等，有助于开展针对性教学。此外，兼职教师

---

[1] 刘俊利. 美国百森商学院的创业教育及启示[J]. 创新与创业教育，2020，11(5)：155-162.

除具备较高学术能力外,还能为学生提供丰富的创业经验、实践机会、财务支持以及网络资源。因此,学校在师资队伍建设上实现了经验性知识和实践性运用的良好整合。

5. 丰富的合作资源

值得一提的是,百森商学院拥有很多合作伙伴,并与其建立了较为密切的联系。例如,与高盛(Goldman Sachs)合作,开展创业合作项目;与卡夫曼基金会合作,举办全球创业学会议;与哈佛商学院、巴黎高等商学院、清华大学、浙江大学、香港大学、日本早稻田大学、曼谷大学等大学深入合作,学生可通过各类国际留学项目更直观真切地了解世界各地域的社会文化和商业环境。此外,百森商学院还与社区合作,成立了社区标准办公室(the Office of Community Standards),与社区共同提升学生的社会责任和公民义务意识。

二、德国创新创业教育案例

慕尼黑工业大学始建于1868年,坐落于德国南部巴伐利亚州首府慕尼黑,是欧洲工业革命以来历史最悠久和最有名望的科技大学之一。它被公认是研究型大学向创业型大学转型的典范,并发展成为欧洲标杆性的创业型大学。慕尼黑工业大学创业中心(Entrepreneurship Center)是该大学的一个重要部门,致力于支持和促进创业和创新活动。创业中心提出创新创业项目课程的培养要求,并实施提升大学生创新创业领导力的"管理+"培养计划,突出实践培养和精英教育相结合,充分挖掘学生的创新创业能力。

(一) 慕尼黑工业大学创新创业项目课程的培养要求

慕尼黑工业大学创新创业项目课程的培养要求主要有三个,旨在激发学生的创新意识和创业精神,提供创业知识和技能,为他们在未来的职业生涯中成为创新者、创业者或具有创新思维的领导者提供支持。

第一个要求是实践活动需要在培养的全过程中体现。目前创新创业项目课程的实践活动主要基于实践角度和内容体系上分析教育计划的特点，类似于第二学位的教学计划但又穿插了实践教育模块，突出了实践对于创新创业教育的重要性。培养计划还包括企业培养课程，在为期3个月的学习实践中，教师和校外导师根据学生在实际操作中存在的疑难问题进行解决。学生需要先进行市场调查，了解市场的规则和企业目前面临的具体状况，然后根据企业所存在的问题提出策划方案，最后经过企业领导层评估判定策划是否可行。

第二个要求是专业教育和创新创业教育相互融合。目前德国的教育体系较为完善，并且拥有众多教学经验丰富的老师。德国一直采用双制专业教学模式，有些学生愿意进入职业学校进行专业学习。这些学校不是由政府单一办学，而是采取双元制度，即政府和企业共同办学，学生在学校不仅可以学习相关的专业课程，也可以加强专业性的实践工作和实习机会。学生可以跟学校的老师学习，也可以向企业寻求专业人士的帮助。学校和企业的相互教学融合模式可以为创新创业教育提供经验。学校提供教学资源和实验人员，企业提供硬件保障条件，这样慕尼黑工业大学的创新创业教育就能够具有实践和理论的双重优势。目前，与慕尼黑工业大学合作的企业有宝马、奥迪大众、西门子等企业。

第三个要求是创新实践教练师资优秀。首先课程刚开始，培养计划就要求每位学生都可以选择一名从商经验丰富的校外企业家，并且成绩优秀的同学还可以有参加研讨会和参观企业的机会。在培养过程中，无论是企业项目还是学生自己的创业项目，无论是个人领导力发展方面还是创业公司开办方面，学生都有经验丰富的创业教练全程陪伴，能够得到面对面的悉心指导。成立于2002年的慕尼黑工业大学创业中心，目前在编人员240余名，除了部分运营和行政支撑人员之外，大部分是具有大型企业工作经历和创业经历的、经验丰富的优秀职业人。他们不仅介绍工业界的最新动向，还为有意向创业的学生提供咨询辅导[1]。正是这种由大量创新创业教练全程指导的、以行动学习和实践教育形式展开的沉浸式创新创业教育，保证了慕尼黑工业大学创新创业教育的扎实效果和可靠品质。

(二)"管理+"培养计划的内容设计

"管理+"培养计划的内容主要为培养创新创业领导力，每年3月和9月开班，每班持续3学期，课程的开端为"商业设计新训营"强化训练课程，整个学习过程中贯穿领导力培养、工作坊研讨班、导师教练指导、校友人脉网络对接以及国际交流互动等。第一学期以内部项目与企业项目为主，第二、三学期在第一学期的基础上加入了风险投资对接与学生创业项目，课程之间高度配合。"管理+"培养计划体系如表10-5所示。

表10-5 "管理+"培养计划体系

开端	第一学期	第二学期	第三学期	结业
商业设计新训营(1周)	企业项目	企业项目	企业项目	"管理+"培养计划校友会
		风险投资对接	风险投资对接	
	内部项目	学生创业项目	学生创业项目	
		内部项目	内部项目	

三、新加坡创新创业教育案例

新加坡高校在创新创业教育方面是后起之秀，其中做得最好的是新加坡国立大学。新加坡国立大学与其他在英联邦文化熏陶下成长起来的公立大学一样，过去一直把教学当作大学的第一要务，科学研究位居第二。20世纪80年代以来，随着新加坡经济向创新驱动要素的经济转型，大学的科学研究日益受到重视。目前，新加坡国立大学是新加坡规模最大、历史最悠久的公办大学，在国际框架下开展高质量优质的教育与科研的同时，展现了亚洲视角和大学优势。

---

[1] SCHULTE P. The entrepreneurial university:A strategy for institutional development[J]. Higher Education in Europe, 2004(2)：187-191.

(一) 创新创业教育的核心理念

新加坡国立大学选择将创业型大学作为学校发展和人才培养的战略，强调智力资本的创造、培育、集聚以及智力成果的资本化和企业化。新加坡国立大学成为新加坡人才集聚、知识创新的集成器，带动了大学创新创业人才培养和整个社会群体、国家的经济转型。同时，新加坡国立大学以"全球化知识企业"为发展战略目标，把培育学生创新创业技能、激发学生创新创业精神嵌入教学和科研活动中。新加坡国立大学通过创新创业项目计划，培养了学生潜在的创业精神，最终希望学生毕业后能在瞬息万变且交织繁复的世界中掌握经济社会发展脉络，成为睿智、有远见的商业领袖。

(二) 创新创业教育的生态系统

1. 引进优秀人才

在2014年的校政报告中校长陈祝全教授提出要将新加坡国立大学建设成为"亚洲最具活力的大学创业园""亚洲领先的大学创新创业中心"[1]。为达成这一目标，学校必须从全世界范围内引进优秀人才。新加坡国立大学制定了严格的招聘和晋升政策作为考核标准。同时，为了帮助新加坡国立大学招聘到全球著名的工程师、科学家及其他领域人才，新加坡政府给予大学的公共资助每年都在稳定增长，甚至颁发财政激励政策。如果新加坡国立大学在指定阶段顺利完成政府的特定指标要求后，政府将继续追加更多的资金以支持该大学更深层次和更广泛地去推进创新创业策略，充分调动大学等创新主体的积极性和创造性[2]。

---

[1] 张超，钟周. 创业型大学视角下的创业教育研究——清华大学与新加坡国立大学创业教育比较[J]. 清华大学教育研究，2017，38(3)：91-97.

[2] 卓泽林. 构建全球化知识企业：新加坡国立大学创新创业策略研究及启示[J]. 2021(1)：14-21.

2. 提供创业支援

新加坡国立大学通过多个渠道为起步创业者提供必要支援，有意创业的教研人员、学生及校友均可寻求援助。这些支援计划包括企业机构孵化器、导师制度、种子基金、建立商业人脉网络、投资者配对及其他支持服务。新加坡国立大学也开办创业培训班，协助有意创业者打好基础。起步公司亦可参加"创业在狮城"商业策划大赛，并有机会获得创业家奖。这些支援为创业者解决许多实际问题，大大促进了创业者的热情和创业的成功。

3. 更新创业课题

为了推动创新创业教育活动持续成长，新加坡国立大学有意识地针对重大创业与创新课题进行及时研究。例如，探讨创业如何协助推动经济整体发展，研究亚太地区创新产品与知识产权研究，以及研究起步公司的趋势、考验、过程与成功因素等各方面经验，旨在培养具备创业的先进思维模式并能够将理念加速转化为可行方案的未来商业领袖。这种研究是开放性的，吸引大批学生参与，学生通过项目研究可更好地了解社会、洞悉产业技术的发展。

4. 整合创新创业机构

自2001年来，新加坡国立大学通过对创新创业教育组织机构的整合，以创业中心、企业孵化中心、海外学院等部门为载体推行多样化的创新创业举措，在专业技术授权、大学衍生公司、校企合作以及吸引世界优秀人才等方面取得了显著成效。新加坡国立大学研究工作最新的焦点是，如何善用数据科学、运筹学及网络安全，为实现智慧家园国家愿景提供支援。

1) 创业中心

创业中心通过在校园内外传播和加速外部创业经济系统，使新加坡国立大学变成一个创业网络活动的凝聚地，紧密地连接新加坡国立大学附近社区和外部创业经济系统。此外，创业中心还成立了一个专门面向所有新加坡国立大学本科生的《技术创业辅修项目》。这项举措主要想唤起学生的商业意识和激发学生的创业精神,弥补新加坡国立大学课题体系中缺乏创业课程的缺陷。

2) 企业孵化中心

新加坡国立大学通过整合以前的风险资助单位,最终建立了企业孵化中心,帮助企业了解目标市场,同时将大学的政策和资源支持加以落实,为初创企业的创建、发展直至成功保驾护航。为了鼓励大学研究人员和学生的创业意愿,激发他们创业精神,企业孵化中心投入大量的资金,已经资助了21家衍生公司。企业孵化中心虽然是独立于创业中心的一个组织,但两个单位在推行创业活动中经常通力合作。例如,企业孵化中心成立的管理投资委员会,经常倾听来自创业中心单位专家的建议和管理支持,企业孵化中心也经常引入富有成功创业经历的企业家、投资者、高级管理人员为新加坡国立大学衍生公司提供定期指导[1]。

3) 海外学院

2001年,新加坡国立大学成立了海外学院,这是一个结合了全球化和创业两种趋势的新举措。该学院并不是独立运作的,它与创业中心密切合作,通过与海外地区的合作机构合作,为海外实习项目提供教育支持和实践培训机会。海外学院项目取得了令人鼓舞的成果,海外学院的校友成为企业家的比例是其他高校的10倍;在外部融资超过1000万美元的初创企业中,近5%由海外学院校友成立。

从以上几所著名大学的创新创业教育案例可以看出,虽然各高校实施创新创业教育的方式各不相同,各有特色,但目标是一致的,都是围绕如何培养大学生的创新精神、创业意识和创造能力进行的。"雄关漫道真如铁,而今迈步从头越。"我国创新创业教育起步较

---

[1] 卓泽林,王志强. 构建全球化知识企业:新加坡国立大学创新创业策略研究及启示[J]. 比较教育研究,2016,38(1):14-21.

晚，我们可以从国外优秀大学的创新创业教育实践中吸收成功的经验和做法，结合自身实际，构建扎根中国大地、面向世界、面向未来的创新创业教育体系，为我国创新型国家建设和中华民族的伟大复兴培养出更多高素质的创新创业人才。